臺灣政治發展史

〔1895年迄今〕

History of Political Development in Taiwan

李功勤◎著

自 序

　　臺灣是「南島語族」發源地之一，可以概要分類為「高山族」與生活在平地的「平埔族」。而自南宋以來，已有漢人及其他少數民族陸續遷居臺灣，例如今日居住在彰化一帶的粘姓，在學者考證之下就是女真族的後裔；而居住在雲林縣臺西鄉一帶的丁姓，根據丁姓族譜記載，臺西鄉丁氏是阿拉伯人後裔。祖先丁蘇在兩百多年前自福建省渡海到臺灣，由於不斷漢化通婚後，目前子孫已沒有伊斯蘭教習俗。彰化秀水鄉也有一個陝西村，村內供奉一「烏面大將軍」石碑。有日本學者研究臺灣平埔族，認為與中國大陸西南一帶少數民族有關聯。在漢人早期移民中，其祖籍分布以來自福建及粵東（即客家）一帶人士最多，他們帶來原鄉的風俗習慣；在鄭氏家族與清朝治臺期間，中國的科舉考試、典章制度等都直接在臺實施，使臺灣社會的漢文化與中國大陸銜接及傳承，形成「中國化」（或稱內地化）集體意識。由於臺灣是移民社會，人民遷臺後，歷經時間轉移，在祖籍的認同、祭祀圈的統一（媽祖、保生大帝、開漳聖王、三山國王、開臺祖），與原住民通婚（主要是平埔族）等方面，也產生「臺灣化」（又稱本土化）現象。他們在臺灣繁衍家族，認同現居地等，與文化典章制度上的中國化（內地化）現象，在政治力尚未介入前，兩者並行而無直接的衝突。

　　臺灣由於地理位置重要，不但銜接東南亞與東北亞航運要道並扼守大陸近海省分之咽喉，因此在地理大發現之後曾被歐洲的西班牙與荷蘭統治，其中尤以日本長達51年（1895～1945年）殖民統治影響最為深遠。日本在臺灣的基礎化設施和若干制度文明規範，例如守時、守法、衛生觀念推廣以及傳染病的醫療防治等措施都提升臺灣現代化程度；但皇民化運動則影響若干菁英階級對「祖國」認同的混淆，1947年臺灣光復後的「228事件」，終於埋下了日後省籍與統獨意識衝突之導火線。

1949年國府遷臺，在冷戰體系及國共對峙的歲月中，臺灣在大批美援和政治菁英以及技術專家的領導下，政治穩定並躋身「亞洲四小龍」，社會上沒有對岸「文化大革命」的破壞而保存完整的中華傳統，而眷村文化也豐富臺灣在地的多元文化。近年來，由於政治民主化和宗教團體發揮社教功能，使臺灣逐漸形成「富而好禮」的社會；並擺脫在民主化過程中因群眾運動所造成的社會動盪。

　　在臺灣近代發展史上，傳統與在地文化的相融、公民社會素質提升，都使臺灣成為華人社會的一座燈塔及典範；尤其近年在馬政府「親美、友日、和中」的外交及兩岸策略下，已經達成近130餘國的免簽證，持中華民國護照即可昂首走入世界；成功破除長久困擾社會發展的所謂「臺灣悲情」。百國免簽證，幾乎包括美國、歐盟及日本在內所有世界大國，象徵國民整體實力與素質符合普世標準的認可；但近年來由於臺灣在政治、社會以及新聞媒體等領域過分「民粹化」操弄所帶來的虛耗及空轉下，已經形成另一種社會普世價值的墮落和人心的焦慮，也連帶造成政府施政效率大幅降低，這就是享受民主成果後所要面對的沉重代價。

　　臺灣人民必須要在民主化社會中重建道德標準，並且認真思考什麼是我們真正需要的社會，就像2006年的「紅衫軍運動」所樹立的反貪腐和廉能政府標準；而不應該將上一世代打拚的民主化成果，成為後世子孫無窮的負債，這正是當前全民所應當努力的目標。

李功勤

2013年7月

目錄

第一章 日本殖臺
（1895～1945年）

　　19世紀，英國帶動新一波帝國主義波濤，直接撞擊世界最古老的帝國——中國，其餘波所拍擊的日本卻在中國「天朝體制」瀕臨瓦解之時，逐漸崛起並向外擴張。甲午戰爭（1894年）之後，日本不但依國際法領有臺灣與澎湖，躋身新興殖民帝國之列，同時馬關與遼南條約的鉅額賠款更使其擁有世界第四的船噸量，1897年日本實施金本位制，進入世界金融體制，擁有穩定的財政，並奠定了近代工業化的基礎。

　　日本殖民臺灣之初，由於國力尚弱，因此在列強壓力下被迫發表「臺澎不割讓與臺灣海峽公共航道宣言」，對內則因為臺灣人反抗，故採用武力鎮壓，這段時期統稱為「非同化主義」時期，總督為軍人出身，集軍、政、立法權於一身。20年代，由於時值歐戰結束，日本國內掀起大正民主浪潮，派閥政治興起。對臺灣改採「同化主義」，即「內地延長主義」，將臺灣視為日本本土的延伸，並派遣文人總督治臺。由於臺灣知識分子在不滿殖民體制教育而留學日本之際，受到大正民主浪潮影響，因而興起民族覺醒運動，這就是爾後在臺灣文化協會和臺共等不同立場的對日鬥爭背景。在文人總督統治期間，日本人以殖民教育的精心設計來控制臺灣人的心性成長，並設立諮詢性質議會以培養親日派的菁英階級。在對付異議分子上，霧社事件的殘酷鎮壓和分化文協、打壓臺共的事實行為，正說明所有殖民手段皆不脫「冷靜的暴力」。

　　30年代，國際關係上由於英法領導的國際聯盟已無法有效制裁侵略者，使國際間又陷入無政府狀態。而日本國內統治派軍人崛起，造成軍國主義盛行，不但於1936年退出倫敦海軍會議及華盛頓海軍條約，使太平洋地區陷入山雨欲來風滿樓之勢，也使得日本在臺灣改由軍人總督實施南進化、工業化和皇民化運動。皇民化在本質上即民族性改造運動，而臺灣人則在志願兵、學習日語上反應較同樣實施皇民化的朝鮮人更激烈和熱情。這似乎可看出在日據後期才成形的青年層，其「認同」（Identity）的轉變，及經由語言而達到散播日本文化的作用。1945年日本甫宣布投降，立刻出現第一個臺灣獨立運動，似乎正說明這種認同的轉變，以及日本文化與中華文化在認知和轉宗上的抗拒及衝突。

因此，本章將日本殖民臺灣分成歐戰前、戰間期和皇民化3個時期敘述，並輔以國際關係與日本國內政治為經緯，說明殖臺政策變遷的背景。最後，將分析日本在長達51年的殖臺過程中，對臺灣在物質和精神層面的影響及其統治政策的特色，以為本章的總結。

第一節　新帝國主義下東亞秩序的重整

一、新帝國主義對東亞的震撼

歐洲於15世紀末地理大發現之後，從16世紀開始，分別由葡萄牙、西班牙、荷蘭、英國和法國展開長達兩個世紀的海外拓殖行動。這段所謂早期帝國主義的時間中，歐洲人主要表現海洋及商掠性質，在殖民地方面，侵略路線分別由美洲、南部非洲逐漸延伸至亞洲，如荷蘭人於1619年（明萬曆47年）在南洋設立巴達維亞府（Batavia），作為統治南洋的殖民總管機構，並於1642年統治臺灣直迄1662年為鄭成功所驅逐。

英國在17世紀也成立東印度公司作為侵略印度的大本營，並與法國展開鬥爭。1761年，英國攻奪法國在印度最後一個殖民地——本地修利（Pondicherry），而正式控有全印度。在歐洲列強近300年的拓殖行動中，約占有全球陸路的70%土地，歐洲的白種人從此超越亞洲人，在地理上取得了絕對的優勢。整體文化內涵上，歐洲受到新航路和新大陸發現的影響，經濟上已經由商業革命發展到產業革命，物質上伴隨著科學革命及工業革命奠定了科技文明基礎，政治上也逐漸由專制走向民主，一切進步甚速。

當時東亞的中國，一方面以「朝貢」（或稱天朝）制度維繫並主導與藩屬國之間的關係[1]，另一方面清朝至高宗年間，已經完全控有蒙古、東土耳其斯坦、西藏等地而奠定強大陸權基礎，但費正清（J. K. Fairbank）認為陸權只能控有通往中亞乾燥貧瘠之路，相較於英國在海洋上的優勢，已經屈居下風[2]。但是整個歐洲的海外拓殖（或

---

1 曹永和，1984，〈試論明太祖的海洋交通政策〉，《中國海洋史發展論文集》，頁43，臺北：中研院三民所。另可參考Joseph Camilleri，1980，《Chinese Foreign Policy: The Maoist Era and Its Aftermath》中討論中國傳統上與藩屬的關係及現今中共的天下觀，頁18。

2 費正清（John K. Fairbank），1994，《費正清論中國》，臺北：正中書局。

稱為早期帝國主義），於1776年因北美13州的獨立而暫告一段落。或許如美人杜哥（Jacques Robert Turgot）所言「像成熟的果實」一樣，殖民地終將脫離母國，而思考其值得與否問題[3]。

19世紀下半期，歐洲在結束普法戰爭之後，又展開新一波的海外拓殖行動，我們稱之為新帝國主義。在內容上，新帝國主義是建立在工業文明基礎上，並配合社會達爾文主義（Social Darwinism）及民族主義所發展的完整架構。從1870年以迄第一次大戰，從事帝國主義的國家彼此亦存有差異，例如在英國是為了反對曼徹斯特和小英格蘭學派的主張，至於在法國，是為了彌補普法戰爭（1870～1871年）的損失。此外，俄國的伸入東亞、中亞和南亞，以及美國的向西拓展，也都屬於向外擴張的一種[4]。

根據統計，到了1900年，英國已經占有370萬平方英里的領土和5,700萬人口，法國占有360萬平方英里土地和3,650萬人口，比利時占有90萬平方英里土地和3,300萬人口，葡萄牙占有80萬平方英里土地和900萬人口[5]。歐洲殖民國家不但瓜分非洲大陸，同時將經濟勢力滲透地中海東區和拉丁美洲，也造成亞洲的震撼。1840年，中英雙方因鴉片問題引發戰爭，從此不平等條約紛至。1853年，美國東印度船隊司令派里（Perry）也攜帶國書，駛入江戶要開港通商，史稱「黑船事件」。從此，東亞秩序開始進入一個新的階段。

列強對東亞入侵方面，以中英南京、中英法天津和北京條約奠定剝削中國的架構。至於日本方面，則以日美神川條約（1854）、日英長崎條約（1854）、日俄下田條約（1855）及日美修好通商條約與貿易章程（1858），作為剝削的基礎[6]。1867年，日本「倒幕運動」成功，明治天皇即位後，鑑於中國昧於國際關係的教訓，於明治元年（1868年）3月1日，向全國民眾發布5條誓文，其中以「安撫億兆，宣揚國威」作

3　Wallace Ferguson，1969，《A Survey of European Civilization》，4th ed.，頁539-540，New York。

4　王曾才，1976，《西洋近世史》，頁656-663，臺北：正中書局。

5　陳其人，1994，《殖民地的經濟分析史和當代殖民主義》，頁91，上海：社會科學院。

6　有關中、日兩國在面對西方衝擊下雙方反應和影響，可參考李恩涵，1978，〈清季同光自強運動與日本明治維新運動的比較〉，《中國現代史論文選輯》，頁21-48，臺北：華世出版社。

為新政府的對外方針。

　　日本衡量當時的東亞情勢後，認為只有朝鮮、中國大陸、琉球、臺灣等地才是唯一可發展的道路，此即日後所謂的「大陸政策」。美國現實主義派學者摩根索（H. J. Morgenthau）認為所謂「帝國主義」，可解釋為旨在推翻現狀的一項政策，因此在目標上，可分成控制地球政治組織的世界帝國；建立僅稱霸一洲的帝國或霸權，即大陸性帝國；也可以是僅尋求一種嚴格的區域性優勢地位。同時，帝國主義的政策可能是沒有限度的，完全視被犧牲者的抗力而定[7]。

　　根據摩根索對於帝國類型的分析，日本在當時之所以產生擴張政策，是基於歐洲列強在東亞權力均衡下的空間考量，因此在空間受限下的海外拓殖行動，初期只能算是區域性的嘗試建立。至於爾後發展是否能構成大陸性帝國，以當時亞洲的權力分配狀況而言，亦不符標準。也正由於國際關係的局限，使日本帝國主義的發展自成一定格局。

二、日本南向政策的開展 ── 牡丹社之役（1874年）

　　1840年，英國艦隊已經稱雄東亞海域，同時覬覦臺灣的基隆煤礦，1871年對臺灣（安平、淡水）至廈門、汕頭及香港展開定期航運，並於臺灣設置忌利士公司，以加強對臺灣的商貿利益。美國的派里亦於1854年抵達基隆地區，美國首任駐日公使哈里士（Townsend Harris）並主張領有臺灣。法國同樣垂涎臺灣和琉球，但因內部發生7月革命（1830年）等因素而懸置未果[8]。而日本則在美國公使等建議下，藉口1871年若干日本和琉球人民因船難，飄流到臺灣南部東海岸為牡丹社原住民殺害事件，於1874年出兵臺灣。由於清政府指責美國的介入，美國只得改變支持日本初衷，加入英國領事的「戰時中立」（實際上為對日干涉），此舉使日本陷入國際舞臺的孤立。事後清政府與日本簽訂北京專約，約中稱日本此次行動為「保民義舉」，使日本在法理上成為琉球的保護國，並於1879年片面宣布占領琉球。

7　摩根索（Hans. J. Morgenthau）著，張自學譯，1976，《國際政治學》，頁76-79，臺北：幼獅文化事業公司。

8　蔡采秀，1996，《日本的海上經略與臺灣的對外貿易》，頁15-16，臺北：中研院臺灣史籌備處。

日本的牡丹社之役，是日本在19世紀新帝國主義體系下，首度展開的海外拓殖行動。霍仕迪（K. J. Holsti）認為當時國際體系逐漸形成分散式集團[9]，列強對亞洲的侵略在中法戰爭（1884～1885年）後，由於英法勢力在中南半島的競爭引發衝突，不但使侵華列強逐漸形成兩大集團，也使得日本的南進政策必須尋求列強集團支持，並尊重列強既得的利益空間。

三、甲午戰爭與臺澎割讓

1895年，中日甲午戰爭爆發，清朝北洋艦隊覆滅，而遼東半島於翌年2月盡失，在馬關條約議和之際，日艦即出現於澎湖附近海域。馬關條約割讓臺澎之前，俄國因為遼東半島久為其欲攫取的目標，故聯合德法出面干涉，日本不得已之下只好與清朝簽訂「遼南條約」，由中國出鉅款贖回。而臺澎割讓一事，再度引起列強注意，當時中國弔喪俄皇亞歷山大特使王之春在返國途經巴黎時，法外交次長曾暗示如割島之事未獲當地居民同意，或可獨立自主。而法國早在1885年中法戰爭結束時，即主張擁有對臺澎兩地的優先權[10]。甲午戰爭末期，當法國察覺到日軍意圖攻擊澎湖列島時，立即派遣2艘巡洋艦前往該地，向通判陳步悌、副鎮將林副善通報此事。此外，法國亦一度向清朝提出暫時讓渡臺灣的想法，待情勢變化之後再歸還中國。與此同時，臺紳丘逢甲等與巡撫唐景崧、陳秀同等在臺官員合作下，成立「臺灣民主國」，年號永清，以藍底黃虎為國旗。

臺灣民主國在政治體制上，設立總理衙門及承宣布政使司，美國臺灣史家拉摩雷（Harry J. Lamley）稱這種體制為巡撫總統制（Governor-President System），並認定其為亞洲最早的共和國。而在整個馬關割臺事件中，可反映三個現象，一方面象徵日本在甲午戰後，徹底瓦解中國對東亞的傳統天朝秩序並取而代之，也使得日本在取得

---

[9] 霍仕迪認為國際體系的分析應當注意體系的界線、體系角色的主要特性、體系的權力結構、國際間交互行為的方式和過程，以及相關的國際習慣和法規等。而19世紀最後20年，因為一國的突出而將分散國家集中並區分成不同的集團。見霍仕迪（K. J. Holsti），1983，《International Politics: A Framework for Analysis Englewood Cliffs》，頁28-29，New Jersey: Prentice-Hall Inc.。

[10] Die Grosse Politik Der Europaischen Kabinette 1871-1914.（Berlin: 1922-1929 Band 9 Nr.2227 SS.253-258）

臺灣後，將其作為經營南洋的跳板。其次，日本在馬關條約及遼南條約的贖金總計3,800萬英磅，不但使其於1897年實施金本位制，並奠定近代工業化的基礎，同時也使日本有餘力發展軍備和軍需工業，擁有世界第四大的船腹量，取代西方在東亞的海上勢力，建立海上帝國[11]。最後，不論在臺灣民主國成立和日本領臺之初，都可看出國際關係對其情勢演變所產生的重大影響。

　　法國對當時臺灣的獨立確實有意見，曾向德俄表示澎湖割予日本將妨礙國際航道通行的便利與安全，並聯絡占有菲律賓的西班牙，以四強實力對日本再進行一次干涉，並在臺民抗日時派遣一艘軍艦抵臺。就國際關係而言，法國是臺灣民主國的重要支持者，但俄國只關心遼東半島，而德國則認為不需要為此與日本戰爭而反對干涉[12]。最後，法國因屬地馬達加斯加島發生動亂，不得不中止出兵臺灣的計畫[13]。

　　日本占領臺灣之後，同樣未能擺脫列強干涉。法、俄、德三國針對遼東半島進行干涉的同時，也向日本政府要求澎湖列島「非要塞化」之承諾。雙方交涉的結果，日本政府迫於國際壓力而發表「臺灣海峽的公共航路和臺灣澎湖列島不割讓宣言[14]」。同時，發表日本與西班牙兩國國界宣言，雙方以巴士海峽中央緯度的並行線，作為日本及西班牙於太平洋西部之版圖界線，在該界線北方及東北方的島嶼屬西班牙，而界線南方及東南方之島嶼歸日本所有[15]。由於英國與法國的關係因雙方在中南半島競爭而惡化，且俄德法的合作更使英國陷於孤立，因此其在立場上反而親近日本。根據日文資料，日本於馬關條約中要求在通商口岸可設廠的條款，其實正是為討好英國所提出來的[16]。爾後鑑於列強在華畫分勢力範圍，英國不但促使美國在1899年首度提出「門戶開放」政策，同時為進一步遏止德、俄在遼東勢力擴張，而於1902年締結「英日同盟」。

---

11 土方晉，1980，《橫濱正金銀行》，頁21，東京：教育社。

12 李國祁，1995年3月29日，〈甲午戰後臺灣民主國的歷史真相〉，《聯合報》，第11版。

13 戴天昭，1969年2月，〈日清戰役三國干涉的臺灣〉，《法學志林》，第66卷，第3號，頁31-32。

14 同上，頁44-46。

15 山崎繁樹、野上矯介，1988，《臺灣史》（1600～1930），頁227-228，臺北：武陵出版公司。

16 同注13。

第二節　統治權的確立

臺灣在甲午戰爭（1894年）之後的馬關條約（1895年）中，正式割讓給日本，日本統治臺灣51年（1895～1945年）期間，採取治臺政策三階段——即「非同化主義」（1896～1919年）、「同化主義」（1919～1936年）和「皇民化運動」（1936～1945年）。

日本治臺之初，鑑於臺灣人的武裝反抗及雙方差距所導致的隔閡，臺灣總督從樺山資紀、桂太郎到乃木希典，皆未能消除島內的緊張對立，反而因官僚的派系問題而日益敗壞官箴，且因無力鎮壓所謂「土匪」，而被日本新聞界嚴詞批評[17]。此外，由於日本人封閉性極強，在臺北、臺中等都會形成臺灣人與日人各自的居住區，因此在文化的差距及衝突下，臺灣人民日益輕視日人習俗。當時的《臺灣日日新報》（明治39年5月12日）便曾警告日人已遭臺灣社會大眾輕視；日本人面對故意滋事則招警對抗，從而加深雙方歧異與衝突[18]。

在澄清吏治方面，第三任總督乃木希典大力支持臺灣高等法院院長兼法務部長高野孟矩，針對政府部門展開肅貪的工作。由於肅貪工作牽連甚廣，並使民政局長水野遵、財政部長山口、通信部長是土居相繼去職，因而引起東京當局震撼。在拓殖省大臣高島之助的介入下，高野孟矩不但下臺，同時引起日本憲法學者進行大辯論，最後確定臺灣不在明治憲法條文實施的範圍內[19]。

1898年2月，出身長州系軍人的兒玉源太郎就任第四任臺灣總督，兒玉雖然出身軍人，但卻擅長行政事務，具備靈活的政治手腕[20]。他任命後藤新平出任民政長官。後藤新平是奠定日本「治理」臺灣及鎮壓「土匪」的大功臣，他的治臺理念可參考

---

17 木村匡，1919年9月，〈二拾五年の回顧〉，《臺灣時報》，東京。

18 1906年5月25日，《臺灣日日新報》。

19 高野孟矩繼而被免除臺灣高等法院院長職位，法院內部多位法官亦相繼辭職，高野以明治憲法保障法官終身職為由，極力與日本當局抗辯，引起日本學界對臺灣於日本憲法之地位進行辯論，之後更與政黨結合，是使松方內閣倒閣的重要原因之一。見向山寬夫，1973，〈臺灣高等法院院長高野孟矩罷免事件〉，《書齋の窓》，223號，東京。

20 《太陽》，4卷27期，頁209-213，明治28～39年（1895～1926年）。

其於1889年所出版的《國家衛生原理》一書[21]。書中闡明在達爾文「物競天擇，適者生存」的理論下，絕對不可能產生「市民社會的自律性」，所以必須採取「理性獨裁者」及「絕對主義」的專斷，以創造理想的人類社會。在赴臺前，後藤便提出「臺灣統治救急案」，文中指出將尊重臺灣人風俗習慣、警察萬能主義、縮減行政費用並積極開拓財源等理性獨裁統治方針治臺[22]。

面對臺灣人的武裝反抗，後藤新平仿照普魯士「警察國家」，建立一套嚴密的社會網路控制系統。在上層，總督以律令的制定、中央集權式支配官僚組織，配合強大警察力量並輔以保甲制度，使保甲成為最基層的社會控制組織，再以嚴峻的法規——匪徒刑罰令、犯罪即決令，奠定日本統治臺灣的基礎[23]。

在日本治臺初期，「菁英階級」（Elite Class）面臨那些衝擊？首先我們必須先界定何謂「菁英」。17世紀時，「菁英」是指「特別優秀商品」，爾後才擴大稱「優勢的社會團體[24]」。在中國，一般所謂的社會領導階層，尤其在清代，是指士紳或是富商、地主、儒士等階級[25]。分析1896年6月下旬至11月，各地主要抗日領袖之出身，大多屬於富豪、地主、綠林豪傑或下層士紳、生員等[26]，若與籌防時期領導人物，

---

21 有關後藤新平《國家衛生原理》的精義，參見鶴見祐輔著，《後藤新平》，第1卷；溝部英章，《後藤新平論鬥爭的世界像「理性獨裁」》(1)、(2)；京都大學法學會，〈法學論叢〉，100卷2號、101卷2號；1976年11月、1977年7月5日。

22 鶴見祐輔，《後藤新平》，第1卷，頁714-720。

23 弘谷多喜夫，1985，〈臺灣の殖民地支配と天皇制〉，《歷史學研究》，第547號，頁163，東京：歷史學研究會。

24 最早使用菁英來描寫人物的是Max Leclerc，他的著作討論英國及德國的菁英，並將此字用來解釋高教育、高政治職位和高聲望的人物。而早期菁英一詞，又限於解釋一種角色（Role），能夠對大眾產生影響及控制力的一群人。轉引自Edward Shils，1982，《"The Political Class in the Age of Mass Society: Collectricistic Liberalism and Society" in Moshe M. Czudnowshi (ed.) Does Who Governs Matter?》，頁13，Dekalb: Northern Illinois University Press。

25 蔡淵洯，1980，《清代臺灣的社會領導階層（1684～1895）》，國立臺灣師範大學史研所碩士論文。其中指出臺灣領導社會，由初期移墾社會以經濟型領導社會人物為主，到同光年間逐漸轉變成經濟型、政治型和文教型三者並重多元領導局面。

26 可參閱連橫，1976，《臺灣通史》，臺中：臺灣省文獻會。臺灣省文獻會編，1965，《臺灣抗日忠烈錄》，第1輯。

如：唐景崧（巡撫）、林維源（全臺首富、二品太僕寺卿）、丘逢甲（進士）、林朝棟（臺中首富、候補道）、劉永福（黑旗軍、抗法名將）等相較，他們只能算是次級領導人而已。但這些戰前籌防的各地最具影響力的士紳、富豪等人，如林維源、丘逢甲、林朝棟、唐景崧等，在面臨強敵壓境時相率內渡，而留臺者或隱匿不出，或轉而支持殖民政權，在武力抗日陣營中已無足輕重，未見有領導抗戰者[27]。

當抗日事件逐漸鎮壓撫平之際，日本人也對臺灣社會領導階層採行籠絡政策，使其擔任顧問性質的參事及街庄區長等基層行政吏員，同時也給予樟腦製造權、鹽與菸草、鴉片批售等公營事業特權作為酬勞。經由這些特權，形成所謂「特種臺灣人[28]」；而高隸民（Thomas B. Gold）認為辜顯榮、林熊徵、顏雲年、陳中和與林獻堂5人，為臺灣老一輩一致公認在日據時期，臺灣最富有、最具影響力的親日派[29]。這5人的企業、政治資歷作表分析如下。

---

27 詳閱黃昭堂，1970，《臺灣民主國の研究──臺灣獨立運動史の一斷章》，頁47-168，東京：東京大學出版社。許世楷，1972，《日本統治下の臺灣──抵抗と彈壓》，頁13-71，東京：東京大學出版社。

28 柴山愛藏，1931，〈特種本島人の過去と現在〉，《筆の跡を顧めて》，頁34-35，臺北：讀賣新聞臺灣支局。

29 參閱高隸民（Thomas B. Gold）等著，1994，《臺灣政治經濟學諸論辨析》，頁149，臺北：人間出版社。我認為林獻堂不應列入親日派或御用士紳行列，在日本統治時期，林先生不著和服亦不說日語，也是「文化協會」、「臺灣議會期成同盟」的領導人，他對「祖國」或「中國文化」的認同是無庸置疑的。

日據時期臺灣富豪家族表

姓名	政治資歷	企業
辜顯榮 （1864～1938）	主動引日軍和平入臺北，曾擔任總督府評議會成員	日人准其壟斷樟腦、鴉片、菸草貿易和製鹽
林熊徵 （1888～1948）	娶盛宣懷女兒為妻，後曾任總督府評議員	林本源製糖廠，並投資華南銀行
顏雲年 （1874～1923）	在日軍登臺時，擔任憲兵翻譯官，後來也成為總督府評議員	基隆煤礦與臺陽煤礦公司等企業
陳中和 （1854～1931）	甲午戰爭時曾幫助日本人，在臺灣割讓及日俄戰爭中都立下功勞，兒子陳啟貞是總督府評議員，他本人卻未參加	新興製糖公司為其主要企業
林獻堂 （1881～1956）	臺中霧峰林家後代，抗法名將林朝棟亦為其家族成員。出身官紳家族，1921年被任命為總督府評議員，但由於積極投入社會運動為臺灣人爭權益，兩年後被免除評議員一職	除了傳統式的土地與水利經濟活動外，主要創立彰化銀行

參考資料：參考高隸民（Thomas B.Gold），1994，《臺灣政治經濟學諸論辨析》，頁150-155整編製表而成，臺北：人間出版社。

　　日本人扶植這些親日派菁英的目的，一方面希望藉此向臺灣人宣揚依附與恩庇下，飛黃騰達的途徑；另一方面，本地親日派菁英企業可帶動整體經濟活力，也為日本帝國提供更多的剩餘價值。1897年起，總督府建立了紳章制度，迄至1915年代，獲授紳章者計有1,030人，這批富豪及與總督府合作者逐漸取代清代士紳，因為清代士紳概由正、異途功名而來，未具功名的財富者稱之為富豪，兩者地位懸殊，從司法到日常興服均判然有別[30]。因此，到1915年得有紳章者1,030人中，具有功名者不足400人，多數為富商、地主或新興實業家[31]。在日據初期新興的社會領導階層變化中顯示，傳統中國士紳在社會上的自治功能與調和鼎鼐的效能逐漸消失，而這批新興領導

---

30 1896，〈臺灣舊制度考〉，《臺灣總督府民政事務成績提要》，第2編，頁66-67。

31 Lamley H. J.，《The Taiwan Literati and Early Japanese Rule 1895-1915 Ph. D.》，頁358，Dissertation University of Washington（unpublished）。Lamley指出，紳章功能最初是協助建立社會秩序，其後則用以誘使臺灣富豪參與殖民經濟的開發，紳章的分配有利於勃興的富豪集團。

階層充其量只能進入基層行政組織，如街、庄的參事、街庄長、保正、甲長等不具正式官吏資格之職務。由於他們不能發揮自治功能，卻可憑藉殖民公權力為後盾，不但使日人較傳統時代更能有效動員和利用社會資源，也培養更多的「日本協力者」[32]。

第三節　抗爭與收編

　　20年代，臺灣社會出現另外一群留學中國與日本的新興菁英階級，由於日本人在臺灣採取歧視教育，伊澤修二（首任總督府學務部長）在1908年檢討教育成效時，反對臺灣與內地（指日本）一樣實施義務教育，並盡可能以上流或中流以上家庭子弟為教育對象[33]。持地六三郎（學務課長，1903～1910年）也曾明白表示，臺灣「普通教育之目標在於教育中、上層子弟，因此，臺灣的『普遍教育』事實上應該稱之為『菁英教育』（Elite Education）[34]」。日裔學者鶴見（E. Patricia Tsurumi）在其研究日據時期臺灣教育的博士論文中，深入的分析臺灣人所念的「公學校」在課程內容上與日人的「小學校」有很大的差異。小學校課程與日本相同，課文內容著重敘述日本名人力爭上游、出人頭地的奮鬥過程；但在公學校的課程上，同一名人事蹟的敘述偏重於人格上的忠順、誠實，與家人和睦相處，終被上司所賞識及提拔，或強調在實業上的貢獻，但絕不提在政治上的成就[35]。

　　日本人對臺灣的普遍教育，我們認為其偏重中上流家庭的目的，是資產階級與殖民政權的依附性較高，也較易成為收編對象；另一方面，公學校課程內容不過是培養不具政治野心的順民而已。在高等教育方面，只有醫學校及國語學校（包含師範部），可是20年代由於稻米經濟景氣，加上臺灣受教育的途徑狹窄，使大批資產階級

---

32 戴國煇認為在日本高壓政策之下，臺灣百姓逐漸習慣日本殖民統治的法治秩序，落入所謂的「共犯結構」中。在這些共犯結構中，臺灣住民的中上層因馴順的迎合殖民體制，在不知不覺中淪為接受統治的從犯一類角色。參見戴國煇，1992，《愛憎228》，頁310，臺北：遠流出版公司。

33 臺灣總督府臺北師範學校，1926，《臺北師範學校創立30周年紀念誌》，頁406。

34 持地六三郎，1912，《臺灣殖民政策》，頁299，東京。

35 請參閱E. Patricia Tsurumi，1977，《Japanese Colonial Education in Taiwan 1895-1945》，Harvard University Press Cambridge Massachusetts U. S. A. and London England。

子弟紛赴東瀛留學，而這些留學生在返臺後所從事的社會抗爭運動，我們認為是在日據時代最具意義的一段時期。以其抗爭路線分析，可粗略分為以林獻堂為首的溫和派[36]、奉行社會主義的連溫卿[37]、臺灣共產黨的謝雪紅[38]，以及爾後成立「臺灣民眾黨」、奉行階級鬥爭與民族運動結合的蔣渭水等重要領導人物[39]。

在20年代風起雲湧的社會抗爭運動，激盪著各種新思想，使臺灣社會充滿前所未有的活力，針對這些重要運動對人民思想、觀念的影響，茲分析如下：

一、民族精神、文化意識的喚醒與保存

針對日本當局在20年代所實施的「同化主義」政策，蔡培火、林呈祿及蔡式穀等領導臺灣議會設置請願運動的要角們，分別以「民族的自主性」、「低等文化不可能同化高等文化」的理由反對同化[40]，或許他們希望以議會設立所達成的自治中，保存他們珍愛的漢文化。文化協會組成的辯士及美勞團，經常下鄉演講或藉放映電影來宣揚本土意識，從而吸引大批民眾熱情參與，並屢遭日警禁止[41]。單是臺灣民眾黨即在

---

36 林獻堂出身臺中霧峰地主階級，但也因務農致富，以致觀念上趨於保守，土地利益較易受制於日本統治當局，因此一向主張以溫和手段向日據當局行體制內抗爭。故日本當局將林獻堂等歸納為專司努力改良統治、撤廢內臺差別，以增進島民利益之「穩健派」。見上山滿之進文書〈文化協會對策〉，轉引自若林正丈，1978年4月，〈臺灣總督府祕密文書「文化協會對策」〉，《臺灣現代史研究》，創刊號，頁164。

37 連溫卿頗受日共山川均之影響，山川均走具日本特色的社會主義，並強調公開、合法的政黨活動，著有《日本帝國主義鐵蹄下臺灣》，並曾在《臺灣民教》譯載。日本當局將連溫卿歸為動輒反帝國國權傾向的急進派。

38 臺灣共產黨在1928年的政治綱領中第二條提到「臺灣民族獨立」，第三條「臺灣共和國的建立」，但在1931年的綱領上，改成第一條「顛覆帝國主義統治，實現臺灣獨立」和第七條「建立臺灣工農民主專政的蘇維埃政權」。參見蘇新，1993，《未歸的臺共鬥魂》，頁146，臺北：時報出版公司。

39 蔣渭水也被日本當局歸為急進派。另日本警務局因蔣渭水以中國做為解放臺灣的希望，而又將其定為「祖國派」。請見臺灣總督府警務局編，《臺灣總督府警察沿革誌》，第2編《領臺以後の治安狀況》（中卷），《臺灣社會運動史》，頁318，龍溪書舍。以下簡稱《警察沿革誌》。

40 見《臺灣青年》，第1卷，第2號（1920815），頁67-83。林呈祿，〈近世殖民地統治に關する對政策〉，《臺灣青年》，第2卷，第1號（1921115），頁26。蔡式穀，〈同化政策に就いて〉，《臺灣青年》，第2卷，第3號（1921326），頁19-25。

41 見李筱峰，1991，《臺灣革命僧林秋梧》，臺北：自立晚報文化出版部。

臺北31地舉辦50多場、3萬餘人次的「政治演說[42]」。因此日本總督府認定臺灣議會是具有臺獨傾向的、一種脫離日本的民族運動[43]，而總督府警務局也判斷臺灣島民不論贊成與否，皆將議會請願視為反抗總督府的民族反抗運動。而論者以為這種訴諸歷史文化的本位意識，在對抗異族統治時的內聚力更強，使漢民族文化意識始終伴隨著日據時期臺灣的政治運動[44]。

二、抗日陣營分裂所凸顯的分歧與矛盾

　　總督府警務局認為臺灣社會抗爭運動的共同點，是以「中國」為其中心思想，但因為彼此的見解及行動互異，又區分為以蔣渭水、蔡惠如、王敏川等人為主，將臺灣未來希望寄託在中國的「祖國派」；另外則是以蔡培火、林呈祿等人為首，以增進本島人利益，並對中國解放殖民地較無信心的「實利派」；而林獻堂本人雖然態度不明顯，但較傾向於後者[45]。從地域分布上分析，北部人士較傾向激進派，像蔣渭水等人。由於蔣渭水本業是醫生，在經濟上較不受官方限制，因此行動與思想較獨立自主；而中南部如林獻堂等人，因大多出身地主階級，故較易受制於日本人的控制與籠絡，基於本身與家族事業利益的考量，他們行事溫和、穩健。日本《讀賣新聞》即曾分析臺灣議會設置請願運動，只是求取最基本的生存權，故不能發展出像朝鮮一樣極端的民族自決運動[46]。而臺灣總督府官員也指出，由於蔣渭水在文化協會分裂後同年成立臺灣民眾黨，且蔣渭水積極介入勞工運動並成立工友總聯盟（1928年2月），使保守的地方階級有如芒刺在背，遂藉口組織「臺灣地方自治聯盟」（1930年8月成立）而退出臺灣民眾黨[47]。

　　另一方面，許多留學日本及中國的知識青年受到社會主義的影響，返臺後積極參

---

42 《警察沿革誌》，前揭書，第2篇中卷，頁447。

43 同上，頁316-319。

44 周婉窈，1981年6月，《日據時期臺灣議會設置請願運動之研究》，頁243，臺北：國立臺灣大學歷史所碩士論文。

45 參見《警察沿革誌》，前揭書，頁318。其中分析蔣渭水雖然屬於「祖國派」的一員，但因奉行孫中山思想，而行「民族運動與階級運動併行」，故又被視為「極端的民族主義者」。

46 柴山愛藏，前揭書，頁116-117。

47 有關臺灣地方自治聯盟之成立經過，請參閱《警察沿革誌》，前揭書，頁523-530。

與社會抗爭運動，連溫卿即主張以臺灣社會發展實情，爭取普羅階級而強調無產階級專政，並反對林獻堂與蔡培火等所謂保守穩健派[48]。1927年1月3日，臺中召開的文協臨時總會終於導致林獻堂、蔡培火、蔣渭水等人退出。而留學中國大陸的臺籍青年，許多受到孫中山「聯俄容共」思潮的影響，組織具有濃厚共產主義思想的社團，如集美中學翁澤生（後臺共發起人）、洪朝宗等人於1924年所召開的「閩南學生自治會」，會中強烈反對溫和的臺灣議會請願運動[49]，另由吳麗水、李振芳於1926年組成的「中臺同志會」獲得廈門大學生支持，他們在宣傳物中主張臺灣建立經濟和政治上的自由邦，並以住民自決的方式與中國合併或組聯邦[50]。1928年4月15日，臺灣共產黨在上海成立。6月，謝雪紅等人接受日共指示返臺成立臺共黨中央，並對文化協會進行滲透及奪權，1929年成功的將連溫卿於文協中除名，並由臺共統一了包含文協在內的左翼陣營。《日本警察沿革誌》針對上述現象分析指出，由於留學中國的臺籍青年將新思潮不斷注入臺灣，加上島內因逢世界經濟不景氣影響，出現大批失業的知識青年，就形成了所謂的「無產青年[51]」。連溫卿能夠取得往後文協的領導權，正反映出無產青年動員力量之強大及文協內部主流意識的轉變。1923年9月25日，成立於淡水河畔的「臺北青年讀書會」，逐漸發展成臺灣無產青年的大本營，也使得北部的抗爭運動不論在階級鬥爭、意識型態等方面，都與文協初創時期的地主階級有絕對的差異。

三、臺灣共產黨提「臺灣獨立」概念

臺灣共產黨是第一個提出「臺灣獨立」與「臺灣民族」概念的政治組織，但論者以為臺共理論欠缺藝術及文學等領域輔助，故無法在文化的各個層面上來補充及宣揚臺灣民族理論[52]。而漢民族文化意識成為臺灣人的心理憑藉，也迅速被轉化成「祖國意識」。1945年臺灣光復，從絕大多數人們對回歸祖國的期待和喜悅來看，臺灣人對

---

48 連溫卿，1927年1月2日，〈過去臺灣之社會運動〉，《臺灣民報》，號138，頁12。

49 《警察沿革誌》，前揭書，頁99。

50 同上，頁114-115。

51 同上，頁175。

52 參見管碧玲，1994年7月，《民族主義與臺灣政黨政治》，頁41-42，臺北：國立臺灣大學政治學研究所博士論文。

民族解放是選擇種族主義而非國家民族主義為依歸的一個主要原因，所以20～30年代初期的社會抗爭是鞏固民族或祖國因素的最大影響者，並塑造「中華民族」的想像共同體[53]。

1932年5月27日，新任臺灣總督中川健藏抵臺，而殖民當局一方面鎮壓及取締社會抗爭運動，一方面又於1935年4月1日公布「臺灣地方自治制度改正案」，在州、市、街庄的協議會議員名額中，開放半數名額民選，並於11月22日舉行臺灣史上首次地方選舉。在1935年的地方自治選舉中，呈現若干值得注意的現象：

（一）財產資格限制，規定每年納稅5圓以上者方具選舉資格，以1935年臺灣人平均國內支出為173.95日圓（當時價格）計算，扣除其中消費及資本形成支出，剩餘所得為16.48日圓，這個統計包括在臺日人[54]。如果就農村統計而言，有能力納稅在5圓以上者當屬資產階級，因而日本在臺的地方選舉以吸納臺灣資產階級為主要目的。

（二）1920年之前的地方基層行政官職如街庄長、助役、書記等大都由日人指定地方有力人士擔任，而這些地方勢力透過家族力量，往往長期壟斷這些職務，甚至形成地方政治派系。

（三）在1935年的地方選舉中，除可鞏固日人在臺參政基礎外，也可於20年代社會抗爭運動之後，藉由選舉再次收編社會運動中各級菁英分子，使之成為日本殖民政權的協力者，而非破壞者。當選者之中，除了部分具有20年代抗爭經驗者外，在州議會方面，民選當選者大都屬於富裕資產階級，年齡層分布在40～49歲之間最多，而教育程度集中在「國語學校」、醫學校和留日法政學校，他們構成議會的中堅，當選者多數具有參與殖民基層政治之經驗，如曾任助役、街庄長、協議會員等。至於在民選市議員方面，年齡較輕，集中在30～39歲之間最多，其餘背景則與州選議員相似，其中許多人為首次擔任議員職位，但亦有不少以往社會抗爭運動的領導人投身其中[55]。

---

53 同上，頁20。

54 溝口敏行，1988，《舊日本殖民地經濟統計》，頁23，東京：東京經濟新報社。

55 可參考臺灣新民報編，1934，《臺灣人士鑑》。興南新聞社編，1943，《臺灣人士鑑》。1935年11月的選舉結果，時論「大體並無素質差者當選」，見蒲田丈夫，1936年1月1日，〈官選議員の撤廢を提倡する〉，《臺灣》，第7卷，第1號，頁38。

經由1935年的地方選舉，尤其以民選市議員的平均年齡層分析，大部分當選者在20年代風起雲湧的社會運動中，尚在青少年階段；而具有抗爭經驗的社會菁英，除部分投入選舉外，其餘則被世代交替所輪替。從1936年9月，小林躋造總督（預備役海軍大將）取代最後一任文人中川總督成為臺灣第17任總督後，臺灣的世代交替在新政策推動下，正快速邁向一個新的時代。

第四節　皇民化運動

　　1936年9月，小林躋造取代中川健藏成為臺灣第17任總督，小林甫上任即提出「皇民化」、「工業化」和「南進化」三大方針[56]。就臺灣地位而論，由於地緣位置使其成為日本的南向基地，政治上被提升為日本的一個「本島」，在性質上已經由原本所謂日本新征服的「外國殖民地」，轉而扮演大東亞共榮圈的角色。另一方面，韋艾德（Winckler）認為反對勢力的空間也逐漸縮小，民族主義根本無任何活動的空間。以徵兵制來進一步推動臺灣內部的政治結合，使日本人強力說服臺灣民眾為天皇犧牲，而交換條件是答應臺灣人均享有投票權，並承諾將於1945年進行全島普選[57]。

　　小林總督於1936年9月提出皇民化運動，1937年4月總督府禁止報紙刊登中文欄，為運動正式揭幕。而在朝鮮也於同年10月2日，由其總督府頒布了所謂〈皇國臣民誓詞〉，規定朝鮮人民在公開集會時必須背誦，這就是朝鮮皇國臣民化運動的開始。臺灣皇民化運動的內容則包括：一、宗教與社會風俗的改革；二、國語運動；三、改姓名；四、志願兵制度[58]。

　　在推行國語運動和改姓名方面，我們可明顯看出日本人推行的對象主要集中在中產階級（或稱知識階級），即醫生、教師和公務人員等方面。如果被認定屬於「國語家庭」，不但是種榮耀，且能帶來種種好處。譬如「國語家庭」的小孩比較有機會進

---

56 臺灣總督府情報部，1940，《時局下臺灣に現在とその將來》，頁7。

57 韋艾德（E. A. Winckler）等著，1994，《臺灣政治經濟學諸論辯析》，頁81，臺北：人間出版社。

58 周婉窈，1996，〈從比較觀點看臺灣與韓國兩地的皇民化運動（1937～1945）〉，《臺灣史論文精選》下冊，頁166，臺北：玉山出版公司。

入小學校或中等學校念書[59]，公家機構會優先任用「國語家庭」的成員等[60]。在改姓名方面，希望改姓名的家庭必須符合下列兩個條件：第一，該家庭必須是「國語常用家庭」（與國語家庭不同，只要家中60歲以下成員在家講日語就行了）；第二，條件比較抽象，改姓名者必須「念茲在茲努力於皇國民之資質涵養，且富於公共之精神[61]」。

為配合1941年太平洋戰爭爆發，臺海成為日本三軍補給線的中繼站和軍需工業的生產基地，在教育政策上也進入戰時體制。除了繼續推行皇民化教育之外，也開始實施義務教育，1941年廢止公、小學校名稱，而統稱為國民學校。據1944年的統計，臺灣青少年的入學率已高達71.17%[62]。其次，不但加速發展教育以增強戰力，高等教育方面配合南進的色彩更為濃厚。臺北帝國大學也由原來的兩個部門擴增到文政、理、農、醫、工等5個學部、17個學科和114個講座。同時為配合南進作戰準備，臺北帝大先後成立熱帶醫學研究所、南方人文研究所和南方資源科學所等。臺北帝大遂成為當時研究華南和南洋的中心，許多研究報告提供給臺灣總督府甚至日本有關當局，作為決策時的諮詢和參考訊息，可謂扮演一種南進作戰的「智庫」角色[63]。

周婉窈則分析臺灣人民在皇民化運動中，最不熱中於改宗教和改姓名運動（至少在開始時），但相較於朝鮮人，則熱中於學習日語與響應志願兵制度。尤其志願兵制度是針對青年的運動，也的確激發不少年輕人的愛國情緒。皇民化猶如政治洗腦運動，以年齡層而言，思想與心理正在成長的青少年最容易被塑造、被影響[64]。日本學者宮田節子在一本關於韓國皇民化政策的書中，便指出這種「人格分裂」的現象：其屬於皇民化世代的韓國友人，白天與人力辯「民族的主體性」，但晚上酒一入喉，又非高唱日本軍歌不行，在適當時機也能脫口背誦〈教育敕語〉、〈戰陣訓〉以及歷代

---

59 小學校在招收臺灣學生的過程中，往往以「國語家庭」與「改姓名」家庭之孩童為優先考慮。見1943年2月19日，《興南新聞》，頁3。

60 1941年3月27日，《東臺灣新教》，頁2。

61 間宮定吉，1941，《臺灣改姓名の相談——改姓名に伴子名義書換書式》，頁7-9。

62 臺灣省文獻會編，1971，《臺灣省通志》，卷5，頁33，臺北：眾文圖書公司。

63 同上，頁114-116。

64 同注59，頁190。

天皇御名等。而臺灣的原日本軍人眷屬也有類似的情況[65]。

鶴見在比較日本教育在臺灣接受程度遠較韓國為高時，指出為何相同的殖民教育政策，卻有如此不同的反應，除民族性不同外，尚有下列幾個因素：

一、殖民地的獲得方式

臺灣係經由簽約割讓，朝鮮則是經由武力併吞。

二、統治初期的政策

馬關條約中容許臺灣人有2年緩衝期決定是否返回大陸，是漸進的；但朝鮮則是整個被併吞、無處可退、激烈的。

三、不同的教育背景

臺灣原為傳統教育，日本新教育較易引起人民注意；而朝鮮早已實施新教育，對日本新教育引以為恥。

四、不同的戰略位置

臺灣距日本較遠，控制較鬆，但朝鮮介於日俄兩國之間，日本控制嚴密。

五、懸殊的生活水準

臺灣農工商較發達，故出路較多；朝鮮則還不及臺灣，出路較窄。

六、不同的文化背景

日本自承為中國文化圈之一員，臺灣原為中國文化之一支，文化上較受日本尊重，但朝鮮文化則未受到日本重視[66]。

1945年8月14日，日本正式向盟軍宣布投降。15日，日軍參謀中宮悟郎陸軍少佐和牧澤義夫陸軍少佐，聯同辜振甫、許丙、林熊祥和其他臺灣有力人士於草山密謀策動臺灣獨立運動，然而8月22日經安藤利吉總督阻止而作罷，此即所謂的「815獨立運動[67]」。國民政府在事後立即逮捕參加的臺籍人士，於1947年7月29日，以共謀竊盜國土罪為由，分別將辜、林、許3人判處1年10個月到2年2個月的徒刑。刑期如此輕微，

---

65 宮田節子，1985，《朝鮮民と「皇民化」政策》，頁2，東京：未來社。

66 請參閱E. Patricia Tsurumi，前揭書。

67 向山寬夫，1963，《臺灣における日本統治と戰後內外情勢》，頁64，東京。1961，《臺灣青年》，228特集號，頁49。

當跟上半年「228事件」後，力求安穩人心有所關聯[68]。

在皇民化運動推行之下，臺灣人民在思想、認同及價值觀各方面有何微妙的轉變，是值得我們研究的重點，茲分析如下：

一、影響青少年心理及價值觀層次

從1942及1943年兩次陸軍徵選志願兵和1943年海軍志願兵的應募人數來統計，實占當時臺灣全島適齡男子總數一半以上[69]。從軍殺敵當然有效忠和認同的對象、目標，因此周婉窈認為臺灣人較朝鮮人熱中志願兵，正反映出皇民化對青少年的塑造、影響和政治洗腦[70]。1942年1月4日，《臺灣日日新報》以3天大幅報導慶祝日軍占領馬尼拉。當天，在臺北、臺中、嘉義、臺南、高雄和花蓮等地，有數以萬計的學生揮舞著日本國旗，高唱愛國歌曲，高呼「萬歲[71]」。成千上萬官員及百姓誓言效忠天皇，為日本拚命以博取最後勝利[72]。

---

[68] 1946年10月，《臺灣省警備總司令部周年工作概況報告書》，頁94-95，臺北：臺灣省警備總司令部。在日本少壯派軍人推動下，辜振甫等人祕謀籌設獨立政府，據傳該計畫擬以「林獻堂、林熊祥為正副委員長，杜聰明為教育部長，羅萬俥為勞動部長，辜振甫為總務部長，許丙為顧問」。見李翼中著，中央研究院編，1992年5月，〈帽簷述事〉，《228事件資料選輯(2)》，頁399，臺北：中央研究院近代史研究所。

[69] 1942年實施《陸軍特別志願兵令》時，當時共有42萬人應募，結果錄取1,000多人，1944年則錄取2,200人，見臺灣總督府，1945，《臺灣統治概要》，頁71。1943年，海軍也實施志願兵制度，第一梯次應募人數多達31萬6千人，見臺灣總督府，1944，《臺灣事情》（昭和19年版），頁160。而1943年底，臺灣15～24歲男子大約有63萬人，因此志願兵的應募比率實在很高。63萬人是1935年時這個年齡層占總人口比例乘上1943年底時人口總數得出，而1943年人口總數是根據臺灣行政公署，1946，《臺灣省51年來統計提要》，頁76，104-105所統計而採用。

[70] 周婉窈，〈從比較觀點看臺灣與韓國兩地的皇民運動（1937～1945）〉，前揭書，頁190。另據研究，朝鮮人對異族統治的暴力及非法反抗，也比臺灣來得嚴重，1907～1911年間，曾經參加朝鮮獨立運動的韓國人，據估計高達14萬人，另成千上萬的共產黨員被捕入獄，直到1945年8月15日止，尚有許多人繫獄。見Myers and Peattie eds.，1984，《The Japanese Colonial Empire 1895-1945》，頁496，Princeton N. J. Princeton University Press。

[71] 1942年1月5日，〈くまこうく陷落萬歲！きのみ全島旗の波〉，《臺灣日日新報》，第4版。

[72] 1942年1月9日，〈臺灣一家六百萬家族、戰勝完遂に固き誓ひ〉，《臺灣日日新報》，第3版。

二、總動員下集體意識的變遷

在皇民奉公會編組下，成立奉公壯年團、農業、商業奉公團、挺身奉公隊、文學奉公會等，而未婚少女也被組織起來，接受護理、烹調、演藝等訓練，以因應戰時需要[73]。這些年輕人大多出身中上階層家庭，大部分參與者都有一定程度的教育水準，皆會講日語，每週固定集會，經常關心和討論戰事，並為日本在太平洋戰事的勝利而慶祝。1944年12月，安藤利吉陸軍大將取代長谷川清成為臺灣總督。由於美軍B-29轟炸機在1945年起，每月至少有500架次由琉球飛到臺灣轟炸各大小城市[74]，臺灣人民在前1年即疏散到鄉下，所以各大城市早已十室九空。安藤利吉於1945年2月2日下令所有中老年人加入動員的行列，安藤並稱讚臺灣人「已經是偉大帝國的人民[75]」。或許皇民化的推展已有一段時日，在輿論上似乎反映一般臺灣人頗相信這種說法[76]。1945年7月10日，安藤總督親自向臺灣人發表談話，稱他們是「皇民」，要求人民與官員結合，誓死為天皇效忠[77]。第二天，官方公布一項新的義務防衛規章，成立「義勇隊[78]」，而義勇隊直接向當地行政官員負責，以非正規軍的方式協助皇軍作戰，並深入鄉村協助農耕。當記者詢問一位義勇隊員，他們的任務性質為何？他回答：「義勇隊的組成是加強全國團結的精神，以我們的故鄉為中心，發展我們共有的民族精神[79]。」

皇民化運動是日本統治臺灣最終結晶之一，臺灣人民是否被同化？而同化是一種思想內在的涵化（Acculturation），或許很難從外在表象來做一個統一解釋。以吳新榮為例，他在日記中寫到，迫於日本人壓力而改姓名，但他故意取了一個與中國文

---

[73] 臺灣總督府，1943，《臺灣事情》，頁156-157。

[74] 《臺灣新報》1945年都在報導有關空襲次數的詳細資料，包括B-29架次以及被日本擊落的數目。

[75] 1945年2月2日，〈公報運動に軍も協力、中老年層の指導に留意〉，《臺灣新報》，第1版。

[76] 同上。

[77] 1945年6月17日，〈島民の總かを發揮、聖戰完勝へ挺身せよ〉，《臺灣新報》，第1版。

[78] 1945年6月18日，〈國民義勇隊編成方策〉，《臺灣新報》，第1版。

[79] 1945年7月28日，〈作戰行動に協力670萬の結束〉，《臺灣新報》，第2版。

化及自己姓氏有關的日本姓氏。他寫道[80]：「皇民化運動的具體辦法之一是：當局獎勵本島人改姓名。聽說在朝鮮實施『創姓』，成績良好，而本島是實施『改姓』。也許『創姓』較能表現個人的獨創性。假如吾人非『創姓』不可的話，則非考慮自己的傳統與新意義不可。查看字典，『吳』的別號為『延陵』，即今常州（江蘇省武進縣），春秋時代吳季札住於北而得名。陵通岡，則改姓為：延岡，且『延』字為我最崇拜之臺灣開祖鄭成功之延平郡王的『延』字。」

當時許多臺灣人都採取類似做法。此外，1942年最後一次統計中，全臺620萬臺灣人之中，有330萬人至少受過小學以上教育，並且會讀寫日文，其比例占總人口58%[81]。在40年代雖然懂日語的臺灣人已占總人口一半以上，但吳文星認為臺灣人並未因日本人推行國語普及化而被同化，其理由有二：第一，臺灣早已「內地化」，並擁有高度漢文明，因此不同於其他低度文明的西方列強殖民地，不易被同樣接受中華文化的日本文明所同化；第二，由於日本人在臺灣實施差別待遇，反而激發臺灣人民的民族自覺及認同，成為反同化的動力，因此阻礙對日本文化及民族的認同[82]。

然而在我們的研究中，卻也發現皇民化運動中，除了青年層次，資產階級和公務人員亦受很大的影響。根據統計，1945年間，有47,353名臺灣人任職總督府，另外有3,455名臺灣人在1944年擔任州、廳、市、街議會的代表。加上他們的近親，每家以7人計算，總數約30餘萬人，這些人在經濟生活上依附於日本總督府轄下各級機關或民意機構[83]。在賴澤涵、魏萼和Myers等人的研究中，特舉彭明敏與林獻堂2人為例。彭明敏出身醫師家庭，皇民化運動期間，彭明敏於1940年左右結束高雄中學課程東渡日本，後考入東京帝國大學政治科就讀，戰爭期間彭明敏都留在日本，直到1946年才返回臺灣。賴澤涵等人根據其回憶錄，顯示彭明敏的許多想法，可視為當時臺灣年輕知識分子間一種普遍性看法的代表，即他們家族的士紳地位並非來自清朝，而是日本統

80　吳新榮，1981，《吳新榮全集》，第6集，頁102，臺北：遠景文化事業出版公司。
81　吳文星，1985年12月，〈日據時期臺灣總督府推廣日語運動初探〉，《東海大學歷史學報》，第7期，頁116。
82　吳文星，1986，《日據時期臺灣社會領導階層之研究》，頁342-343，臺北：撰者。
83　請參考賴澤涵等著，1993，《悲劇性的開端——臺灣228事變》，頁51，臺北：時報出版公司。

治臺灣後所創造的，是整體環境下所造就的功名利祿。同時，這批年輕知識分子也仍舊私心慶幸，這50年來由於日本人統治，帶給臺灣經濟和社會利益。反之，同一時期生活在大陸上的中國人，卻長期遭受動亂、軍閥割據和內戰。這種想法導致他們在中國人之前，有種強烈的優越感[84]。

林獻堂則是另一個例子。其家庭植基於1895年之前，因此對中國文化的認同當然較彭明敏這種發源於日據時代的家庭來得深厚。林獻堂在20年代投入社會運動，雖然早在20歲就做了街長，爾後並曾被聘為總督府評議員，但他一生不說日語、不著和服，生活方式從未受日本的時尚或日本觀念所影響，換句話說，他個人一生是絕對「反同化」的[85]。

柯喬治（George H. Kerr）則認為臺灣老、中、新（1920以後出生）三代中，在對文化認同上，老一輩習慣所謂「祖國」理想化；中生代（1885～1915年間出生者）則了解亞洲實際上受日本軍人與統治階級所支配；但年輕世代在皇民化時期求學成長，對舊時代非但沒有感情，反而以掃除落伍的中國舊俗為己任[86]。而發生於日本投降後的「815獨立運動」中，臺籍著名人士辜振甫、林熊祥2人，同樣出身於日據時期所謂親日派5大家族，在日據時期享有專賣特權及崇高社會地位。「815運動」是臺灣史上第一個獨立運動，雖然不能反映臺灣人普遍的願望，卻透露在日據51年的歲月中，菁英與受皇民化教育的新世代，在面對「國籍」及「認同」轉換過程中，對陌生情境的錯愕與排斥，並造成日後陳儀接收臺灣的高度挑戰。

---

84 彭明敏被高雄中學校長之類的日本人歧視，感受到次等公民的憤怒和不平，但面對戰亂的中國，卻又流露出優越感。見彭明敏著，林美惠譯，《自由的滋味——彭明敏回憶錄》，（Irvine. Calif. Taiwan publishing co. 1984），頁56。

85 葉榮鐘，1960，《林獻堂先生紀念集》，第3集，頁24-41，臺中：林獻堂先生紀念集編纂委員會。

86 柯喬治（George H. Kerr），1974，《Formosa Licensed Revolution and the Home Rule Movement 1895-1945》，頁189-190，Honolulu: Hawaii University Press。

第五節　日人殖民臺灣的影響

　　二次大戰結束後，殖民地紛紛獨立建國，在這些所謂第三世界的新興國家中，早年被殖民的傷痕從未完全抹滅。以非洲為例，由於歐洲列強在19世紀末以人為的方式瓜分及利用其土地生產母國所需的原料和經濟作物，不但忽略當地居民實際的生活需要和建設，也割裂部落的完整性，尤其積極在殖民地培養統治階級，更引發族群的對立和階級仇恨，這一切都造成今日非洲國家內戰層出不窮與極度貧乏。以近年來內戰和種族屠殺不斷的盧安達為例，在比利時殖民時代認定人口占少數的圖西族是《舊約聖經》中先知哈姆的後裔，所以有資格跟歐洲人平起平坐。此外，較白的皮膚和修長的體型與歐洲人比較接近，是圖西族能得到比利時認同的另一個理由。因此比利時利用圖西族人統治境內人口占絕對優勢的胡圖族人。1962年盧安達獲得獨立，30餘年來，握有人口優勢的胡圖族逐漸贏回統治權，於是展開報復行為，上演今日種族屠殺和內戰的悲劇。

　　印度小說家高許指出，歐洲人特別喜歡在殖民地挑一個少數民族，把他們造就成通敵者——民族的罪人。高許分析這種密切的依附關係，使通敵者隨時擔憂失去主子的保護，所以絕不敢生貳心。倫敦政經學院的歷史教授奧斯汀說：「這是一個循環不息的現象。歐洲人選擇某一種族團體作他們的代表，實施分化統治，後殖民時期的政治領袖也會玩這把戲[87]。」

　　西野英禮分析日人殖民臺灣的意識型態，認為由於日本長期受到中國文化的影響，對於漢民族敬畏之念根深柢固，對於原是漢民族的臺灣住民之侮蔑觀未能普遍化之下，因而塑造臺灣住民是「番族」的觀念。一方面指責他們是野蠻番族，另一方面將自己的侵略、強制勞動、剝削及毆殺等野蠻行為予以合理化及正當化。此外，西野英禮認為日人殖民臺灣的後遺症就是創造一種說法，即「日本殖民促成臺灣現代化」。這是由於分隔時空差距的假設，而且是以絕對的生活水準而非以相對性作估量。因此在殖民的支配關係上，使臺灣人民在本質上的苦痛被意識隔開，相對的，日

---

[87] 1994年5月13日，《中國時報》，第35版。

本殖民加諸於被剝削者極強的恩惠意識，此亦有助減緩殖民者的罪惡感。此外，由於大陸人拒絕被殖民化而激烈抵抗，使日本人在意識型態上常流露出露骨的侮蔑感，也使得戰後由大陸移民到臺灣的外省人和本省人之間產生差異感。其原因固然源於陳儀的腐敗和惡政，但究其緣由，實由於日本51年來的侵略，使兩者徹底分離，置於不同的狀態，結果在精神上形成不能否定的隔閡[88]。

因此，在人類史上，戰爭與征服、支配與反抗、解構和重建，其實都是不斷的循環發生。從亞當史密斯探討西方古典時期的希臘和羅馬殖民地，到馬克思的移民殖民地與剝削殖民地的發展史中，上述問題重複不斷[89]。而臺灣從一原住民的世界，歷經帝國主義到一個國家的發展過程中，日本殖民的影響實具有重大意義，以下特分成物質和精神層面的影響作一分析比較：

一、就物質層面而言

一般西方國家統治殖民地，往往以剝削為目的而種植一些消費性作物，如茶、咖啡、棉花等，所有交通網路也只是為配合運輸物資回母國所建立，而整體建設卻無所進步。高隸民認為日本殖民臺灣產生非常深遠的影響，從統一度量衡、貨幣、建設現代化的基礎設施，到引進工業並遍布全島，避免臺灣產生其他殖民地的都市化現象[90]。而韋艾德和葛蘇珊（Susan Greebhalgh）也認為拉丁美洲理論家於50～60年代提出有關殖民地經濟和政治發展的所謂「依賴理論」，並不適用於臺灣[91]。

葛蘇珊等認為1945年之前，雖然日本殖民政權確實強迫臺灣專門從事初級品的生產，但也提供臺灣一個可靠的市場，較之其他殖民帝國，日本人實行的發展方案也較具全面性，不僅使臺灣的農業和工業現代化，而且也使臺灣得以接觸一些輕工業和某些重工業。1945年之後，國民黨國家政權利用日本人留下的基礎，繼續發展農業、輕

88 西野英禮著，鄭烒譯，1985，〈殖民地的傷痕〉，《臺灣的殖民地傷痕》，頁91-93，臺北：帕米爾書店。
89 陳其人，前揭書，頁91，上海：社會科學院。
90 高隸民（Thomas B. Gold），前引文，頁159-160。
91 有關依賴理論請參考1950，《拉丁美洲的經濟發展及其主要問題》，紐約。

工業和重工業[92]。喜安幸夫也認為日本殖民臺灣所實施的「戶警合一」制度、土地改革等措施，使臺灣殖民政府能在翔實的戶籍基礎上，有效的以數字進行管理，並創造良好的社會治安環境。這一切都使光復後的中華民國，能更容易治理臺灣[93]。

　　但是日本人開發臺灣的意識是什麼？在日本統治時代，鐵路、道路的架構與開闢確實完善，不僅開發產業和輸入農業技術，產量也為之提高。不過就另一角度思考，所謂臺灣稻米的改革、產額的增加及製糖業的發達，都屬於日本經濟的非常利益。因此，臺灣農業發達，是為日人之利益，而毋容爭論。而且二次大戰末期，臺灣因屬於日本經濟圈，故直接承受民生的破壞和凋敝，並且影響國府光復初期的統治及其所衍生的政治後果。

　　鄭欽仁教授也提出，51年的殖民剝削到底給我們什麼「恩惠」？而且帝國主義的幽靈還可能再現。西野英禮亦認為由於日本統治，使今日在臺灣仍留存輕視母語的風潮，實為日本統治時代的延長，其一切肇因於企圖使臺灣人忘掉民族性的白癡化教育弊害，並將使臺灣民眾的痛苦延伸到未來[94]。

二、就精神層面而言

　　許倬雲教授認為臺灣社會在1996年總統大選後，還是存在嚴重的省籍分歧。一方面，50歲以上的臺灣同胞歷經「228事件」的苦難，加上中共數十年以來的暴行令人心寒，不但使其緬懷日治時期的安定生活，也產生永遠脫離中國的激憤觀念。相對而言，由於列強欺凌中國已逾1個世紀，中國民族主義已鑄入中國人的性格，在侵略中國的列強中，又以日本最為窮凶極惡，連串的苦難經驗，例如臺灣陷日，中國人始終痛心，致使中國人認為臺灣與中國復合，是歷史的使命。因此，整整兩、三代的中國人，就不夠體會臺胞的悲情。同樣，50歲以上在臺灣的外省同胞，當讀到李登輝接受

---

92 蔡采秀，前揭書，頁8-9。

93 天下雜誌社編，1992，《發現臺灣1620-1945》，下冊，頁347，臺北：天下雜誌社。

94 同注88，頁91-92。

司馬遼太郎的訪談紀錄時，焉有不大為震撼之道[95]？許先生實在道盡兩岸中國人的所謂國民黨、共產黨及臺灣人的三種情懷。

針對許倬雲論及臺灣社會分歧的現象時，我們不禁要思考臺灣社會在後殖民時期如何建立真正的主體性問題。戴國煇在〈狂歡與幻想的雜奏〉一文中，分析歷經「228事件」後，使部分臺灣民眾產生「子嫌母醜」的心態，除進一步否定國民黨所代表的中國，並仇恨及藐視阿山（大陸遷臺外省人士）和半山（大陸回臺的本省人）。其次，由於日本時代教育政策的限制，使臺籍菁英在知識界不夠普及，對於所謂「臺灣人」概念內涵甚為混淆，連帶影響自我身分的認定。因此，臺獨理論家王育德在東京大學開會時，還不斷提到「臺灣光復」的字句。黃友仁（昭堂）在參加東大中國同學會舉辦有關後藤新平治臺事蹟時，卻以日本人口吻，不斷聲稱那些抗日的同胞為「土匪」，經人提醒才恍然更改用詞。因此，戴國煇教授早在1985年就以「兩個尺碼與認識主體的確定」，大聲疾呼建立獨立自主性思考的主體性尺碼，刻不容緩[96]。

---

[95] 1996年3月23日，《聯合報》，第6版。司馬遼太郎訪談，轉載1994年5月1日，《民眾日報》，政治版。在訪談中所提到「政界中利益薰心的外省人」、「掌握臺灣權力的都是外來政權」、「中國歷史不太有用」等詞句，我認為一方面顯示李登輝欠缺主體性思考，另一方面也傷害外省族群的感情，並且強將一種疏離感加諸於他們身上。而新加坡資政李光耀也批評李登輝受到日本教育影響太深，故習於以日本方式來衡量世局，且對中國人缺乏感情。見1997年2月10日，《中國時報》，第2版。

[96] 1991年12月10、11日，《中國時報》，第31版。

第二章　分裂與認同

第一節　228事件

　　1943年12月1日，在開羅會議上，蔣介石主席、羅斯福總統和邱吉爾首相宣布：「剝奪日本自1914年第一次大戰開始以來，在太平洋所奪得和占領之一切島嶼；使日本所竊取於中國之領土，例如滿州、臺灣、澎湖群島等歸還中華民國[1]。」1944年5月，中央設計局奉准成立臺灣調查委員會，作戰後接管臺灣之準備。臺灣調查委員會以曾經留學日本士官學校的「政學系」人物陳儀擔任主任委員[2]，委員中的臺籍人士有游彌堅、黃朝琴、謝南光、丘念台、李友邦、王泉笙等人[3]，該委員會的主要工作為：

　　一、草擬接管計畫，確立具體綱領。

　　二、翻譯臺灣法令，作為改革根據。

　　三、研究具體問題，俾獲合理解決[4]。

　　另外中央訓練團也舉辦「臺灣省行政幹部訓練班」，招收臺籍和各機關學員，以培養接收臺灣的人才，由陳儀自兼主任，周一鶚為副主任[5]，同時也在四行（中央、中國、交通、中國農民4家銀行）聯合總辦公處辦理銀行訓練班，在重慶舉辦警察幹部訓練班。1944年12月～1945年9月，共計培訓民政、警察、司法、教育、漁牧、農林、金融、財政、交通和工商等各項專業人員千餘名[6]。

1　Chiu（丘宏達），《China and the Question of Taiwan》，頁207.1。

2　陳儀被視為「政學系」人物，見郭廷以，1980，《近代中國史綱》，頁760，香港：中文大學，注1。

3　周一鶚，1987，〈陳儀在臺灣〉，《陳儀生平及其被害內幕》，頁104-105，北京：中國文史出版社。陳儀指定由沈仲九（陳儀祕書）及周一鶚（閩省賑濟會常務委員代行主任委員）兩人負責策畫。

4　臺灣省行政長官公署民政處編，1946，《臺灣民政》，第1輯，頁8，臺北：臺灣省行政長官公署民政處。

5　葛敬恩，〈接收臺灣紀略〉，《陳儀生平及其被害內幕》，前揭書，頁113。

6　同上，頁8，第一期招收120人，依專業分6組，實施4個月訓練，期滿回原機關服務，但由於日本戰敗，所以第二期尚未開始便已結束。

陳儀在臺灣調查委員會第一次黨政軍聯席會議上（1945年6月27日），提出他即將接收及治理臺灣的三項基本方針[7]：

一、主張採取黨政軍統一接收方式

他表示：「到臺灣的施政方針，希望能整個一致，黨政軍徹底實行三民主義。臺灣是新闢的園地，凡是總理的理想和遺教，希望到臺灣去實現。」

二、主張實踐社會主義、採取國有化公營化政策

他說：「我們收復臺灣後，對於一切產業必須國有或公營，如銀行須國有、土地實行耕者有其田、市地收為國有、交通事業公營，或許有人以為這是高調，其實不然，只要打破做官主義，廢除士大夫的私心和惰性，而意志集中、見解一致，我想一定可以做得到。」他又說：「本人確信事業國營有利，這種信仰希望各機關多方贊助實行，並在臺灣全島實現全部的總理遺教，如有好的成績，可以影響國內[8]。」

三、主張杜絕大陸惡習、續走日據現代化之路

他說：「論動機、論目的，日本統治臺灣是違反三民主義的，他是不顧臺灣人福利的，他壓迫臺灣人、榨取臺灣人，只謀日本統治者的利益。論事業不能不說有進步，論方法也比較現代化……我想如果把那比較現代化的方法、進步的事業，用以實行三民主義，用以為臺灣人謀福利，那就好了[9]。」他強調：「日本人在臺灣的政策是不好，但在工作上有好的一面，好的我們可以保留，壞的我們應該廢棄，國內的惡習尤其不希望帶到臺灣去[10]。」

從陳儀這三項復臺治臺的基本方針，我們了解陳儀明白臺灣在日本殖民51年中，硬體建設上已達現代化之水平，而黨政軍統一接收的方式，或可避免大陸以往派系傾軋的惡習；但我們也可從這項治臺方針中發現，陳儀相當偏好三民主義中的社會主義

---

7 陳儀，1943，〈臺灣必須收復〉，《臺灣問題言論集》，第1集，頁140-141，重慶：中國問題研究所。

8 同上，頁141-142。

9 陳儀，1945，〈日本統治臺灣經過（續）〉，《復興關月刊》，第1卷，第2期，頁11，重慶。

10 張瑞成，1990，〈光復臺灣之籌畫與受降接收〉，《中國現代史史料叢編》，第4集，頁109-119，臺北：國民黨黨史會。

及國家主義部分，對於已進入資本體系的臺灣，尤其是地主與工商階級，是否會有利益上的牴觸呢？另一方面，要在臺灣全面實施總理遺教，對於與祖國隔離已達51年的臺灣社會，能充分適應嗎？陳儀或許不了解，他將要面對的，其實是一個貌似熟悉，但實則陌生的新環境。

1945年8月29日，國民政府特任陳儀為臺灣省行政長官，8月31日公布《臺灣省行政長官公署組織大綱》，9月20日經立法程序正式公布《臺灣省行政長官公署組織條例》；9月7日旋又特任陳儀為臺灣省警備總司令，這使得臺灣省行政長官集軍、政二元大權於一身[11]。9月14日，空軍第一路司令張廷孟首先抵臺視察並親升國旗，10月2日，臺灣省行政院長官公署及警備總司令前進指揮所成立，由葛敬恩擔任主任。10月5日，葛氏率所屬80餘人由重慶抵臺履新，安排接管工作，並「通知有關單位造報人員及財產清冊，準備交接[12]」。

10月11日，臺灣省行政長官公署及臺灣省警備總司令所屬人員200餘人，由重慶搭機到上海，15日轉乘登陸艇來臺，17日抵臺灣；同日，國軍第七十軍陳孔達部在基隆登陸，受到熱烈的歡迎。18日，臺灣省行政長官公署及警備總司令部開始在臺北辦公。陳儀於24日抵臺，先在松山機場略作休息，然後發表施政方針，說明來臺灣「不是為做官，而是為做事。對臺灣的建設抱有信心，決心修明政治，剷除貪汙及一切弊政，要求臺灣同胞合作，共同努力建設新臺灣[13]」。25日上午，陳儀在臺北公會堂（今中山堂）主持接受日軍投降典禮，是日起，臺灣、澎湖重入中國版圖，臺灣人同時恢復中華民國國籍[14]。

但根據當時在基隆與高雄碼頭列隊歡迎國軍抵達的群眾中，可發現具有中國經驗與日本經驗的本省人士，對裝備較日軍差的中國軍隊，有截然不同的反應。其家族與

---

11 根據此條例，行政長官對在臺各機關有指揮監督權，並可在職權範圍內發布署令及制定單行規章，同時身兼警備總司令，故集本省立法、司法、軍事及行政等大權於一身之一元化領導。可參見楊鵬，《陳儀生平及被害內幕》，前揭書，頁90。

12 有關臺灣之受降與接收，參考秦孝儀主編，楊鵬著，1990，《光復臺灣之籌畫與受降接收》，頁87，臺北：中國國民黨黨史會。

13 見楊鵬，前揭書，頁90。

14 見臺灣省行政長官公署民政處編，1946，《臺灣1年來之民政》，頁8-9，臺北：臺灣省行政長官公署宣傳委員會。

美國教會及日本殖民當局有深厚關係的彭清靠（彭明敏父親）在高雄港看到從越南海防歷經6天航行抵達的第62軍時，不禁感嘆[15]：

　　軍艦開入船塢，放下旋梯，勝利的中國軍隊，走下船來。第一個出現的是個邋遢的傢伙，相貌舉止不像軍人，較像苦力，一根扁擔跨著肩頭，兩頭吊著的是兩傘、棉被、鍋子和鞋子，有的沒的。大都連槍都沒有。他們似乎一點都不想維持秩序和紀律，推擠著下船，對於終於能踏上穩固的地面，很感欣慰似的，但卻遲疑不敢面對排列在兩旁、帥氣的向他們敬禮的日本軍隊。

　　接著，他用日語形容說：「如果旁邊有個地穴，我早已鑽入了[16]。」

　　但對曾受私塾中文教育，對中國文化有深厚感情，並到過大陸，有過接觸經驗的吳濁流而言，其自有不同感受[17]：

　　「哦！來了！來了！祖國的部隊來了……」我盡量站高身子去看，但那些軍人都背著兩傘，使我產生奇異的感覺。其中也有挑著鍋子、食器以及被褥的，感到非常的奇怪，這就是陳軍長所屬的陸軍第七十軍嗎？我壓抑著自己強烈的感情，自我解釋說，就是外表不好看，但8年間勇敢的和日本軍作戰的就是這些人哩！實在太勇敢了！當我想到這點以安慰自己的時候，有一種滿足感湧了上來，然而，這只不過自我陶醉的想法而已。

　　受過「皇民化」運動的年輕人，面對甫經抗戰8年，師老兵疲且物資困頓、裝備簡陋的國軍多所批評；但老一輩的臺灣人則從好處著眼，認為以此裝備尚能打贏日軍，必定神乎其技，並非凡人[18]。因此，在熱烈的歡迎人群中，同時呈現出理解、寬

---

15 彭明敏著，林美惠譯，《自由的滋味——彭明敏回憶錄》，（Irvine. Calif. Taiwan Pulishing Co. 1984），頁48-49。

16 同上。

17 吳濁流，1988年8月，《無花果》，頁171，臺北：前衛出版社。國軍第70軍打過淞滬會戰，緊接著參加武漢會戰、南昌、長沙、浙贛會戰，1941年3月與張靈甫74軍並肩作戰，在上高會戰斃敵萬餘人，本身近2萬官兵陣亡，1945年日本投降後從福州趕赴寧波接收再轉往臺灣基隆。參見龍應台，2009，《大江大海一九四九》，頁218-224，臺北：天下雜誌。

18 葉榮鐘，1995，〈臺灣省光復前後的回憶〉，《臺灣人物群像》，頁289，臺北：時報出版公司。曾提到國軍士兵以鉛板綁腿之說。另有關國軍雨傘飛天之說，可參見陳翠蓮，1995，《派系鬥爭與權謀政治》，頁121，臺北：時報出版公司，注38。

容和認同日本，以及鄙視中國的不同態度，使我們了解臺灣在日據51年下，皇民化的世代與老一輩對「祖國」認知的差異，針對這點，陳儀似乎並不清楚其中所包含的重要性及不可預測性。

接收臺灣後，長官公署陸續將基隆、高雄及馬公畫為要塞港口，設置要塞司令部，行政區畫為8縣：臺北、新竹、臺中、臺南、高雄、臺東、花蓮、澎湖（原係5州3廳），9省轄市：臺北、基隆、新竹、臺中、彰化、嘉義、臺南、高雄、屏東（即原臺北等7市，另增彰化、屏東2市）。

但由於二次大戰末期臺灣迭遭盟軍轟炸，以致臺北、基隆、新竹、嘉義、高雄等地受到相當嚴重的破壞[19]。例如基隆，因處「要塞地帶，受炸最烈」，從1944年10月～1945年被轟炸25次，「所炸各町原有面積3,051,000平方公尺，毀壞者達56%，房屋損壞者5,056棟，估計戰前房屋約9,030棟，破壞達56%」。此外，道路、水道也遭受相當程度的破壞[20]，而工、礦、電力受損尤重，以電力而言，光復前夕供電力已降至3萬餘KWH，不及1943年的1/3[21]。加上戰後原料取得不易，人才難求，因此，光復初期，行政長官公署擬將在臺日籍工礦技術人才留下，以維生產，但因美國反對，不得不予以遣返[22]。因此，短期內要使臺灣恢復戰前的生產水準，實在非常困難。

政府決定了臺灣的特殊行政體制——行政長官公署制，並未贏得臺灣人普遍的諒解和支持。依《臺灣省行政長官公署組織條例》，行政長官公署受中央之委託，得辦理中央行政。行政長官對在臺之中央各機關有指揮監督之權，並可在職權範圍內發布署令及制定單行規章，同時身兼臺灣省警備總司令，可見行政長官制係集本省司法、立法、軍事、行政等大權於一身的一元化領導[23]。行政長官由國民政府特任，此與各省的委員制不同。各省的省府實行合議制，委員與省主席同為簡任官；而臺灣省行政長官公署之各處（祕書處、民政、教育、財政、農林、工礦、交通、警務、會計處）

19 吳新榮，1989，《吳新榮回憶錄》，頁194，臺北：前衛出版社。

20 基隆年鑑編輯委員會編，1947，《基隆年鑑》，頁2、256，基隆：基隆市政府。

21 經濟研究社臺灣分社，1954，《臺灣經濟輯要》，頁80，臺北：經濟研究社臺灣分社。1943年為臺灣電力最高發電期，發電力超過10億KWH。

22 楊鵬，前揭書，頁90。

23 同注11。

表一　臺灣省行政長官公署組織

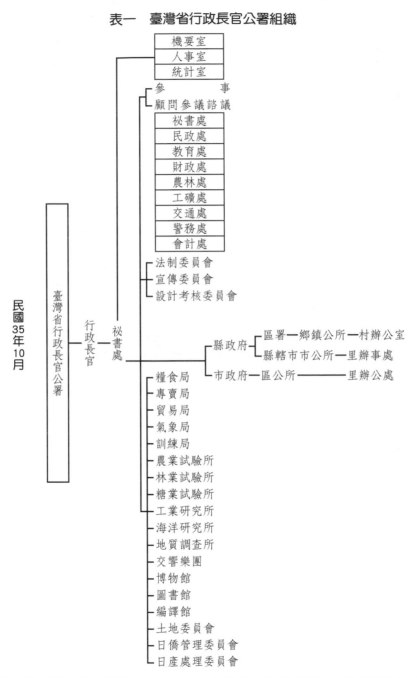

資料來源：轉引自張瑞成編輯，1990，〈光復臺灣之籌畫與受降接收〉，《中國現代史史料叢編》，頁283-288，臺北：中國國民黨黨史會。

及祕書長都是行政長官的幕僚人員，均是簡派。此外，設有法制委員會、宣傳委員會及考核設計委員會。有關長官公署組織參見表一。

甫從日本殖民統治下掙脫的臺灣民眾，早先即因日本的臺灣總督以《六三法案》確立「委任立法」制度，操掌行政、立法、司法三項大權，而痛恨不已；如今臺灣省行政長官公署的特殊化制度設計，無疑兼得了總督府的權力精髓，使民眾產生殖民統治時代「總督府制復活」的錯覺[24]。臺灣人民普遍稱長官公署為「新總督府[25]」，只要提起此制度，莫不搖頭嘆息、憤怒指責[26]。當時上海《觀察》周刊即指出，此制「給臺胞不愉快之感的，便是中樞對臺灣不是用同等的眼光來衡量，一如對其他省分，最直覺的看法：這與日本在臺灣採用總督府制有什麼區別？這問題，心理的因素比政治的因素大[27]」。

1946年1月15日，陳儀的長官公署公布臺灣省漢奸總檢舉相關章程，僅僅兩週多，警備總部便公告經由民眾檢舉的密告達335件，經複查後分別予以逮捕看管[28]。此外，陳儀蒞臺不久後，便令警備總部逮捕涉及「815獨立運動」的辜振甫、林熊祥、許丙、陳炘等知名臺籍士紳10人，指為漢奸，陰謀獨立，俟後又改稱為戰犯[29]；另外據傳尚有百數十名臺灣士紳，包括林獻堂在內的人物被列入拘捕名單[30]，此即「漢奸逮捕事件」。

臺灣光復後經濟困頓，失業人口因為海外歸僑、軍人眷屬歸來而增加，聯合國救濟總署專家估計當時臺灣失業人口總數至少有30萬人，這其中尚不包括因失去正當的

---

24 連震東，1945年10月7日，〈臺灣人的政治理想和對作官的觀念〉，《臺灣民聲報》，第90期合刊，收錄於張瑞成編輯，1990年6月，《抗戰時期收復臺灣之重要言論》，頁327，臺北：中國國民黨黨史會。

25 鄭一禾，1946年11月30日，〈臺灣的祕密〉，《新聞天地》，第18期，頁3，香港：新聞天地雜誌社。

26 陳芳明編，唐賢龍著，1991年3月，〈臺灣事變的主因〉，《臺灣戰後史資料選——228事件專輯》，頁24，臺北：228和平促進日。

27 1947年3月8日，〈隨時可以發生暴動的臺灣局面〉，《觀察》，第2卷，第2期，頁18。

28 1946年10月，《臺灣省警備總司令部周年工作概況報告書》，頁94，臺北：臺灣省警備總司令部。

29 李翼中，1992，〈帽簷述事〉，《228事件資料選輯》，頁400，臺北：中央研究院近史研究所。

30 丘念台，1996年12月，《嶺海微飆》，頁251，臺北：中華日報社。

生活憑藉而回鄉務農者[31]。1946年5月1日民政處長周一鶚宣布，全臺辦理公民宣誓登記總數已達2,393,142人[32]，若以上面估計的30萬失業人口計算來對照，這個比率已高達全臺公民總數的1/8。而一大批甫獲釋於火燒島、臺東等地，或原住於福州、廈門等地返臺的流氓浪人——其中光是臺北一地就有萬餘名[33]，如果再加上「漢奸逮捕事件」所引起臺籍菁英的疑懼及疏離，整個臺灣社會實在有如一枚即將引爆的炸彈。

葉榮鐘先生即曾針對陳炘的被捕感嘆不平的指出：「陳炘先生乃是封神榜上有名的抗日分子……陳氏創立大東信託公司，無疑是一項實際行動。不但存意要和在臺灣的日人金融資本家分庭抗禮，而且是有意識的要侵襲日人的特權……似這樣的人物，也和御用士紳同受拘押，豈不令人會發生玉石混淆的感覺？」葉榮鐘並透露內幕，指陳炘被捕另有原因，「據說陳氏由南京歸來，在一次聚餐的席上，無意中陳述江浙財閥的種種，這些傳說是否可靠不得而知，但也因此攖了陳儀的逆鱗，似乎是事實，陳儀一再跟他過不去也是事實[34]」。

至於曾經創設文化協會，積極領導臺灣議會請願運動的林獻堂被列為拘捕對象，則令人錯愕。丘念台認為就算林氏涉及辜振甫等人「臺灣陰謀獨立事件」（815獨立運動），也是因為迫於日人的強行邀約，且當時國軍尚未抵臺，「要是這樣翻算舊帳，勢必牽涉全省各階層的人士，對於民心是有影響的」，於是出面向長官公署解釋，請求從詳考量[35]。

在丘念台的積極奔走下，「漢奸逮捕事件」未再擴大，國民政府司法院於1946年1月25日發布，院解字第3078號函指出：「凡臺灣人被迫應征，隨敵作戰，或供職各地敵偽組織者應受國際法之裁判，不適用於漢奸懲治條例。」準此釋義，所有被逮捕之嫌疑者均無罪開釋，但辜振甫、許丙、林熊祥等人以「戰犯嫌疑罪」被移送臺灣軍

---

31 柯喬治（George H. Kerr）著，陳榮成譯，1991年3月，《被出賣的臺灣》，頁237，臺北：前衛出版社。

32 1970年6月，《臺灣省通志》，卷首下，大事記，頁163，南投：臺灣省文獻委員會。

33 同上，頁161。

34 葉榮鐘，〈臺灣省光復前後的回憶〉，前揭書，頁293。

35 同注30。

事法庭審理，後分別被處以2年2個月～1年10個月不等的徒刑[36]。雖然政府在司法院的解釋函中已區分殖民地人民與故國間的附屬性與主從間的義務，但對於生活在日人高壓統治下的臺籍人士而言，那種不被祖國充分理解的痛苦及悲憤是另一種深沉的哀痛。葉榮鐘在事後曾反省此事，他慨嘆所謂日據時代的「御用士紳」，也並非罪大惡極之人，「御用士紳所汲汲者，也只是想藉御用的頭銜，免去陋習而已，他們既不能享受『免試出國』的特權，也不能夠沾『奉命不起訴』的恩典……他們對於一般社會，並無什麼積極的『公害』可言，他們唯一不可饒恕的，就是不肯和一般同胞站在一起受苦難」。葉氏認為「陳儀這一手，可能就是所謂『新官上任三把火』的手法，先來一個下馬威，給臺灣人一點顏色看看」。但「臺灣人用怎樣的心情在孺慕祖國、懷念同胞，陳儀似乎不屑理會」；「他不但不能用『視民如傷』的態度來慰恤這些被祖國遺棄了半世紀、在異族的鐵蹄蹂躪下，無依無靠，過著包羞忍辱的生活，好不容易邀天之幸，能夠重見天日，復歸祖國懷抱的同胞。而竟用征服者的猙獰面目，玩弄那一套已經過時洩氣的『權謀數術』來修理臺灣人，時代錯誤，莫此為甚[37]」。

曾組「臺灣民眾黨」，與日人周旋不屈的蔣渭水胞弟蔣渭川也因接任臺北市商會理事長時，發現前商工經濟會在移交時的一批鉅款被長官公署民政處官員侵吞，乃聲言撤查，卻被民政處官員彙整其歷來批判政府的演講稿摘要節錄，上報陳儀，結果長官公署向法院控告蔣渭川「反對政府、妨害秩序」。在檢察官的勸說下，蔣渭川提出一份「悔過書」，而受不起訴處分[38]。陳儀的智囊胡允恭（邦憲）在眼見臺籍著名士紳紛紛遭陳儀排斥之際，曾以筆名「張琴」發表文章指陳：「臺灣的士紳蔣渭水、林獻堂等也有人看臺灣政府太腐敗了，貪汙橫行，不得已向陳儀略略談到，他臉一紅，極不客氣的說：『你談的有什麼證據呢？』語氣挺硬，拒人千里之外。其實證據全

36 《臺灣省警備總司令部周年工作概況報告書》，前揭書，頁94-95。
37 葉榮鐘，〈臺灣省光復前後的回憶〉，前揭書，頁251。
38 蔣渭川遺稿，1991年3月，《228事變始末記》，頁67-68，臺北：家屬自印。

有，但誰肯做傻瓜呢？即令硬將事實指出，辦不辦還未可知。但『四凶』葛敬恩、包可永、嚴家淦、周一鶚等，臺灣人稱之為『四凶』的勢力是炙手可熱的，因此，臺灣士紳便也不敢再多事了。」政府部門的文過飾非、聞過則怒的情況可見一斑[39]。

民情的隔閡，使陳儀與臺籍菁英之間對當時社會上所呈現的諸多問題缺乏溝通管道。陳儀在臺灣從不說日語或學習臺語[40]，使其與地方人士格格不入，也不應酬，使其欠缺與地方士紳、一般民眾的接觸機會。一位同事曾對陳儀的工作描述如下：「他每天總是比規定時間提早1小時到署辦公，晚上遲1小時回官邸。中午就在公署吃一葷一素一湯的便飯，吃完後仍繼續辦公，並不午休。晚上回官邸去，吃過晚飯後，除繼續批辦未了的公事外，總要看些新書，直到深夜才就寢[41]。」然而陳儀的勤奮似不能幫助他了解民情與增進情趣。

另一方面，對於長官公署的人事安排，甫回歸祖國的臺灣人士也諸多失望，在1946年初的一級單位18位正副首長中，僅教育處副處長宋斐如為臺籍。

另外長官公署直屬各機關16位主管中，只有天然瓦斯研究所所長陳尚文和省立臺北保健館主任王耀東為臺籍，而在17個縣市首長中只有臺北市長黃朝琴、新竹縣長劉啟光、高雄縣長謝東閔3人為臺籍。而這6人中除了王耀東之外，其餘5人在政治屬性上則被歸納為自重慶追隨國民政府返臺的「半山」人士[42]。有關長官公署及直屬各機關、縣市政府人事，請參見表二。

---

39 張琴（胡允恭），1989年2月，〈臺灣228事件真相〉，收錄於李敖編著《228研究續集》，頁30，臺北：李敖出版社。

40 葉明勳，1988年2月2日，〈不容青史盡成灰：228事件親歷的感受〉，《聯合報》，第1版。

41 全國政協文史資料研究委員會，浙江省政協文史資料研究委員會，福建省政協文史資料研究委員會編，1987，《陳儀生平及其被害內幕》，前揭書，頁118。

42 「半山」一般指的是在日據臺灣時期，由臺灣轉移大陸並為重慶國民政府服務的臺灣人，在光復之後很長一段時期，半山在國民政府的權力核心扮演相當重要的角色，如第一位臺籍副總統謝東閔。連震東也曾擔任國民黨中央改造委員會唯一臺籍委員及內政部長，其子連戰目前在臺灣政壇上的角色與影響自不待言。

表二 長官公署及直屬各機關、縣市政府人事一覽表

機關單位	主管長官
行政長官公署	行政長官　陳儀 祕書長　葛敬恩
祕書長	處長（副處長兼代） 副處長　馬威
民政處	處長　周一鶚 副處長　高良佐
教育處	處長　范壽康 ▲副處長　宋斐如
財政處	處長　張延哲
農林處	處長　趙連芳
工礦處	處長　包可永
交通處	處長　嚴家淦
警務處	處長　胡福相 副處長　楊錦標
會計處	會計長　王肇嘉
法制委員會	主任委員　方學李
宣傳委員會	主任委員　夏濤聲
機要室	主任　樓文釗
人事室	主任　張國鍵

機關單位	主管長官
圖書館	館長　（兼）范壽康
博物館	館長　陳兼善
專賣局	局長　任維鈞
貿易局	局長　于百溪
糧食局	局長　吳長濤
氣象局	局長　石延漢
臺灣銀行	主任兼理委員　張武
農業試驗所	所長　（兼）趙連芳
林業試驗所	所長　林謂訪
糖業試驗所	所長　盧守耕
工業試驗所	所長　陳華洲
地質調查所	所長　畢慶昌
省立臺北保健館	▲主任　王耀東
水產試驗所	所長　李兆輝
天然瓦斯研究所	▲所長　陳尚文
熱帶醫學研究所	資料從缺

機關單位	主管長官
臺北市政府	▲市長　黃朝琴
臺南市政府	市長　韓聯和
臺中市政府	市長　黃克立
高雄市政府	市長　連謀
基隆市政府	市長　石延漢
新竹市政府	市長　郭紹宗
嘉義市政府	市長　陳東生
彰化市政府	市長　王一
屏東市政府	市長　龔履端
臺北縣政府	縣長　陸桂祥
臺中縣政府	縣長　劉存忠
臺東縣政府	縣長　謝真
新竹縣政府	▲縣長　劉啟光
澎湖縣政府	縣長　傅緯武
臺南縣政府	縣長　袁國欽
高雄縣政府	▲縣長　謝東閔
花蓮縣政府	縣長　張文成

資料來源：《臺灣省行政長官公署2月來工作概要》，轉引自鄭梓，1992年2月，〈試探戰後初期國府之制臺策略——以用人政策與省籍歧視為中心的討論〉，《228學術研討會論文集》，頁256，臺北：228民間研究小組等。

注：▲表臺籍人士

然而在長官公署以下的公務員中，因人事縮減僅餘44,000餘人，將近有19,000名臺籍文官失去工作。但是臺籍人士在文官配比中所占的比例確實比總督府時期改善許多，當時的文官籍貫配占比例請參見表三、表四。

表三　行政長官公署及所屬機關各級官員籍貫配比（1946年10月）

	總計		特任		簡任		薦任		委任		其他 （雇用或徵用）	
	人數	%	人數	%	人數	%	人數	%	人數	%	人數	%
計	44451	100.00	1	100.00	385	100.00	2990	100.00	20341	100.00	20734	100.00
臺灣籍	38234	63.52	-	-	27	7.01	817	27.31	14133	69.48	13257	63.93
外省籍	9951	22.39	1	100.00	358	92.99	2173	72.68	6208	30.52	1211	5.84
日本籍	6266	14.09	-	-	-	-	-	-	-	-	6266	30.23

表四　臺灣總督府及所屬機關各級官員籍貫配比（1945年10月）

	總計		特任		簡任		薦任		委任		其他 （雇用或徵用）	
	人數	%	人數	%	人數	%	人數	%	人數	%	人數	%
計	84559	100.00	1	100.00	109	100.00	2226	100.00	37978	100.00	44245	100.00
臺灣籍	46955	55.53	-	-	1	0.92	51	2.29	14076	37.06	32827	74.19
日本籍	37604	44.47	1	100.00	108	99.08	2175	97.71	23903	62.94	11418	25.81

資料來源：臺灣省行政長官公署人事室編，1946，《臺灣1年來之人事行政》，頁7-8，臺北：臺灣省行政長官公署。

由上述統計中，臺籍簡任文官所占比例由0.92％增為7.01％；薦任比例由2.29％增加為27.31％；而委任比例則由37.06％增加為69.48％。但外省籍的文官仍占絕大多數職位，其中占簡任級的92.99％，薦任級的72.68％。這是由於國民政府在接收之後，認為臺灣人民在日本統治期間中國語文及公文流程等運用方面不甚流利，加上缺乏有經驗的政治人才[43]，故在政府機關上級職位中，大量任用外省籍文官。另一方面，隨著長官公署業務範圍擴大，愈來愈多外省籍文官來臺，其中省籍分配請參考表五。

---

43 梁辛仁，1947年4月1日，〈我們對不起臺灣〉，《新聞天地》，前揭書，第22期，頁1。

表五　臺籍、外省籍與日本籍任用比例更迭表

年份／籍貫	臺灣籍（人）比例（％）	外省籍（人）比例（％）	日本籍（人）比例（％）	總數（人）比例（％）
1946年3月	31,070（76.06％）	2,642（6.48％）	7,139（71.46％）	40,858
1946年8月	24,714（62.11％）	7,940（19.95％）	7,027（71.65％）	39,802
1946年10月	28,234（63.52％）	9,951（22.39％）	6,266（14.09％）	44,451
1946年12月	39,711（72.71％）	13,927（25.58％）	929（1.71％）	54,612
1947年6月	40,624（72.44％）	14,524（25.90％）	929（1.66％）	56,082
1947年11月	45,698（73.97％）	15,875（25.70％）	205（0.33％）	61,778

資料來源：湯熙勇，〈光復初期的公教人員任用及其相關問題〉，轉引自陳翠蓮，1995，《派系鬥爭與權謀政治》，頁79，臺北：時報出版公司。

　　雖然臺籍公教人員比例從1946年3～8月，由76.06％下降到62.11％，但在12月又攀升到72.71％，然而對於甫歸祖國的臺籍人士而言，則認為長官公署未重視臺籍人士。省議員郭國基在第一屆臺灣參議會第一次大會第二次會議上就向長官公署祕書長葛敬恩質詢，認為政府人才登用已5、6個月了，卻未見臺灣人才被錄用，他要求政府「勿以不諳國語遺棄，使臺灣人獨抱向隅[44]」；另外如林連宗建議「高級人員請多用臺胞，使人地相宜[45]」；王添燈認為「警察大隊中臺籍人員偏低」，都是民情反映的寫照[46]。

　　1946年7月18日，旅居上海的6個臺灣人團體（包括閩臺建設協進會上海分會、臺灣重建協會上海分會、福建旅滬同鄉會、上海興安會館、上海三山會館、臺灣省政治

[44] 臺灣省參議會祕書處編印，1946年5月，《臺灣省參議會第一屆第一次大會特輯》，頁36，臺北：臺灣省議會祕書處。

[45] 同上，頁43。

[46] 同上，頁45。

建設協會上海分會）即到南京，向國民政府行政院、立法院、國防最高委員會、國民參政會及國民黨中央黨部等機關請願，要求撤廢《臺灣省行政長官公署組織條例》，於臺灣改設與各省相同的省政府。他們認為此條例授權行政長官在臺統攬軍權與政權，不獨行政、立法兩權握於一人之手，且可侵犯中央權限及司法權，「該條例實施以來，弊害叢生，人民受專制獨裁統治之壓榨，生機幾斷、投訴無門、怨聲載道、危機四伏[47]」。

至於當時服務於臺灣的外省公務人員，也自認是離鄉背井，純粹為臺灣人民服務，且薪俸又差於內陸地區，而有不平之聲[48]。這似乎預見雙方人士在認知上的差距，而這種差距也隨著陳儀的經濟政策實施而更加惡化。由於陳儀偏重國家主義經濟政策，甫抵臺灣便施行統制經濟，目的在由政府掌握臺灣重要進出口物資，避免奸商囤積操作，以牟暴利。其次，政府可將貿易盈餘轉投資到經濟建設[49]。陳儀認為「追求的不是要肥少數人的腰包，而是要使臺灣人民的食、穿、用等民生問題逐步獲得解決[50]」。

雖然陳儀致力改善臺灣人民的生活，但在太平洋戰爭期間由於農村壯丁的抽調、駐臺日軍給養、農地減少、肥料來源日益匱乏等因素，臺灣人生活困頓已是普遍事實。陳儀的經濟政策在面對百廢待舉的社會並急需經費的情況下，遂「藉運用發行資金予以墊借」，導致民國35年底就已經發行臺幣總額達53億3千餘萬元之多。同時，因為大陸法幣貶值，使本省匯兌蒙受重大損失，加上墊付中央在臺軍政費用增加，使物價不斷上漲，金融波動相當厲害[51]。

面對上述問題，陳儀卻沿襲日人專賣制度設立專賣局，致與商人利益衝突，此外由於失業人口眾多，走私菸酒者日漸增多，專賣局乃於民國36年將查緝私菸列為重點工作。經濟上持續惡化，政治上未能滿足臺灣人的期待，並使臺灣人在政治上遭受差

---

47 楊肇嘉，1968年12月，《楊肇嘉回憶錄》(2)，頁354，臺北：三民書局。

48 黃旭東，〈228事變思痛錄〉，《228真相》，頁191。

49 于百溪，〈陳儀治臺的經濟措施〉，《陳儀生平及其被害內幕》，前揭書，頁119。

50 同上。

51 民治出版社編，1950，《臺灣建設》，上冊，頁61，臺北：民治出版社。

別待遇，以及官僚貪汙、軍紀及政風太差等因素，使臺胞與祖國產生嚴重隔閡。臺灣人長期生活在資訊封閉的日據社會，對於祖國歷經8年抗戰及內戰又起，全國都陷入經濟危機的情況下，而無法專心經營臺灣的困境自然無法體會，且處處拿日據時期的軍、政、經、社會等方面與戰後中國政府所治理者相比，在情緒上反而感覺祖國不如日人，轉生輕視之心[52]。

　　1947年2月27日晚上圓環緝私事件，因群眾不滿緝私員傷人、殺人而包圍憲、警單位。28日民眾由圍攻專賣局轉而赴公署請願，卻因衛兵開槍阻止又造成人命傷害，使臺灣人累積的不滿瞬間爆發而蔓延全島。在衝突事件中，由於駐臺軍隊早已大量返回大陸，據《大剛報》記者唐龍的估計，臺灣兵力合計不到5,000人，真正具有作戰能力則不到3,000人，且分散各地，而當時臺灣的浪人、高山同胞和從日軍等退伍回來的則約有20萬餘人之眾[53]。彭孟緝亦認為「駐臺軍隊調走一空，予人以可乘之隙[54]」。

　　在行政院研究228事件小組所撰寫的《228事件研究報告》中，我們可歸納出陳儀的省政、臺灣人對祖國的期待和失望、臺灣人對祖國政情及文化的隔閡是事件的背景，而群眾開始攻擊政府機構、軍隊、警察局、毆打外省人並予以監禁看管是實情[55]。在事變過程中，臺北地區在3月5日秩序已完全恢復，各行業、交通和學校學

---

[52] 作者不詳，〈臺灣同胞到底給日本同化了多少〉，《臺灣月刊》，創刊號，頁19-21，南投。

[53] 陳儀似乎對臺灣民情沸騰有所不知，逕自將駐臺軍隊調往大陸剿共，使臺灣兵力合計不到5,000人，且臺北警察大隊中有6成隊員為臺籍，而能作戰不到3,000人；但臺灣的浪人、高山同胞、退伍回來的約有20餘萬人。見唐賢龍，1947，《臺灣事變內幕記》，頁97-98，南京：中國新聞出版部。

[54] 彭孟緝，1953，《臺灣省「228」事件回憶錄》，頁49（打字稿，未出版，影印本現藏中央研究院近代史研究所檔案館）。

[55] 在該報告中，我們發現一個現象，在臺中市由於政治立場不同，林獻堂等士紳們希望透過議會路線來爭取自治，但謝雪紅則採取武裝鬥爭方式，這似乎可上溯雙方在日據時期抗爭路線的歧異。而在「228事件」中，一般的士紳如臺中林獻堂、黃朝清，北港蔡連德及鎮長陳向陽皆採溫和立場並歡迎國軍登陸。另臺南市也在韓石泉、黃百祿議長的領導下，採不流血、不否認現有行政機構，採政治協商方式解決問題，使臺南縣市與臺灣其他地區比較，算是相當平靜。作家葉石濤便分析臺南在光緒元年（1875）之前一直是臺灣行政中心，該地居民受官方教化最深，且地主階級多，不喜動亂，即使升斗小民也排斥動亂。請參見葉石濤先生訪問紀錄，1994，《「228事件」研究報告》，頁177，臺北：時報出版公司，注377。

生等均已正常運作[56]。苗栗縣因居民多屬客家人，民風純樸，在事件發生期間，較為平靜[57]。臺南縣市居民文風鼎盛，不喜動亂[58]，澎湖也因司令史文桂的嚴密防範而平靜[59]，花蓮及臺東兩縣也在事件中反應溫和，未見重大傷亡[60]。在臺中市，謝雪紅組織民軍接管市政府大部分機構並攻擊國軍，但臺中地區士紳及人民團體代表500餘名聚集於市府堂，重新組織「臺中地區時局處理委員會」，並推選前日本海軍大尉吳振武擔任民軍總指揮，導致謝雪紅不滿，拒絕將軍權交出。在保安委員會成立後，吳振武即刻在臺中師範學校重新編組部隊，停止供應武器給中南部「民軍」，於是臺中地區同時出現兩個步調不一的武裝系統[61]。

此外，謝雪紅又組織「二七部隊」，自任總指揮，成員有學生、前日本軍人和三三成群報到者[62]。在雲林縣（係1947年大縣制的臺南縣斗六、虎尾、北港三區合併而成）有虎尾機場大規模衝突，斗六因出了「臺灣游擊戰」創始人之一的陳篡地，而成為家喻戶曉之地。嘉義的「三二事件」從3月2日下午3時爆發，直到13日陸軍第21師146旅436團副團長彭時雨率兵進入市區才結束，在這短短11天中「戰事進行之激

---

56 唐賢龍，1947，《臺灣事變內幕記》，頁114，南京：中國新聞出版部。

57 請參看賴澤涵，1994，《「228事件」研究報告》，前揭書，頁82-83。在苗栗縣地區，民眾曾企圖攻擊石油宿舍的國軍，並刺探後龍一帶海軍兵力及軍事設施，企圖繳械而未果。不過省立新竹初級農業職業學校（今省立苗栗農校）學生領袖孫欽芳，一方面拒絕加入「民軍」，另方面召集部分同學，分組保護外省籍的校長及老師們。

58 見注55。

59 在澎湖已有原臺籍日本兵，尤其自海南島回來者，悄悄於馬公集合，而在澎湖當兵的臺籍與原住民士兵，亦有裡應外合之勢，但因防範得宜而發動不成。見鄭哲文，1947，〈安靜的澎湖〉，《臺灣228事件親歷記》，頁206，臺灣正義出版社編印。許雪姬，1991年8月7日、9日，訪問整景，於許宅。

60 3月5日花蓮市處委會成立時，即議決「凡中華民族應相互親愛」，並盡力防範民眾對外省人施暴，據調查，事起之初僅有公務員4人（臺、外省各2人）遭毆輕傷。見花蓮縣政府，《花蓮縣228事變報告書》，頁102、104。臺東地區在4日中午，已有暴徒毆打外省人員，6日以後，秩序已漸恢復，未再有外省人遭毆打。見賴澤涵，《「228事件」研究報告》，前揭書，頁148-150。

61 時任臺灣省財政廳長的嚴家淦，於1947年2月赴臺中參加彰化銀行成立大會，不料第2天就爆發228事件，幸賴林獻堂帶他到霧峰林家躲避，同時以性命擔保，才讓嚴家淦逃過一劫。

62 古瑞雲，1990，《臺中的風雷》，頁56，臺北：人間出版社。黃秀政，1991年4月3日，訪古瑞雲，於上海。

烈，與公教人員損害之慘重，堪稱為全省之冠[63]」。高雄市在3日，由於臺北南下的「流氓百數十人[64]」，及臺南工學院學生也抵達高雄[65]，高雄228事件於焉爆發。在事件中，毆辱、搶奪外省人及商店事不斷傳出[66]。4日凌晨，警區電話線路被切斷，武器被奪，部分本省籍警察攜械逃散，有的則加入民眾的攻擊行動。民眾集中外省人受「保護」的高雄第一中學倉庫，包圍憲兵隊，憲兵隊則在突圍後避走壽山[67]。在高雄要塞司令彭孟緝看來，高雄事件的混亂已達「公然叛亂」程度[68]。

要之，全臺地區皆因臺北的228事件而受到影響，除了上述地區已達嚴重程度外，其他地區對駐軍、官府機構的攻擊，對外省人士的毆辱與集中看管，亦多有發生。陳儀面對此亂局，在束手無策下，只有請示蔣介石主席以為定奪。

第二節　危機處理

「228事件」發生後，蔣介石分別從陳儀、安全局、黃朝琴（時任臺灣省參議會議長）、李翼中（省黨部主委）、228事件處理委員會等處了解事情的真相。在獲悉事件當天陳儀的電文後，蔣介石在日記上寫道：「是日，臺灣省發生事變。蓋臺灣省菸酒公賣局屬員為查緝私菸，於27日夜與暴民發生爭執，不幸因放槍自衛，誤斃一人[69]。」然後，他又寫道：「共黨分子與野心政客遂從中煽動群眾，28日上午竟搗毀臺北專賣分局，擊斃職員2人，擊傷分局長歐陽正宅等4人，並焚毀倉庫，公開攻擊政府機關，殺害內地來臺士民。」蔣並且感嘆的說：「一時社會秩序大亂。」

---

63 雲嘉縱隊司令是中共分子張志忠，副司令陳篡地，政委是簡吉。〈嘉義市三二事變報告書〉，臺灣省警備總司令部檔案：《綏靖執行及處理報告》(2)，頁31。

64 彭八(2)，17-1，頁146，黃仲圖，〈高雄市228事件報告書〉。

65 黃順興，1989，《走不完的路》，頁67，臺北：自立晚報文化出版部。

66 楊亮功、何漢文著，陳鳴鐘、陳興唐主編，1989，〈關於臺灣228事件調查報告及善後辦法建議案〉，《臺灣和光復後5年省情》上、下，頁632，南京：南京出版社。

67 中央研究院近代史研究所，〈228事變之平亂〉，《228事件資料選輯》，頁14，臺北：中央研究院近代史研究所。

68 彭孟緝，《臺灣省「228事件」回憶錄》（打字稿已收入中研院近代史所編《228事件資料選輯》(1)，現藏中國國民黨黨史委員會），頁18。

69 秦孝儀編，《總統蔣公大事長編初稿》，第6冊，下，頁396，（下稱長編初稿）。

3月5日，中統局報告參加暴動者多屬前日軍所徵用從海外返回的浪人，全省約計12萬人[70]。蔣介石於當日的日記上寫道：「蓋臺灣事件已演變至叛國及奪取政權階段，而其暴亂且擴及於臺北以外之臺中、嘉義等縣市也[71]。」參謀總長陳誠亦於同日呈報蔣主席，調派21師劉雨卿師長率師部及146旅之一團立即開赴基隆歸陳儀指揮，憲兵第四團原駐福州之第三營立即回臺歸建，另調憲兵第21團駐福州之一個營立即赴基隆[72]。同日，蔣主席電告陳儀，已派兵一團及憲兵一營，限於3月7日由上海出發[73]。

3月6日事端擴大，在臺南縣，國軍已撤出虎尾機場；嘉義市，民軍圍攻水上機場；高雄市，軍警全撤至壽山要塞司令部；謝雪紅在臺中解散「作戰本部」，另組「二七部隊」，以進行武裝鬥爭。於是陳儀再度上電蔣主席，報告事變的起因及恢復治安的方法。他指責4個集團應為事變負責：「此次事情發生之原因相當複雜。其一，去年海南島歸來之臺僑中，因海南島曾有共黨，有不少奸黨分子，內地奸黨亦有潛來臺灣者……其二，留用日人中，亦有想乘機擾亂者……其三，日本時代御用士紳及流氓等，因接收後不能遂其升官發財之目的，隨時隨地攻擊政府……其四，一般民眾缺乏國家意識，易為排斥外省人……[74]」

然後，陳儀建議處理事變的方法為「對於多數民眾，應改變其封建思想，並改善政治，使其對政府發生信心，不至為奸黨所蠱惑。對於奸黨亂徒，須以武力消滅[75]」。

在同日，蔣介石也接到來自安全局及臺灣省參議會全體參政員與議長黃朝琴的三份報告，在安全局送達的報告上，判斷事件產生的原因有別於陳儀[76]。此文件提到的原因有1946年年底和1947年年初的通貨膨脹和失業問題；由於專賣局以及省公營企業吞食了私人的經濟活動，使得經濟復甦停滯；省公署官員的貪汙腐敗；以及臺灣人與

---

70 總統府，《戡亂時期重要文件分案編輯》，第38冊，《臺灣228事件》，上，頁50。
71 秦孝儀編，《長編初稿》，前揭書，頁397。
72 總統府，前引檔案，頁50-51。
73 同上，頁52。
74 同上，頁55-57。
75 同上，頁57-58。
76 同上，頁61-64。

外省人之間的語言障礙等。該文件陳述事變發生的近因是臺灣嚴重的糧荒，市民有錢無處購米，又陳儀緊急統控輸出物品，為出口業從業人員不滿[77]。而參議會則在報告中重申光復以來公署嚴重失政，積成民怨，要求根本改善臺政，請中央速派大員來臺，勿用武力彈壓[78]。黃朝琴要求蔣主席：「速決治臺方針，簡派大員來臺處理，以免事件擴大，貽笑外人[79]。」

面對來自各方的電文，在南京坐鎮的蔣介石正面臨更嚴重的壓力——剿共戰事不利。1947年3月1日，共軍攻擊長春，國軍棄守機場，不久前，馬歇爾將軍又撤回對華援助[80]。3月1日，行政院長宋子文辭職，使蔣面臨南京政府內部的另一個危機。3月7日，蔣介石在綜合各方電文後電告陳儀：

據美使館接其臺灣領事來電稱，請美使即派飛機到臺灣，接其眷屬離臺，以為今後臺灣形勢恐更惡化云，美使以此消息告余，一面緩派飛機，一面覆電問其領事究竟如何云。又接臺灣政治建設促進會由外國領館轉余一電，其間有請勿派兵來臺，否則情勢必更嚴重云。

余置之不理，此必反動分子在外國領館製造恐怖所演成，近情如何則立覆[81]。

3月8日，國防部最高委員會祕書長王寵惠致電蔣介石，建議中央派遣大員抵臺宣慰，改組公署為臺灣省政府，並盡量在改組時容納當地優秀人士[82]。同一天，國防部召開高級將領軍事會議，為中央政府訂下決策方針：派大員組團赴臺宣慰並協助恢復秩序、現存長官公署制改制為臺灣省政府，同時，盡量任用有能力的臺灣人任公職。同日，蔣介石再電告陳儀：

今日情勢如何？無時不念。望每日詳報。李（翼中）主委已晤見，現正研究處理

---

77 同上，頁65。

78 1947年3月7日，《民報》，致電主席暨各院部長，參政員建議9項。

79 總統府，前引檔案，頁67。

80 秦孝儀編，《長編初稿》，前揭書，頁396。

81 總統府，前引檔案，頁71-73。

82 同上，頁77。

方案，茲已派海軍（軍艦）兩艘來基隆，約9、10兩日分期到達，21師第二團定明9日由滬出發，劉（雨卿）師長與李主委明日飛臺面詳一切[83]。

蔣介石之所以在3月7日及8日持續與陳儀通電，應該與3月7日臺灣228事件處理委員會通過42條處理大綱有關。7日下午7時，處委會代表15人會見陳儀，提出政府各地武裝人員交出武器、撤銷警備司令部、三軍一律用本省人、處委會接管長官公署等4項要求。陳儀予以嚴詞拒絕和訓斥[84]。3月8日，處委會公開宣布撤回某些要求：

查3月7日本會議決提請陳長官採納施行之32條件，因當時參加人數眾多，未及一一推敲，例如撤銷警備總部、國軍繳械，幾近反叛中央，決非省民公意，又如撤銷公賣局，固為商人所喜，然工會則不贊成，殊不足以代表本省人民利益。茲再度商議，認為長官既已聲明改組長官公署為省政府，盡量速選省民優秀分子為省府委員或廳處長，則各種省政之改革自可分別隨時提請省府委員會審議施行，無需個別提出要求。至於縣市方面，長官已電請各縣市參議會，斟酌情形，分別推薦縣市長候選人，圈定授職，藉以辦理民選縣市長之準備事宜，如此省政既有省民參加，縣市政府亦由省民主持，則今後省政自可依據省民公意，分別改革，亦無需個別另提建議。根據上述見解，本會認為改革省政之要求，已初步達成，本會今後之任務，在恢復秩序、安定民生，願我全省同胞速回原位，努力工作，並請本市各校學生，自下星期一，照常上課，各業工人，即日分別復工，治安暫由憲警民協同維持，即希各公私工廠，速即開工，盡量容納失業工人，倘有不法之徒，不顧大局，藉詞妄動，即係另有用意，應請全省同胞共棄之[85]。

處委會再次聲明其目標只是「肅清貪官汙吏，爭取本省政治的改革」。最後提出一句新口號結束聲明：「我們的口號是改進臺灣的政治。」

於此同時，臺北極端分子仍襲擊長官公署、警備總部、憲兵隊以及其他政府部門和銀行。數百名激進分子攻擊基隆要塞司令部，但為憲兵擊潰並恢復了秩序。蔣介石

---

83 秦孝儀編，《長編初稿》，前揭書，頁400。
84 總統府，前引檔案，頁86。
85 1947年3月11日，《臺灣新生報》。

針對上述情況，所了解的就是派兵增援和政治革新的必要性，以事件後續發展來看，他幾乎接受了王寵惠的所有建議。8日，中央派遣閩臺監察使楊亮功抵臺，憲兵第4團第3營與21團之1營亦由閩乘海平輪於是夜在基隆登陸。楊亮功於基隆登岸不久，即在往臺北的八堵公路隧道遇激進分子襲擊，楊身旁的護送軍官受傷[86]。3月9日，陸軍21師增援部隊抵達，而臺中市的「二七部隊」聞訊後撤入山區。10日，陳儀下令解散處委會及一切「非法團體[87]」。

3月10日，蔣介石在兩師國軍已登陸臺灣展開南北平亂之際，首度公開談論此次事變。他說：

此次臺灣不幸事件之起因，各報都已刊載，不必詳述。緣自去年收復臺灣之後，中央以臺灣地方秩序良好，故未多派正規軍隊駐紮，地方治安，悉由憲警維持。一年來，臺灣農工商學各界同胞，原有守法精神，與擁護中央精誠之表示，其愛國自愛之精神，實不亞於任何省分之同胞。唯最近竟有昔日被日本徵兵、調往南洋一帶作戰之臺灣人，其中一部分為共產黨員，乃藉此次專賣局取締菸販，乘機煽惑，造成暴動，並提出改革政治要求。中央以憲政即將實施，而且臺灣行政，本應早復常軌，故凡憲法規定地方政府應有之權限，中央盡可能授予地方，提前實施，陳長官稟承中央指示，已公開宣布定期改設省政府，取消長官公署，並先於一定限期內，實施縣長民選，全臺同胞對此皆表示歡欣極願接受，故此次事件，本可告一段落，不料上星期五（7日），該省所謂「228事件處理委員會」，突提出無理要求：取消臺灣警備司令部，繳卸武器，由該會保管，並要求臺灣海陸軍皆由臺灣人充任，此種要求，已逾地方政治範圍，中央自不能承認。而且昨日又有襲擊機關等不法行動，相繼發生，故中央已決派軍隊赴臺維持當地治安，根據所派部隊，昨夜已在基隆安全登陸，秩序亦佳，深信不久可恢復常態，同時並將派遣大員赴臺，協助陳長官處理此事件。本人並已電留臺軍政人員，嚴守紀律，勿為奸黨利用，勿為日人竊笑，盲行盲動，害國

---

[86] 同上。

[87] 臺灣省警備總司令部，《臺灣省「228」事變記事》，頁21。

自害[88]。

在蔣介石的談話中，我們了解蔣原本對於陳儀及臺灣省地方秩序良好寄予高度厚望與讚賞，故「未多派正規軍隊駐紮」。在1946年國軍調回大陸後，駐臺軍警力量總數僅達日據時代的60％。而令蔣所不能忍受的正是處委會在3月7日所提出的32條處理大綱中，被視為逾越地方政治的部分條款。換言之，蔣介石認為此次臺灣事件，幾近叛亂並有脫離中央之嫌；但另一方面，蔣亦嚴令留臺軍政人員不可盲目行動，擴大社會傷痕。13日，蔣再度電告陳儀，不准對臺灣人採取報復手段：「請兄負責嚴禁軍政人員施行報復，否則以抗令論罪[89]。」陳儀接電後，下令屬下所有軍隊維持全省治安，並採快速有效行動，消除騷亂分子及不法之徒[90]。同時，他強調本省人和外省人並無差別，警告官員和部下不准「以任何藉口搶劫或射殺守法的人民」，如違反他的命令，將「立即被處死刑[91]」。

3月13日，國軍已駐防全臺各縣市，在這段期間，當局執行任務可歸納為：

一、解散非法組織。

二、查封報社、學校與查扣「反動刊物」。

三、進行「叛亂首要人犯」之處理[92]。

17日，國防部長白崇禧與三民主義青年團中央團部第二處處長蔣經國抵臺宣慰探視。19日，白氏向蔣報告稱，臺灣全省僅有「少數奸匪」約2,000人，目前兵力足夠平亂，預定來臺的205師可以免調[93]。同日，蔣針對劉雨卿師長電報，有關國軍在埔里與「二七部隊」激戰並被包圍的戰事[94]，向白崇禧垂詢，並指示千萬要注重軍紀，不可擾民：

對殘匪之肅清切不可孟浪，從事稍有損失以漲匪燄，尤應特別注重軍紀，萬不可

---

88 同注84。

89 秦孝儀編，《長編初稿》，前揭書，頁403；總統府，前引檔案，頁134。

90 1947年3月16日，《臺灣新生報》，3版。

91 同上。

92 有關詳細任務內容，請參閱賴澤涵，《「228事件」研究報告》，前揭書，頁212-213。

93 總統府，1947年3月18日，〈白崇禧電蔣主席〉，前引檔案，頁158。

94 同上，頁172。

搶取民間一草一木。故軍隊補給必須充分周到，勿使官兵藉口敗壞紀律，如果大軍入山窮追，更應慎重，請轉告劉師長為要[95]。

3月24日，白崇禧電告蔣介石，他指出三個因素導致該事變：

一、受日本影響的臺灣人加入事變以尋求本身利益。

二、專賣局事件導致人民集合。

三、1946年回臺的年輕人中混雜了流氓及共產黨伺機搗亂[96]。

經過多方上書陳述改革臺灣省政建議，南京政府最後決定臺灣民事行政由省府主席負責，軍事安全事務則由警備司令部負責，而臺灣人應多加雇用，不論其背景及訓練是否達到標準。「臺省縣市長民選一節，應用改組後之臺灣省政府會同臺灣省參議會擬具辦法呈核[97]」。再者，關於民生工業之公營範圍，應盡量縮小一點。

1947年5月15日，魏道明接替陳儀，以省政府取代長官公署。陳儀已經為新的臺灣省政府雇用了不少臺籍人士，魏道明接替陳儀後，則延攬更多臺籍人士進入省府及其他行政單位，在新派任的15位省政委員中，7位是本省人，計有林獻堂、杜聰明、劉兼善、南志信、丘念台、游彌堅、陳啟清等人。民政廳長丘念台、財政廳副廳長丘斌存、教育廳副廳長謝東閔、建設廳副廳長陳尚文、農林處長徐慶鐘、衛生處長顏春輝等皆為臺籍人士[98]。

在處理參加「228事件」相關方面，蔣介石的祕書長吳鼎昌向蔣報告，希望蔣能運用權力促使有關機構對人犯速審速決，盡量特赦或減刑，更希望准許省黨部去保釋蔣渭川及林日高2位具有群眾力量的名望士紳，以贏取民心[99]。6月4日，司法行政部長謝冠生上書蔣介石，向他報告林日高由於參加臺灣共產黨，已移送臺灣省警備司令部究辦，但蔣渭川以不起訴結案[100]。

1947年8月17日，魏德邁將軍在給美國國務院的報告上，指出此一事件為「叛

---

[95] 同上，頁173-174。在同一天，白崇禧也電告蔣主席，茲據陳長官擬具臺省府組織，除主席外，省府委員15人，應本省、外省籍各半，其餘各廳處亦用臺灣人為宜。同引文，頁175-176。

[96] 同上，頁177。

[97] 同上，頁185-186。

[98] 這是臺灣人首次能夠進入行政機構擔任要職。見高雄市軍民合作站編，《國軍駐臺須知》，頁12。

[99] 總統府，前引檔案，頁283。

[100] 同上，頁299-302。

變」。從民眾摧毀的巨大財務損失（10億臺幣，以1949年匯率計算，折合2億美金）、眾多死傷的外省人（超過1,000人），以及要求政府解除武裝和任由暴動集團重建臺灣行政組織來看，論者認為此事具備叛變的特性[101]。在事件過程中，蔣介石之所以派兵赴臺，原因有二：

一、秩序已難恢復。

二、處委會所提要求已達脫離地方政治之範圍。

換言之，在蔣的概念中，228事件演變到3月7日，已達到叛亂的階段。在善後方面，他嚴禁軍人報復並要求維持軍紀，同意改組省府結構並爭取臺灣人對國民政府的支持；但另一方面，劉雨卿的部隊也在全面搜索武裝激進分子，其間的誤殺、陷構、報復，也使那一輩的臺灣同胞烙下難以抹滅的傷痕及陰影。在事件中，被捕殺有案者，有18人為民意代表，其中林茂生（國民參政員，時任臺大文學院長）、林連宗（國大代表，名律師）、陳澄波（嘉義市參議員，名畫家）、張七郎（國大代表，其二子皆被殺）等人[102]，均為臺灣社會俊彥之士。

在上述18人之中，王添燈、林茂生、楊元丁、黃賜等4人曾參與社會、政治及文化運動；黃媽典、徐春卿、李仁貴與日政當局關係良好；而楊元丁曾赴大陸參加抗日。政府雖然藉省府改制，延攬大批臺籍菁英，但在事件的善後過程中，尤其對臺籍菁英而言，對所謂「祖國」是否會產生疏離感呢？學者張炎憲在強調「228事件」於歷史上的意義時，表示：「『228事件』是二次大戰後影響臺灣最深遠的一次事件。至今很多的政治社會問題，仍然起於這個事件[103]。」戴國煇教授認為在經歷「228事件」後，臺灣人產生「兒嫌母醜」的情結[104]。族群問題不但造成研究該事件時蒙上有色眼鏡，也對爾後臺灣政治發展產生特殊影響[105]。

---

101 賴澤涵，1993，《悲劇性的開端——臺灣228事變》，頁292-293，臺北：時報出版公司。

102 莊嘉農，1990，《憤怒的臺灣》，頁132-134，臺北：前衛出版社。

103 鍾逸人，1988，《辛酸60年》，頁17，臺北：自由時代出版社。

104 戴國煇，1992，《愛憎二・二八》，頁363，臺北：遠流出版公司。

105 1947年228事件結束後，我舅媽之父何朝興老先生由老家福建泉州抵臺灣任教國小，在火車車廂中聽見盡是對外省人不滿之論調，可見在事件發生後本地群眾的不滿及憤怒。之後在他任教的國小，本省籍老師私下常以日語交談，隱然與外省同事有所隔閡，令同為閩南人後因白色恐怖而繫獄多年的何老先生，至今都印象深刻。

第三節　文獻觀點

在探討「228事件」的各家解釋中，大致可將發生原因歸納如下：

一、相同解釋

（一）經濟動盪。由於臺灣歷經日本發動太平洋戰爭、國共內戰兩次嚴重破壞及影響，造成百業蕭條、物價飛漲、失業嚴重。陳儀的國家主義經濟，加深此一危機。

（二）政治紊亂。長官公署制度缺失、官箴軍紀不彰、臺人參政落空，及待遇不盡公平所引發的民怨。另方面，軍隊大部分調防大陸，警察人力又有不足，對治安維持構成挑戰。

（三）社會危機。失業者日增、流氓橫行聚集、本省與外省人隔閡對立。

（四）派系鬥爭。戴國煇在《愛憎二‧二八》書中指出[106]，半山與本省知識階級的鬥爭：半山報復御用士紳、閩客之間衝突、本省籍知識分子因階級問題產生的衝突，在在加深光復後臺灣社會的複雜性[107]。陳翠蓮在《派系鬥爭與權謀政治》一書中指出，當時在臺灣的C.C.派（指蔣介石的親信陳立夫與陳果夫，名稱由來為二陳的英文姓氏縮寫）、軍統、三民主義青年團、孔宋集團（資源委員會）、政學系、陳儀治閩班底等利益、恩怨糾葛[108]，不但造成陳儀施政困難，甚至在軍隊平亂的混亂局面而變本加厲、傾軋不已，為著各自的利益或攻訐構陷、或推諉卸責，使臺灣人民在這次事件中，因株連、逮捕、屠殺，付出慘痛代價[109]。

（五）新聞自由浮濫。賴澤涵在《悲劇性的開端》一書中指出，當時臺灣媒體某些亂象，由於陳儀採取新聞自由放任制度，某些報導對政府責難並不公允。賴澤涵指出，「尤其在1946年前後，報紙的言論內容，可說是完全自由的，不受干涉和約

106　參閱戴國煇，《愛憎二‧二八》，頁246-250。

107　戴國煇，《愛憎二‧二八》，頁233-250, 346。其中吳濁流分析林茂生之所以消極抗日是怕觸怒日本當局，一心巴望垂青賞識而能與杜聰明同享尊榮。一俟光復，林茂生又忙著向「祖國」表態，坐上《民報》社長空銜並激烈抨擊陳儀，日後為搶作臺大文學院長而與對手有過糾葛，都為日後遇害的原因。

108　陳翠蓮，《派系鬥爭與權謀政治——二二八悲劇的另一面相》，頁46-53。

109　陳翠蓮，《派系鬥爭與權謀政治——二二八悲劇的另一面相》，頁271-272。

束」，其中，《自強報》、《和平日報》對官方及記者個人的看法同時報導，而記者的報導往往不利於政府[110]，《民報》也經常對政府採取負面的報導[111]。戴國煇也指出，當時在大陸上海發行的《觀察》週刊頗具水平，執筆者多為自由派及左傾文人學者；但對長官公署和陳儀的非難與抨擊，表面上相當堂皇，意圖卻不甚單純[112]，丘念台也憶及新聞界中，除了一二家大報能夠秉持平衡報導之外，其他類似超越「新聞自由」範圍而趨向於「濫用自由」。結果對社會形成一種輕重不分、是非不清的公眾輿論[113]。新聞界耆宿，時任《中央日報》臺北分社記者葉明勳衡盱當時臺灣新聞界現象時也指出，不負責任的報紙言論及報導，為害最烈，對於缺乏判斷的基層群眾，最具蠱惑性與破壞力。葉明勳認為這種跡近潑婦罵街的評論，風格低劣，從無出於肺腑真誠之言，是一種出於殖民地式，在遭遇壓榨之後，失去理性的潛意識變態行為。然而，陳儀任其到處煽風點火不加約束，終成大害[114]。

二、相異解釋

（一）文化上隔閡。文化上的隔閡，幾乎是所有上述著作都有提出的論點。但是，分析的角度卻有頗大差異。李筱峰指出，「228事件」最主要的原因是由於文化水平較落後的一方，統治文化水平較高的一方，所產生的壓制與抗拒的循環過程[115]。另方面，戴國煇則提出較不同的說法，他雖然承認當時臺胞對祖國期望的幻滅；但同時也檢討臺灣知識界尚不足以堪大任、格局甚小，並且強調日本奴化教育的流毒[116]。戴氏本人在「228事件」發生時，正就讀臺北建國中學初中部三年級，他目睹當時有流氓仿效日人頭綁白布巾，口罵「支那人」、「清國奴」，不分青紅皂白毆打外省人，連就讀臺北女師附小的外省小孩也無法倖免，甚至在毆打後，還推入學校前的深

---

110 賴澤涵，《悲劇性的開端》，頁132-134。

111 陳翠蓮，《派系鬥爭與權謀政治——二二八悲劇的另一面相》，頁69，《民報》社長為林茂生。

112 戴國煇，《愛憎二‧二八》，頁147-148。

113 同上注，頁172。

114 1989年10月25日，〈開道長安似奕棋〉，《中國時報》，第31版。

115 李筱峰，《解讀二二八》，頁204。

116 戴國煇，《愛憎二‧二八》，頁218。

溝中。戴氏本人也因閩南語不甚靈光，被迫唱日本國歌，以證明臺灣籍身分[117]。（戴國煇乃客系臺灣人）

（二）共犯結構。戴國煇分析，在日本初期武力鎮壓後，日本採取高壓的強制性法律，來維持殖民體制的紀律與社會秩序，臺灣百姓逐漸習慣於日本殖民統治的法政秩序，落入所謂的「共犯結構」中。在這個「共犯結構」中，主犯是日本帝國主義者，而臺灣住民則因溫順迎合殖民體制，不知不覺淪為接受其統治的從犯一類角色[118]。戴國煇雖未直言這些臺籍共犯是「228事件」的原因，但是，他也提到這些「分嘗利益機會」的人們，在不知不覺間已經變成「日本秩序與殖民地支配價值體系」的俘虜，尤其存在於當時青壯年世代中[119]。在戴氏《愛憎二‧二八》書中，指出光復後的臺灣警察，九成以上為本省籍，多半也曾是日據時代的警察，「228事件」中，除了直屬警備總部的「警察大隊」積極執行任務以外，本省籍警員對聽命於政府的積極性顯然不高。大多數消極觀望，任由民眾將武器移交過去，甚至也有加入抗爭隊伍[120]。參加武裝行動的，也以原日本軍臺籍兵員為最多。這情形發生，或可為上述論點之一證。

（二）陳儀的人格及治臺班底的能力。賴澤涵在《悲劇性的開端》一書中，強調陳儀個人的領導能力、與當地人的溝通能力、經濟政策等，都造成此一危機的惡化[121]；戴國煇在其《愛憎二‧二八》書中，對陳儀的背景，包括其經歷、為人、為政理念、治臺班底做了較深入的討論[122]。就其個人而言，戴國煇分析陳儀私生活嚴謹、操守廉潔、勤奮公務，具有強烈的民族主義和社會主義色彩，並曾在1904年冬，於日本

---

[117] 同上注，頁3。
[118] 戴國煇，《愛憎二‧二八》，頁310-311。
[119] 參閱戴國煇，1994，《臺灣結與中國結》，頁150，臺北：遠流出版公司。
[120] 戴國煇，《愛憎二‧二八》，頁259-261。
[121] 其分析請參閱《悲劇性的開端》第3章。
[122] 戴國煇，《愛憎二‧二八》，頁61-104。

參加浙江人士在上海所組織的光復會[123]。在陳儀的治臺班底中，具有左傾思想的或在爾後投共者不在少數，計有：長官公署祕書長葛敬恩、治閩時期重要智囊沈仲九（無政府主義）也推荐相當多的重要接收人選，其中教育處長范壽康深受日本馬克思經濟學泰斗河上肇影響頗深[124]。另外，陳儀本人、沈仲九、范壽康等人也都具備留日背景，但這個背景似乎對陳儀治臺並無產生有利的影響。

在上述探討「228事件」的著作中，幾乎都忽略陳儀自己對事件的評析。由於他是臺灣最高行政長官，負責政策的成敗。1947年4月11日，當陳儀離臺之前夕，曾約《中央社》記者葉明勳至公署，長談近兩個小時，結論是「政治太寬，經濟太緊」，因此演出這場悲劇[125]。從陳儀自己綜觀全局並目睹慘劇發生後的檢討，將事件發生的主因歸納於經濟太緊；在賴澤涵《悲劇性的開端》、陳翠蓮《派系鬥爭與權謀政治》兩本著作中都指出陳儀的國家主義經濟，是圖利於外省人集團，也造成臺灣整體經濟的惡化。不過，賴澤涵認為陳儀對臺灣經濟仍然有其貢獻：阻止大陸孔宋集團、金融人員來臺接收，禁止大陸法幣在臺發行，省庫不准通黨庫等等[126]。戴國煇則認為長官公署的設立考量之一，是為了推行社會主義計畫經濟，對長官公署被汙名化則提出不同意見的解釋，且因大陸派系的介入及衝突，無法落實他的經濟建設[127]。

（四）殖民地性格。在上述著作中，1947年的臺灣已經形成嚴重的族群對立，除了基於長官公署施政造成民亂之外，文化的隔閡也是一項主要因素。其中，賴澤涵提出本省人與外省人雙方的世界觀殊異、對日本人的態度，從而衍生出外省人要求本省人「報恩」；但本省人卻要求外省人「補償」的對立及矛盾心態。本省人也習慣用日本人標準來衡量大陸人，覺得大陸人一無是處，而大陸人對本省人崇拜日本人也感到

---

123 光復會與同盟會日行疏遠，1910年重組，由旅章太炎任會長。1947年要求參加國府立法委員選舉，未獲准並於同年4月22日遭國府通緝。1949年1月光復會發表聲明，擁護中共所提的八項和平條件，並且從旁策動陳儀投共，事洩未遂。見戴國煇，《愛憎二‧二八》，頁72。

124 同上引書，頁95-96。

125 1992年2月18日，〈誰時明月照溝渠〉，《中國時報》，第2版。

126 賴澤涵，《悲劇性的開端》，頁141-148。

127 戴國煇，《愛憎二‧二八》，頁131-152。

惡心時，雙方的對立必然加深[128]。賴澤涵將「228事件」定位於「城市暴力」事件，因為苛政及新政權興起，威脅到既得利益者固守的權益之外，還有由本國統治換成異國統治（反之亦然）時所衍生的各式複雜問題。殖民地人們在被解放後，對祖國的要求往往帶有異族統治下被壓抑、被約束後的完全傾瀉，但對當年異族的高壓統治，卻被他們視為理所當然[129]。賴澤涵希望透過殖民地人民心理狀態，臺灣光復後本省籍與外省籍人民的世界觀和價值體系的差異來詮釋文化隔閡及衍生的對立，而同樣探討類似觀點的就是戴國煇教授。

戴國煇是上列所舉作者中，唯一親身經歷「228事件」的客家系臺灣人。戴氏自幼受祖父啟蒙漢學教育，屬於醫生兼地主階級，由於家族曾因反日而遭血腥鎮壓，在求學期間痛恨日本教師、教官、同學動輒以「清國奴」、「支那人」侮辱臺灣人，產生厭惡日本帝國主義及反臺獨的情結，他嘗試建立臺灣的民族主體性，因而產生研究臺灣史的動機[130]。戴氏曾經自陳屬於中華民族庶民派，是孫文想要實現的那個形式的中國[131]。由於戴氏特殊的成長背景及民族主義立場，他在《愛憎二·二八》中，特別提出雙方責任問題、皇民化流毒、共犯結構等問題，這些敏感觀點，也是其他著作中所不太願意觸及的問題，其中不免有政治及意識形態問題糾葛，因為臺灣史的研究是伴隨著臺灣本土化運動而興起。

李筱峰教授論點則可視為臺獨學派史觀，李筱峰個人在政治信仰及學術聲望上，被歸納為此派代表性人物誠屬當然。在他的《解讀二二八》中，以五點因素作分析：一、海洋文化；二、日據下臺灣相較於動亂的大陸，是臺灣「不幸」割日之後的「大幸」；三、兩岸的差距，進步的臺灣對照落後的大陸；四、大陸接收者以「征服者」自居；五、對「祖國」期待的幻滅，產生「狗（日本）去豬（中國）來」的反感，在豬狗之間作比較，反而覺得狗較豬要可愛得多[132]。李筱峰從這五點提出「文化隔閡

---

128 賴澤涵，《悲劇性的開端》，頁24-25。

129 同上引書，頁29-30。

130 參閱戴國煇，《臺灣結與中國結》。

131 同上引書，頁107。

132 李筱峰，《解讀二二八》，頁84-108。

論」，並以此詮釋「228事件」。

第四節　土地改革

　　正當臺灣已在「228事件」動亂中逐漸平息之際，國軍在大陸的局勢則每下愈況。1949年1月10日徐蚌會戰結束，國軍部隊約40萬遭殲滅，徐州剿匪總司令杜聿明被俘，兵團司令黃百韜、邱清泉陣亡。1月31日，平津戰役結束，華北剿匪總司令傅作義與林彪訂立和平協議，解放軍進入北平。東北、華北和淮海地區嚴重失利，國軍至此只能單憑長江天塹寄望隔江分治。1月5日，國府任命出身保定軍校，歷任湖北省主席、參謀總長的陳誠接任省主席。這位被美國學者視為「進步」的黃埔系高級將領的任命一事[133]，正反映當局對臺灣的重視，換言之，臺灣將可能成為國民政府最後的退路。

　　陳誠於1949年1月5日接掌省主席，3月，全省行政會議通過推行375減租。國民政府在此時大力推行土地改革，我們認為與228事件後收攬人心有莫大關聯，但是1950年代土地改革之所以能夠水到渠成，實有其複雜的歷史因素。就其遠因觀之，日據時代臺灣農地分配的不平均實為最重要之背景。1939年4月10日的調查資料顯示：耕地未滿1甲的耕作者（農民），計224,931戶，而其耕地面積為103,412甲；10甲以上的農民計3,576戶，而其耕地面積為106,887甲；尤其是其中20甲以上的農民計579戶，而其耕地面積竟高達68,410甲，也就是說，總戶數的53.1％只有耕地14.96％，總戶數0.13％卻有耕地9.9％。這顯示了臺灣耕地的集中化與大部分耕地的細割化。日據時代臺灣的土地，一方面是大量集中，另一方面則為細碎經營，而這現象的發生，並不是大地主以其廣大的土地零星出佃，而是因為一部分的土地既為大地主所集中，所以餘下的土地不得不由急需土地耕種的農民大眾零碎耕作[134]。在這種情況下，日據時代臺

---

133 韋艾德（E. A. Winckler）等著，1994，《臺灣政治經濟學諸論辯析》，頁210，臺北：人間出版社。

134 周憲文，〈日據時代臺灣之農業經濟〉，《臺灣銀行季刊》，第8卷，第4期，臺北：臺灣銀行。農地分配不均是整個日據時期的歷史現象，1920年、1930年及1939年土地調查顯示，佃農所占的比例分別為42.17％、38％及36％，請參考王益滔，〈光復前臺灣之土地制度與土地政策〉，《臺灣銀行季刊》，前揭書，第15卷，第2期，頁323。

灣農民中60％以上是佃農與半自耕農。

農復會在1949年春曾派遣委員及技術專家來臺視察，並在結論中稱讚臺灣農業的優良基礎：「38年初春本會委員及專家曾來臺灣各地考察，研究如何補助臺灣農村復興工作。視察結果都認為臺灣情形與大陸不同，臺灣被日本占領50年，最近30年來在工業與農業建設上頗有進步。在此時期全島和平安全，開發各種資源，尤其對於農業之開發與工業之發展，同時並進。臺灣土壤與氣候適宜於甘蔗、香蕉、鳳梨及茶之栽培，上述各種產品每年均有出口，換取外匯，以供臺灣農工業發展之資金，故對臺灣之經濟甚為重要。日本人治臺不用重稅政策暴取人民財富，以避免人民怨恨，其經費來源則多取自數種重要日用品之專賣，例如酒、菸、鹽、樟腦。此類專賣品之收入一部分用在教育、修路及建設現代化城市，對於人民智識開發、運輸交通改進、公共企業補助均有關係，使農工業日益進步[135]。」

1949年8月，農復會遷到臺灣之後，即以恢復日據時代之農業機構為當務之急，力圖恢復因戰爭末期破壞而下降的農業生產力。第一期《中國農村復興聯合委員會工作報告》對於遷臺初期的狀況曾有如下描述：「民國38年8月本會遷設臺北後，發覺日據時期有許多良好制度已被廢除，各地農會業務衰落，機器與儀器之設備多被搬走或需要修理，各地農事試驗場所及推廣機關亦復如此。本會有鑑於此，乃決定恢復日據時期之農業機構為農業生產之先決條件。對日據時期之各種政策各方面批評甚多，一般多指日本政府只注意臺灣資源之搜刮，以供日本享受，但本會對於日據時期所建立之制度頗覺完善實用、適合人民需要，如變更其榨取侵略之目的而以人民利益為出發點，彼所建立之農業制度仍可採用。因此本會對臺灣之農業政策首重恢復日據時代之制度，同時加以利用及改進[136]。」

---

135 〈中國農村復興聯合委員會工作報告〉，（1948年10月1日至1950年2月15日），頁12，收入黃俊傑編，1991，《中國農村復興聯合委員會史料彙編》，1:3-4，臺北：三民書局。另據蔣彥士回憶，在大陸即將全面淪陷之際，因蔣夢麟及穆懿爾委員到臺灣會晤陳誠是否願意土地改革，結果陳誠回答：「我要做，必須要做。」使農復會決定遷回臺灣而非四川。蔣彥士1988年11月1日第一次訪問紀錄，收入黃俊傑編，《史料彙編》，前揭書，1:3-10。

136 〈中國農村復興聯合委員會工作報告〉，（1948年10月1日至1950年2月15日），頁12，收入黃俊傑，前揭書，1:3-4。

農復會首任主任委員蔣夢麟偕同沈宗瀚及穆懿爾等人於1949年2月21日由上海抵臺北，與陳誠省主席及財政廳長嚴家淦等人洽商籌設農復會臺北辦事處和土地改革等事宜。蔣夢麟回憶他與陳誠當時的談話經過：「我們到省政府去見省主席陳辭修先生，我們對他說，農復會的工作方針是兩方面的，好像一把兩面快的劍，一面用之於社會，以推行公平的分配；一面則運用近代的科學方法來增產。因為我們相信，只講生產而不講公平的分配，那麼增加生產以後，會使富者愈富，貧者愈貧，結果必會造成社會的糾紛，不但於事無補，恐怕對整個社會而論，反而有害。如果只講公平分配而不講生產呢？結果等於分貧或均貧，而不是均富。我們的目的是要均富，均富並不是說平均分配，而是公平分配，使大家得到合乎公道的一分，不是使人人得到大小一樣、輕重相等的一分。我們一方面講公道，一方面講生產，這就是我們所謂兩邊鋒利的一把寶劍。這個政策，經我代表農復會說明之後，辭修先生聽了非常贊成，說：『好啊，我們很歡迎。』我們又說，公平分配最要緊的是土地改革，那便是耕者有其田。要講生產，就必須用近代的科學方法，否則生產量不會增加的。陳辭修先生說，他贊成這個辦法，當他任湖北省政府主席時，也曾經做過土地改革，收效很大，所以他也想在臺灣做。不過目前的臺灣百廢待舉，單憑他一個人與政府的力量，恐不易做到。經費既不夠，技術人才也不足，是不是農復會願意幫忙？我當時就代表農復會說：『只要省政府有推行土地改革的決心，農復會一定盡量幫忙。』主席說：『好，我們就這樣辦吧！』[137]」

　　這一次的談話，決定了農復會遷移臺北[138]，也決定了農復會介入土地改革工作。農復會在其第一期工作報告中就強調土地改革的重要性，說：「本會1年半來的工作經驗，已使吾人深切認識任何農村復興工作，欲期其推行有效與成果永久，必須同時舉辦土地改革，或先以土地改革為前導。此在土地分配不均、租佃制度苛酷之中國尤為顯著，蓋在此種土地制度下，農民掙扎於衣食之不暇，遑望其能關心土地使用與農

137 見蔣夢麟，1967，《新潮》，頁14-16，臺北：傳記文學出版社。
138 同注3。

業改良，是以僅有使農民獲得土地或至少對於所耕土地之佃權獲得切實之保障，及將沉重之佃租負擔減輕，然後對於新的農事技術、衛生、教育及人權民主政治之思潮，方能踴躍接受。但欲使一般農村生活獲得普遍改善，亦唯有永久性之土地改革方案方能竣其全功[139]。」

　　臺灣土地改革，分三大步驟實施，第一階段是推行耕地375減租，其次是公地放領，第三是實施耕者有其田。第一階段的375減租，於1949年4月～7月之間完成。1949年3月，全省行政會議即通過決定推行375減租。4月，當局便依照有關法令並參酌本省實際情形，制定《臺灣省私有耕地租用辦法》、《臺灣省私有耕地租用辦法施行細則》、《臺灣省推行375地租督導委員會組織規程》、《臺灣省各縣市推行375地租委員會組織規程》、《臺灣省辦理私有耕地租約登記注意事項》，公布施行。辦法要點：一、限定租額：耕地地租最高不得超過正產品全年收穫總量37.5％，額外負擔全部廢止；二、保障佃權：耕地租用一律訂立書面租約，租佃期間不得少於6年，期滿並得續訂。至於工作之執行：一、成立耕地租佃委員會：分縣市、鄉鎮兩級，由佃農、自耕農、地主分別選舉產生代表組成，辦理評定耕地全年正產物收穫總量，調解業佃糾紛，及勘查耕地災難以為減免地租標準；二、訂立租約：減租前之口頭書面租約一律廢止，依照減租辦法換訂新約，並由鄉鎮長證明，租約一式三份，分由地主、佃農及所在地鄉公所保存，以憑隨時查考；三、檢查：新約訂立後，雙方履行情形，政府於每年上下兩期繳租季節，予以檢查，其有違反租約者，即予糾正。

　　5月4日，省府電令各縣市徹底推行「375減租」政策，如限完成。全省於是普遍展開換訂租約的工作，至6月中旬止，所有業佃租約概已登記換訂完畢，自7月起開始「換訂租約」成果總檢查。計全省完成訂約農戶為30餘萬戶，訂立租約為39萬3千餘件，訂約之耕地為84萬1千筆，訂約之耕地面積為24萬8千餘公頃[140]。陳誠於9月1日發表談話，認為減租已獲相當效果，一位農民更說：「由於375減租的實行，今天我們

---

139 同注4。

140 經濟部工礦計畫聯繫組非洲及拉丁美洲資料中心編印，1963，《臺灣土地改革論叢》，頁51，臺北：經濟部工礦計畫聯繫組非洲及拉丁美洲資料中心。

才嘗到光復的滋味了[141]。」

　　陳誠能夠在臺灣成功完成土地改革，有其特殊的歷史背景，誠如太史公司馬遷（145～86B.C.）在《史記・六國年表》裡所謂「世異變、成功大」有以致之。因為1949年國民政府內戰失敗，軍民倉皇渡臺，而實施土地改革的「政策制定者」及「土地的所有者」兩者間並不重疊。因為政策的制定者都是大陸籍人士，他們在臺灣並無產業，亦無人情包袱，所以不會有利益糾葛的困擾。謝森中認為「政策制定者」與「土地所有者」兩者不重疊的現象，是1949年以後臺灣土地改革得以順利推動的政策原因，也是戰後許多第三世界國家來臺灣學習土地改革而未能成功的根本原因[142]。另一方面，由於政府撤退來臺，當局在痛定思痛之際，以「一切從臺灣做起」的口號之下[143]，痛下決心，革除積弊，開創新局，當時臺大校長傅斯年說「歸骨於田橫之島」之名言，更可以綜括當時官方氣氛。

　　然而土地改革之所以成功，與當時政府威權有絕對關聯。在228事件之後，臺籍菁英大量被殺害[144]，故在這種肅殺氣氛下推動土地改革的阻力自然就小很多。陳誠

---

141 1949年9月12日，《中央日報》。

142 關於這一點，參考：S. C. Hsieh（謝森中），1984年12月，〈Importance of Getting Rural Development into Sequence〉，《The World Economy》，Vol.7，頁435-442。謝森中曾明白指出：「土地改革成功的另一原因，在於政權的所有者和土地的所有者不是同一群人（土地所有權、立法權和政治權力在當時並未集中於同群的社會領袖手中）。剛到臺灣，大陸來的握有政權者都不是土地所有者，反之，本地的地主則沒有政權。在其他許多開發中國家，上述3種權力常常集中於同一社會領袖群中，由於既得利益團體的把持，因而不易規畫及執行有效的土地改革方案。在菲律賓，地主或官員同一人就行不通，其他中南美洲國家也是大地主有政治勢力，與政府官員勾結在一起。這點很多人不敢講，翻遍所有關於土地改革的書，不論本身是否專家，都沒有談這點。很多書也都沒有談到農場管理能力，我是學農場管理的，我很注意農民的管理能力。這幾乎是關鍵。所以臺灣的土地改革能成功是非常獨特的，很多國家的專家來看我們的土地改革，只看到我們的procedure、如何做、如何地籍歸戶……回去後都沒有辦法做，因情形和條件不同。」見1998年11月19日，謝森中第二次訪問紀錄，收入黃俊傑編，前揭書，2:1-4。

143 這是當時陳誠的口號，見陳誠，1954，《如何實現耕者有其田》，頁83，臺北：正中書局。

144 在228事件中，死亡的民意代表總計18人，而被逮捕或被通緝之民意代表則有30人，其名單、職稱等，請見李筱峰，1993，《臺灣戰後初期的民意代表》，頁216-219，臺北：自立晚報文化出版部。

曾經在省參議會說到：「我一切事都聽從民意，但唯有這『375減租』案及連帶的法案，務必請大家幫忙通過[145]。」鄭梓教授分析當時為化解臺省參議會議員對375減租政策的反對與阻擾，省政府採取動員輿論、善用溝通以及當面說服的三部曲，循序漸進，相互為用。陳誠並加強府會之間的溝通，一方面省府每次召開委員會議時皆邀請省參議會議長或副議長列席，二是每週省主席定期要和省參議會9位駐會委員聚餐一次，「陳誠得以把握機緣當面說服許多有重大影響力的參議員，一起來支持與推動此項重大的土地改革政策[146]」。在1949年4、5月間成立三級督導及輔導機構，分別成立省級、縣市級和鄉鎮級的「地租督導委員會」，並廣邀民意代表參加[147]。

土地改革是臺灣經驗中非常重要的部分，對當時政治產生重大影響，茲分析如下：

一、加強凝聚力

中華民國自1949年遷臺，如果以德國學者「同一性質理論」來說，是自認以臺、澎、金、馬為全中國的核心，中華民國涵蓋臺灣與大陸地區[148]。但對臺灣人民而言，尤其在歷經228事件之後，有如戴國煇教授所言，臺灣人逐漸產生「子嫌母醜」的心態。對祖國情懷疏離的狀況下，土地改革使廣大農業人口獲得實質利益，使中國國民黨一方面架空農村中原本勢力──地主階級，並以國家政權填補了權力真空，結合農民勢力。根據資料顯示，光復以前本省自耕農階級僅占農戶總戶數的1/3，但到了「耕者有其田」政策完成後，自耕農戶數占全省農業戶數由1952年的38.55％驟增到1953年的54.85％，整體而言，從1951～1960年的10年之間，自耕農戶數已達55.92％。同時全省可耕地面積所占百分比亦大幅提升，1952年占57.24％，但到了1953年就一躍而為

---

145 蔣夢麟，前引文，頁21。

146 鄭梓，1985，《臺灣省參議會史研究──變遷時代裡的一個過渡型代議機構》，頁150-152，臺北：華世出版社。

147 經濟部工礦計畫聯繫組非洲及拉丁美洲資料中心，前揭書，頁48、49。

148 德國學者將「同一性質理論」（Identiatstheorie）詮釋為：作為國際法主體的整個德國並未消滅，其國際地位僅能由東西兩德之一取代，亦即東西德兩者之中，僅能有一者與德國是「同一」。1966，《Dieter Blumenwitz Die Grundlagen eines Friedensvertrages mit Deutschland》，頁87，Berlin。而聯合國在1971年以前即持此理論處理中華民國在聯合國的會籍問題。

75.43％。因此從土地改革之後，由戶數及耕作面積觀察，自耕農階級已成為臺灣農村社會的主導力量了[149]。

1952年底美籍專家雷伯爾訪問的佃農中有85％的人相信一旦「耕者有其田」政策推動之後，他們的生活必獲改善[150]，因而在1953年夏季，「臺灣省實施耕者有其田聯合督導團」在全省各地農村訪問時，就對土地改革後新興的自耕農階級的笑逐顏開大加稱讚[151]。從雷伯爾在1953年7月所提出的下述報告，可以具體證明臺灣在政府遷臺初期新興自耕農階層共同的心理狀態：

根據本文調查員之觀感與統計資料，可見農民心理與農村經濟均須重視。概言之，臺灣人視臺灣光復為一劃時代階段，認為光復後人民生活必能改善。此種態度……最明顯之表現，可由下列事實見之：如地方領導人士所稱人民對自由觀念加強，更富自決性，地方長官對人民更為關切，臺灣人任公職者增加，肥料豆餅等能公平而順利達到每一農戶，佃農所付地租減低，佃農現已持有正式租約，1952年間不少佃農曾購田地以及農民對1953年初擬實施之耕者有其田方案大都表示贊成等。目前人口死亡率已減低，教育程度已提高，一般而論，農民應用之現代設備（除無線電收音機以外）亦已逐漸增加。凡此種種均對農民發生深切影響，對農民平時生活及日常操作亦有密切關係，蓋人民工作之成就多半由其心理狀態及動機決定也……前述種種心理與經濟因素相互影響（當然亦受農民生活中其他若干因素之影響），業已指出若干趨向，自由中國政府亟宜把握此趨向，以符人民之願望[152]。

二、地主反彈

臺灣的土地改革分為三個步驟實施：

149 Lee Teng-hui and Chen Yueh-eh，1996，《Taiwan Agriculture Statistics 1901-1965》，頁9-12，Taipei: JCRR。

150 雷伯爾，1953，《臺灣目前之農村問題與其將來之展望》，頁156，臺北：農復會。

151 鄧文儀，1954，《臺灣農村訪問記》，頁93，臺北：拔提出版。

152 同注150，頁223。

（一）375減租。

（二）公地放領（此外「公地」只沒收日本人的公地再出售）。

（三）耕者有其田，即試圖平均地權，使佃農成為自耕農，並將地主的經濟基礎移出農業部門。根據該方案條款，當地主交付土地後，當局則向地主支付補償。如果地主能證明自己還能親自耕種，便能保留3甲土地（2.9公頃）。其餘土地則按以下方式補償：

（一）70％以實物土地債券形式——水田以稻米債券，旱田以甘藷債券。

（二）其餘30％由臺灣水泥、臺灣紙業、臺灣農林公司以及臺灣工礦公司等4大公營企業股票的形式予以支付。

然而基於臺灣當時經濟仍不穩定的考量，許多觀察家與地主都認為，他們所得到的只是無價值產業中的摻水股[153]。在耕者有其田方案推行之初，根據「中國農村復興委員會」的一份研究報告指出，臺灣省議會（臺灣地主的堡壘）就曾力圖阻止。但是在將介石總統的干預下，臺灣省議會的爭論才中止，該方案得以順利通過[154]。根據統計，在當時約500名地主中，大約有91％大地主與超過98％的小地主，將他們的股票或一次或分批的予以轉售。他們售價很低，在賣出股票之後，只有不到10％的小地主與大約17％的大地主投資創辦企業。由於政府的土地改革政策使地主階級蒙受損失，因此許多人最後選擇離開這個海島，其中有些人成為日本與美國臺獨運動的基礎力量，而其他未出走的人，許多成為「黨外」及日後民主進步黨在選舉中的經濟資助來源[155]。林獻堂先生的出走，正也反映了地主階級的失落感吧[156]。

（三）造成農業經營規模發展受限：為了平均地權，當局對擁有農地的面積和轉

---

153 韋艾德（E. A. Winckler）等著，前揭書，頁192-193。

154 同上，頁201。

155 同上，頁201-202。

156 蔡培火在〈獻堂先生年譜校閱後誌〉一文中，認為獻堂先生晚年寓居日本最主要的原因是「在臺灣政治上不無寂寞之感」。曾任林獻堂祕書多年的葉榮鐘則認為其離臺動機是對當時現況的失望而出走。林氏出走自當與當時土地改革有密切關聯。見葉榮鐘，1995，《臺灣人物群像》，前揭書，頁180。

移所有權都有嚴格的限制。《土地法》規定農地只限自耕農所有，移轉無效。《實施耕者有其田條例》對農戶擁有自耕地面積有限制，《375減租條例》則對地租額有最高限制的規定，這一切都限制農場規模的擴大[157]。

（四）奠定臺灣經濟奇蹟：土地改革成功，主要針對農村中的生產關係進行調整，提高農村中的生產力和農民生產的積極性，也成為1960年代中期後，工業起飛的根本基礎[158]。

第五節　大遷徙

1947年7月4日，國府正式動員戡亂[159]，而共軍亦展開全面進攻，分別自冀南、魯西渡過黃河，進入魯、豫間的政府軍轄區。就全盤戰局而言，國共兩軍已攻守易勢，國府以傅作義為華北剿匪總司令，一方面統一華北指揮，另一方面支援東北危局。

東北剿匪總司令由熊式輝、陳誠以至衛立煌，皆無法阻擋共軍攻勢。1947年10月，毛澤東發表政治宣言，號召聯合各被壓迫階級、人民團體、黨派及少數民族、華

157　1982年11月，行政院核定第二階段農地改革方案，在方案的總說明中提到「推行共同、委託及合作經營」，方案中也規定「輔導農民購買農地」一條，「購地對象以小農賣地為先，以減少小農的戶數」。這些措施無法擴大經營規模，農民對於政府在1970年代以來的共同經營，如蔬菜社、花卉社、林業社、家畜社、薦農社、青果社等措施反應冷淡。不過政府持續在財政上支援農業，包括提高農民所得、維持農業增長、引進新的科學技術、健全產銷體系、擴大農村建設等方面，這就是以行動執行「以工業發展農業」的方針。政府在70年代初期展開，取得一定的成效。請參見茅家琦，2003年6月，《蔣經國的一生與他的思想演變》，頁353-354，臺北：商務印書館。也有學者認為375減租如同價格管制，使農地交易的市場機制失靈。雖然在「375減租」的保護下，佃農交的地租很低，卻沒有一般租佃契約獲得的使用權，只能一成不變維持農地的使用。最近大法官580號釋憲文對補償條例作了修正，另一方面則是確定減租政策並不違憲。請參閱劉瑞華，2004年7月12日，〈經濟人語〉，《蘋果日報》。另有關580號解釋，可參見2004年7月12日，《聯合報》。

158　臺灣共有三次和平土地改革，第二次是1970～1980年代，實現農業專業化、企業化和機械化，以擺脫小土地私有制為基礎的小農經濟；第三次改革是在1990年代，主要是解決臺灣農地市場化向題，以因應全球化及加入世貿組織的需要。廈門大學教授李非曾撰文指出，借鏡臺灣土地改革經驗，大陸唯有實施憲政，才能實現「土地私有權」，也可因法律保障自由結社而有強力農會組織，並與政府有效結合。參見《中國時報》，民國98年2月12日。

159　1947，《總動員與戡亂建國運動》，頁3，臺北：時代出版社。

僑，共同打倒蔣的獨裁政權，逮捕內戰罪犯，希望蔣方人員起義立功[160]。同月，重新頒定解放軍3大紀律、8項注意，並由中共中央公布土地法大綱，鼓勵人民參政、參軍、參戰、支援前線[161]。12月，毛指出目前革命戰爭是偉大轉折點，是一百多年帝國主義在中國發展的消滅階段，並認為現在已經勝券在握，其意氣之豪，有如1926年北伐軍底定湖南時的蔣總司令[162]。

1947年11月，國府舉辦行憲國民大會代表選舉，絕大多數當選者隸屬於國民黨的C.C.派，落選的青年黨、民社黨人絕食抗議，以死相爭者，政府乃強迫部分國民黨候選人退讓，結果又引發內部滋鬧[163]。1948年3月29日國民大會開幕，4月，蔣介石當選為行憲後第一任總統，覬覦副總統者多至6人，蔣屬意孫科，與坐鎮北平的桂系李宗仁相爭不下，經4次投票，李宗仁當選副總統，蔣極為不悅[164]。國民黨提名翁文灝擔任行政院長，何應欽接替白崇禧為國防部長[165]。

1948年9月以後，國共間進入決戰階段。1948年10月，共軍發動的「遼瀋戰役」全面展開。10月16日占領錦州，21日攻陷長春，11月2日占領瀋陽，東北全部落入中共手中。東北剿匪副總司令范漢傑、鄭洞國先後被俘，總司令衛立煌倉皇出走。國軍

---

160 郭廷以，1980，《近代中國史綱》，頁774，香港：中文大學。

161 同上。

162 蔣介石如今鑑於戰局每下愈況，憂心如焚，夜不能眠，只好每晚飲威士忌酒一杯半，方能安睡片刻。見董顯光，1960，《蔣總統傳（三）》，頁497，臺北：中華出版社。

163 為因應國大選舉糾紛，1948年2月4日，中常會第140次會議通過《中國國民黨員當選國大代表立法委員自願讓與友黨獎勵辦法》6條，對不自願退讓者除以黨紀處分外，還要開除其行政職務。而這些被要求退讓的代表連日向中央黨部請願，「屢欲向居正、張厲生、陳立夫等施用暴力，幾經防止而未生事故」。見《南京國民政府檔案》，藏「中國第二歷史檔案館」。

164 當時美國駐華大使司徒雷登在呈給美國政府的報告中說：「作為國民黨統治象徵的蔣介石，已經大大喪失了他的地位……李宗仁上將日益獲得了公眾的信賴。」但李宗仁對蔣要求其放棄競選副總統，則予以拒絕並執意參選。見1957，《中美關係資料彙編》，第1輯，頁299-300，臺北：世界知識出版社；以及1980，《李宗仁回憶錄》，下冊，頁885，廣西：壯族自治政協文史資料研究委員會編。

165 蔣於同日委白為華中「剿匪」總司令，這點是否帶有迫其離京，以防範李宗仁與白崇禧合謀之意？由於副總統競選風波，蔣與桂系已心生芥蒂。

在東北原來投入的40多萬精銳部隊，最後從海道撤出者不過3萬[166]。

遼瀋戰役結束後，淮海戰役與平津戰役也相繼展開。1948年10月底，陳毅的華東野戰軍與劉伯承、鄧小平的中原野戰軍已開始向徐州前進，兵力約60萬人，民兵民工200萬人，採攻勢。政府軍約50餘萬人，由徐州剿匪總司令劉峙、副總司令杜聿明指揮，採守勢。11月6日，戰鬥開始，徐州東路政府軍才剛與解放軍接觸，便有2萬餘人叛變，西路、南路各數千人投降。解放軍採取一貫的「圍點打援」戰術，使國軍各路無法互相接應，全部陷入被動，損失慘重。11月30日政府軍放棄徐州，南退蚌埠。1949年1月10日，杜聿明被俘，蚌埠不戰而下。歷時兩月餘，規模最大的另一次決戰結束，政府軍損失40餘萬人，中共稱之為「淮海戰役」，國軍方面稱之為「徐蚌會戰[167]」。

當華東、中原野戰軍猛攻徐州時，林彪所部的東北野戰軍已開始向承德、冀東前進，聶榮臻的華北野戰軍則占領河北保定，準備會師爭奪北平、天津。華北剿匪總司令傅作義率60萬國軍防守平、津。12月初，林彪部入古北口，聶榮臻部占南口，12月中旬，北平、天津近郊發生激戰，1949年1月15日解放軍占領天津。1月22日，傅作義與林彪訂立和平協議，1月31日，解放軍入北平[168]。中共稱此為「平津戰役」，與遼瀋、淮海戰役並稱「3大戰役」，政府軍折損共約150萬人。

1948年12月24日，淮海戰役近尾聲，國軍已注定失敗之時，華中剿匪總司令白崇禧通電主張與中共謀和[169]，一時謀和之議四起，湖南省主席程潛、河南省主席張軫甚

---

166 杜聿明認為蔣介石誤判敵情，不但無法掌握地勢且雙方兵力十分懸殊，卻定要反攻錦州，以致慘敗。見杜聿明，1981，〈遼瀋戰役概述〉，《文史資料選輯》，第20輯，頁28，濟南：山東人民出版社。

167 蔣介石認為「政府仍保有徐州時，敵軍不能安然以其全力進攻長江陣線。但徐州一失，南京上海便不易保守」。見董顯光，前揭書，頁501。

168 在傅作義宣布《北平和平解放實施辦法》後，只有中央嫡系兵團司令石覺及李文要求率眾出走，傅同意，以後李去胡宗南部，石則去湯恩伯部。是役，除塘沽守軍3萬餘人從海上南逃外，合計約52萬餘名部隊被殲滅、投降。見1959，《戡亂簡史》，頁260、269，臺北：國防部史政局。

169 白崇禧要求：一、請美、英、蘇出面調處；二、民意機關雙向呼籲和平，恢復談判；三、雙方軍隊應在原地停止軍事行動，聽候和平談判解決。見程思遠，〈蔣介石發表求和聲明的經過〉，《文史資料選輯》，前揭書，第66輯，頁78。

至要求蔣中正總統下野[170]，由此可見當時大敗之際人心恐慌之一斑。

1949年1月8日，南京外交部照會美、英、法、俄大使盼協助和談，但遭拒絕，1月21日，蔣介石終於在李宗仁等施加的壓力下，宣布引退，李宗仁代理總統職權。陳能治教授認為中國的地方派系中，以桂系最具雙重性格，領導人在地方意識外，還積極參與全國事務，具有強烈國家主義傾向，且桂系能彼此合作，例如黃紹竑、李濟琛固守地方主義，李宗仁、白崇禧參與全國事務，並相互支援[171]。李宗仁至此得償夙願，但白崇禧堅持應備戰以求和，勿求和而忘戰[172]。

蔣介石在被迫下野時，曾親筆寫下「冬天飲寒水，雪夜渡斷橋」這兩句話[173]，以作局勢惡化之長嘆。1948年12月31日下午，蔣介石邀約國民黨中央執監委約40人在黃埔路官邸聚餐，由張群代為宣讀次月他將發表的新年文告，徵求意見。當爭論到是否要公開表示下野時，蔣介石憤怒的指陳：「我並不要離開，只是你們黨員要我退職，我之願下野，不是因為『共產黨』，而是本黨內的某一派系（即指以李宗仁、白崇禧為首的桂系）[174]。」

3月1日，李宗仁在其官邸召集何應欽、童冠賢、吳鐵城、顧祝同、徐永昌、張治中、黃紹竑開會，決定了將來談判的三條指導思想：

一、和談必須建立在平等的基礎上，絕對不能讓共產黨以勝利者自居，強迫我方接受不體面的條件。

---

170 在12月30日張軫發出請求蔣下野通電的同時，白崇禧再次發出通電主和，並警告說：「無論和戰，必須速謀決定，時不我予，懇請趁早英斷。」見程思遠，前揭書，頁79。

171 陳能治，1980，〈北伐後的中國地方主義──1926～1937年的四川、廣西和山西〉，《中國現代史論集》，第8輯，頁158-159，臺北：聯經出版公司。

172 郭廷以，1994，《近代中國史綱》，頁787，臺北：曉園出版社。

173 蔣經國，1973，《風雨中的寧靜》，頁31，臺北：幼獅文化事業公司。

174 董顯光，前揭書，頁509-510。

二、不能同意建立以共產黨為統治的聯合政府，應建議停火，在兩黨控制區之間畫一條臨時分界線。

三、不能全部接受所謂八條，而只同意在兩政府共存的條件下討論八條[175]。

會後，張治中攜李宗仁親筆信去溪口見蔣介石，徵求他對「和平條件和限度的意見」。張治中陳述南京方面對和談的保留看法，並特別強調李宗仁「希望能夠確保長江以南若干省分的完整，由國民黨領導，如東北、華北各地由中共領導一樣，必要時讓步到湖北、江西、安徽、江蘇4省和漢口、南京、上海3市聯合管理」。對李宗仁「隔長江而分治」的主張，蔣介石並未表示什麼異議[176]。

1949年3月24日，行政院長何應欽召集的行政會議最後決定邵力子、張治中、黃紹竑、章士釗、李蒸及劉斐為和談代表，張治中為首席代表。26日，中共派周恩來、林伯渠、林彪、葉劍英、李維漢為代表，周恩來任首席，之後又增派聶榮臻，決定4月1日在北平談判。

當南京政府和談代表團於4月1日飛赴北平與中共和談代表團舉行會談時，蔣介石又令蔣經國向國民黨中央黨部轉達他的兩點補充指示：

一、和談必須先訂停戰協定。

二、共匪何日渡江，則和談何日停止，其破壞責任應由共方負之[177]。

7日，國民黨在廣州召開中央常務委員會會議，會議在蔣介石的指示下，決定五項和談原則：

一、為表示謀和誠意，取信於國人，在和談開始時，雙方下令停戰，部隊各守原

---

175 《李宗仁回憶錄》，前揭書，下冊，頁942。行政院長孫科採取七大和平措施：一、將各地「剿總」改為「軍政長官公署」；二、取消全國戒嚴令；三、裁撤「戡亂建國總隊」；四、釋放政治犯；五、解除報章雜誌禁令；六、撤銷特種刑事法庭；七、通令停止特務活動，對人民非依法不能逮捕。1949年1月27日，李宗仁致電毛澤東，並公開表示承認八項和談條件，這八項條件的內容是：「一、懲辦戰爭罪犯；二、廢除偽憲法；三、廢除偽法統；四、依據民主原則改編一切反動軍隊；五、沒收官僚資本；六、改革土地制度；七、廢除賣國條約；八、召開沒有反動分子參加的政治會議，成立民主聯合政府，接收南京國民黨反動政府及其所屬各級政府的一切權力。」請參閱蔣經國，前揭書，頁139。
176 張治中，〈北平和談前的幾個片斷〉，《文史資料選輯》，前揭書，第13輯，頁4。
177 蔣經國，前揭書，頁172。

防。共軍在和談期間，如逕行渡江，即表示無謀和誠意，政府應即召回代表，並宣布和談破裂的責任屬於共黨。

二、為保持國家獨立自主精神，以踐履聯合國憲章所賦予的責任，對於向以國際合作、維護世界和平為目的的外交政策，應予維持。

三、為切實維護人民的自由，應停止所有施用暴力的政策，對於人民的自由權利及其生命財產，應依法予以保障。

四、雙方軍隊應在平等條件之下，各就防區自行整編，其整編方案，必須有互相尊重、同時實行之保證。

五、政府的組織形式及其構成分子，以能確保上列第二、三、四各項原則之實施為條件[178]。

同時蔣介石還在溪口和張群商談準備對李宗仁坦誠示以利害，只要「彼能站穩本黨立場，認清國家民族利益，共同對共，則無論和、戰，必全力予以支持[179]」。

在此期間，李宗仁首先訪問蘇聯大使羅申，羅申回答：「現在已經太晚了，我親愛的總統先生，中國永遠也不會斷絕同美國的聯繫，蘇聯能為他做些什麼呢[180]？」由於美國政府對李宗仁的態度不滿，於是司徒雷登大使亦拒絕了李宗仁求援的要求[181]。

4月1日起，在北平一共舉行兩次正式會議：第一次由周恩來面交〈國內和平協定〉8條24款，第二次會議中共方面接受了南京政府代表所提的20多條修改意見，在戰犯懲辦、改編軍隊、組織民主聯合政府等方面，中共做了若干讓步。16日，黃紹竑攜帶〈國內和平協定〉的最後修正案返回南京，但蔣介石閱畢內容後認為如果接受，無異無條件投降，應該拒絕接受並宣布全文，以明是非與戰爭責任之所在[182]。於是由李宗仁與何應欽聯署長電予以拒絕，國共談判全面破裂。

蔣介石為使李宗仁安心主政，決定約其定期晤面，切實商定辦法，規定今後徹底

178 同上，頁174-175。
179 同上，頁175。
180 《李宗仁回憶錄》，前揭書，下冊，頁945。
181 《中美關係資料彙編》，前揭書，第1輯，頁345。
182 同注177，頁181。

堅持「剿共」政策，不能再有和談，同時應使政府不能再與共匪中途謀和，否則等於自殺[183]。22日，蔣介石邀約李宗仁、何應欽、張群、白崇禧等人至杭州，決定在國民黨中央常務委員會下設「非常委員會」，並作出以下決議：

一、關於共黨問題，政府今後唯有堅決作戰，為人民自由與國家獨立奮鬥到底。

二、在政治方面，聯合全國民主自由人士，共同奮鬥。

三、在軍事方面，何敬之（應欽）將軍兼任國防部長，統一指揮陸海空軍。

四、採取緊急有效步驟，以加強本黨之團結及黨與政府之聯繫[184]。

至1949年，人民解放軍總兵力已凌駕國軍之上[185]。國府精銳部隊中，只剩下3個集團軍能夠保持一定實力，即防守長江中下游的湯恩伯集團軍、長江中上游的桂系白崇禧軍團，及駐防西北地區的胡宗南軍團。

4月21日，人民解放軍渡長江，5月27日上海淪陷，湯恩伯軍40萬人被殲。蔣經國曾寫道：「自此一役後，江南半壁……風聲鶴唳，草木皆兵[186]。」李宗仁則認為長江下游的潰敗為「不堪回首的江南戰役[187]」。接著白崇禧兵團在粵桂潰敗，11月23日，白崇禧命令張淦第三兵團及魯道源第十一兵團分向粵南廉江、花縣、茂名及信義地區進擊。在進攻前，白電張淦曰：「此役是影響大局和取得『美援』的關鍵，希轉飭全軍將士全力以赴，攻克茂名，完成任務，重振聲威為要[188]。」由於十一兵團左翼暴露，導致第三兵團瓦解，司令張淦被俘，其他三個兵團不久後也被消滅，只有黃杰率第一兵團殘部退往越南，華中和華南淪陷，桂系成為歷史名詞。

11月30日，蔣介石飛往成都，同日重慶淪陷，蔣介石命胡宗南部死守成都以與臺灣相呼應。12月7日，成都保衛戰展開，國民黨四川諸侯鄧錫侯（四川綏靖主任）、

---

183 同上，頁182。

184 同上，頁184。

185 依照國府軍事當局的統計，國共兵力消長情況是：1945年為7比1，1946年是4比1，1947年是3比1，1948年是2比1，1949年「匪之總兵力已凌駕於我」。《戡亂簡史》，前揭書，頁189。

186 同註177，頁201。

187 同註180，頁952。

188 張文鴻，〈桂系部隊在粵桂邊境的覆滅〉，《文史資料選輯》，前揭書，第50輯，頁133。

劉文輝（西康省主席）及雲南諸侯盧漢（省主席）於12月9日連袂投共，10日蔣抵臺北，以胡宗南部留守成都。26日成都淪陷，胡率殘部退守西昌，但以解放軍進逼為由，與西康省主席賀國光飛往臺灣。1950年5月18日，監察院以「喪師失地，貽誤軍國」罪名，予以彈劾[189]。

1948年12月24日，蔣介石在接到白崇禧要求和談、程潛要求其下野的通電，同時面對11月2日東北全境淪入共黨之手的危局時，據曾向當時總統府祕書長吳忠信指示「立即發布陳誠接任臺灣省主席的任命[190]」。12月29日，行政院正式任命陳誠接替魏道明。陳誠同時兼任臺灣省警備總司令、國民黨省黨部主任委員，行政院又電令中央駐臺各機構概歸陳誠節制指揮[191]。在陳誠總攬一切大權之際，透露了何種訊息？是否有可能是蔣介石在面對戰局的危殆險惡下，預備轉進臺灣的一項重要人事部署？

1949年1月10日，蔣介石派蔣經國赴上海訪中央銀行總裁俞鴻鈞，洽商央行庫存轉移臺灣之事。根據李宗仁回憶錄所述：「庫存全部黃金為390萬盎司、外匯7,000萬美元和價值7,000萬美元的白銀，各項總計約在美金5億上下[192]。」而李宗仁在代理總統後，財政困難，「為維持軍餉、安定民心，曾命行政院財政部將運臺庫存運回一部分以為備用。但陳誠奉蔣暗示，意作充耳不聞的無言抗命[193]。」蔣經國也曾憶及：「在上海快要撤退的時候，父親派我們幾人到上海，將中央銀行庫存黃金全部搬運到臺灣來。臨行的時候，父親再三囑咐我們：『千萬要守祕密！』因為早已預料到李宗仁將以這批黃金作為和談的籌碼。由於這批黃金爾後順利運臺，政府在播遷來臺的初期，如果沒有這批黃金來彌補，財政和經濟情況早已不堪設想，那還有今天這樣穩定的局面[194]？」

189 劉紹唐，1973，《民國大事日誌》，頁853，臺北：傳記文學出版社。

190 茅家琦，1988，《臺灣30年（1949～1979）》，頁1-2，鄭州：河南人民出版社。

191 同上，頁2。

192 李宗仁口述，唐德剛撰寫，1989，《李宗仁回憶錄》，頁924，臺北：曉園出版社。

193 同上，頁925。

194 同注177，頁47-48。

在東南沿海防務方面，蔣介石任命陳誠兼任臺灣省警備總司令、朱紹良為福建綏靖主任、張群為重慶綏靖主任，21日，薛岳接替宋子文任廣東省主席，湯恩伯為京滬杭警備總司令。在部署妥當下，1月21日蔣下野，由李宗仁根據憲法代行總統職權。此可解釋蔣介石在隱退之際，已經將防務重心置於東南沿海一帶，而以臺灣為中心[195]。同時蔣介石命令京滬杭警備總司令湯恩伯把江防軍主力集中至江陰以下，而以上海為據點集中防守，至於南京上下游只留少數部隊應付，這就是「守上海而不守長江」。李宗仁則支持國防部作戰廳長蔡文治的計畫，主張江防軍主力應自南京上下游延伸，因為這一段江面較窄，北岸由於支流較多，共軍易徵用民船藏於這些河灣內。至於江陰以下江面極闊，江北又無支河，共軍不易偷渡[196]。

另一方面，蔣介石在隱退之後，命令蔣經國偕同空軍總部盡快建築定海飛機場。蔣經國回憶道：「記得父親隱退之後，交代我辦理的第一件事，是希望空軍總部迅速把定海的飛機場興建起來。那時，我們不太明白父親的用意，只能遵照命令去做。父親對這件事顯得非常關心，差不多每星期都要問問，機場的工程已完成到何種程度；後來催得更緊，幾乎三天一催，兩天一催，直到機場全部竣工為止。到了淞、滬棄守，才知道湯恩伯將軍的部隊，就是靠了由定海基地起飛的空軍掩護，才能安全的經過舟山撤退到臺灣來，而成為現在保衛臺灣和將來反攻大陸的一支重要兵力。如果不是父親的高瞻遠矚，湯將軍的部隊恐怕連舟山也無法到達，還會到臺灣來嗎？假使這一支部隊在上海就犧牲了，對於我們重建軍力，將增加很大的困難；乃至於我們能否安然度過39年上半那一段最黯淡的時期，也許都成了問題[197]。」

由上述事件分析，蔣經國督導定海機場的興建，是為了空軍能夠掩護由淞、滬棄守的湯恩伯部隊撤退到臺灣；而湯恩伯「守上海而不守長江」的計畫，應該也是以上

---

195 李宗仁認為蔣介石在隱退之前的部署，是將海、空軍主力逐漸南移，並以臺灣為最後基地。見李宗仁口述，唐德剛撰寫，前揭書，頁926。

196 同上，頁933。

197 同注177，頁47-48。

海為屏障，把握時間將上海物資搶運來臺，而守軍也可在危急時迅速撤出上海，再由定海轉進臺灣。在中國現代史上，上海似乎是繼八年抗日戰爭之後，再度扮演類似的角色[198]。蔣介石也偕同經國在上海淪陷前抵定海，5月17日飛抵澎湖馬公，26日抵高雄，6月24日到臺北定居草山，8月1日，國民黨總裁辦公室開始在草山辦公[199]。

隨後國府由廣州撤退到重慶及成都，蔣介石也以總裁身分到上述各地。中華民國行政院於12月7日奉總裁命決議遷設臺北，8日閻錫山院長抵臺，宣布行政院將於9日起在臺北正式辦公並召開首次院會。11日，中央黨部也遷至臺北。12月9日，蔣介石離開成都飛來臺北。

1949年，中國共產黨在大陸建政，成立「中華人民共和國」，而國民政府則退據臺澎金馬，堅持「中華民國」主權及於全中國地區。故就國際法而言，中國雖然因內戰而分裂，但臺北和北平兩個政府皆反對任何分裂國土之兩個中國主張，因此中國在國際法上只有一個。而聯合國內「中國代表權」問題的由來，關鍵在於世界上大多數國家的政府只承認臺北或北平為中國唯一的合法政府[200]。

1949年11月18日，中共外長周恩來致函聯合國祕書長及聯大主席，要求由「中華人民共和國」取代中華民國政府在聯合國的席次。當時聯大主席未立即採取行動的原因，是聯大證書審查委員會已通過由臺北政府派遣之代表出席聯大的合法資格。11月25日，蘇聯及其共產集團代表，於聯大第四次大會第一次委員會開會時，對臺北政府代表出席該委員會提出抗議，認為中華民國已失去大陸地區，無權代表全中國，這是聯合國第一次對中國代表權問題發生爭論[201]。

1949年國府倉皇辭廟，1949年5月20日，大批難民因中共猛攻上海而湧向臺灣，為求內部穩定，陳誠宣布臺灣全省戒嚴。在戒嚴期間，除基隆、高雄、馬公3港在

---

198 1937年底，沿海地區已不能固守，於是政府希望民族工業各廠遷移到內地，據經濟部統計，內遷工廠占全國合乎工廠法之工廠總數的17％，技術人員內遷者占全國技工的22％，而上海一帶所剩的工業及技工無幾。見國防部史政局編，1962，《中日戰爭史略㈣》，頁79-80，臺北：國防部史政局。

199 同註177，頁200-212、225。

200 王國璋，1993，〈中共如何取代我國在聯合國之席位〉，《問題與研究》，第32卷，第5期，頁11-23，臺北：國立政治大學國際關係研究中心。

201 UN Yearbook，1948～1949，頁295。

警備總部監護下仍予開放，其餘各港一律封閉，嚴禁出入。5月24日，立法院通過「懲治叛亂罪犯條例」，對率隊投共、擾亂治安、金融及煽動罷課罷市者，均處以重刑[202]。這些措施主要是針對當時大量湧入的敗兵難民，以及共產黨在臺灣的地下活動，以鞏固在大陸內戰全面失敗的國民政府，使有一處安全的復興基地。

1949年10月24日，臺海戰爭又起。中共解放軍由廈門浮海進攻金門，戰事至27日上午全部結束[203]。事後中共承認：「戰鬥失利，2次登陸部隊4個團9,086人（內含船工、民夫、游擊隊員350人）大部壯烈犧牲，一部被俘，這是我成軍建制以來部隊受到的最大損失[204]。」這場勝利固然振奮臺灣人心，但更重要的是證明解放軍在當時並不具備渡海攻臺的能力。當時負責打金門的解放軍第十軍團司令員葉飛事後對此役追溯可為佐證[205]，他說：「在現代戰爭的條件下，沒有制海權、制空權，要實行大規模渡海登陸作戰是非常困難的。50年代初，在我海、空軍還處於劣勢的條件下，要僅僅靠木帆船橫渡臺灣海峽、攻占臺灣，現在來看，恐怕是會吃比攻金失利更大的苦頭的。金門失利以後，接受了教訓，頭腦清醒過來。接受攻金失利的經驗教訓的真正意義也許就在於此。」

1950年3月1日，蔣介石在臺灣復職，國軍則先後於5月2日及16日撤出海南島和舟山群島。5月13日，我國防部宣布破獲在臺共諜80餘處。5月17日，美代辦則報告國務院：建議撤僑，臺灣命運已盡[206]。5月19日，國務院電准撤僑，並准其自度形勢而定離臺日期[207]。5月28日，國務院密向菲律賓季里諾（Quirino）總統詢問其願否接受蔣介石總統及其高級人員來菲避難之安排[208]。故當時蔣經國認為往後的一百天，是臺灣最黑暗的時期[209]。

202 作者不詳，1990，《臺灣全紀錄》，頁300，臺北：錦繡出版公司。

203 徐焰，1992，《臺海大戰》，上編，頁74，臺北：風雲時代出版公司。

204 王功安、毛磊編，1991，《國共關係通史》，頁967，武漢：武漢大學。

205 葉飛，1998，《葉飛回憶錄》，頁608，北京：解放軍出版社。

206 F.R.U.S.，1950，vol.6，頁343。

207 同上，頁349。

208 郭廷以，前揭書，頁792。

209 同注206，頁346。

臺灣在1945年日本投降後，結束了51年的殖民地統治，回歸中華民國政府管轄。從1945～1949年，臺灣先後歷經兩件大事，其一為228事變[210]；另一更具意義的大事，則為中華民國政府的遷移。對臺灣而言，代表著由歷史上的邊陲地位躍升為政府的核心，甚至是整個中華民國的根基所在。

　　在國際上，由於中共介入韓戰，使得美國由「靜待塵埃落定」的觀望政策，轉變為對中華民國的支持。在島內，伴隨國府剿共失利而遷移來臺的外省軍民則約達200餘萬人之眾，這可算是臺灣發展史上最大的一次人口遷移。以軍隊來說，駐臺部隊由1946年的25,510人，到1949年1月的28,279人，6月的68,804人，9月的158,826人，12月的173,393人，1950年3月的192,168人，其後復有撤自舟山群島的13,575人，撤自海南島的73,311人，以及越南歸國的16,289人。根據陸軍總部統計，在短短的3年內，駐臺部隊單是陸軍方面，即從25,000人增至44萬人[211]。

　　研究顯示，這些不同番號、建制，又曾面臨大陸軍事潰敗的部隊，絕大多數在經歷孫立人將軍所領導的陸軍訓練司令部與第4軍官訓練班的各式訓練下，大幅度提升了軍隊的戰鬥力及品質，自1947年秋至1952年，總計訓練了約50萬個人次，同時由於軍隊素質提升，也扭轉臺灣本地人自光復以來對國軍的惡劣印象。而且，經由訓練，國軍成為足以擊潰來犯共軍的部隊，1949年的金門古寧頭大捷即為證明[212]。

　　除了武裝部隊之外，當時不願附共的社會聞達、秀異分子，有的逃往港澳、海

---

210 林照田教授曾憶及其父執輩在歷經228事變後，產生一種因恐懼而對政治議題的沉默，並分析該事件對當時尚以血緣、宗親為聯繫的農業社會，會形成連鎖式的衝擊與族群之間的隔閡，而這種隔閡往往在那一代臺灣人心目中留下難以抹滅的痕跡。

211 陸軍總司令部第一署編製，1954年2月，《陸軍人事統計輯要》，頁9-14。逃亡人數在1950年10月止，約2萬5千人。自殺人數在1951年為軍官129人（其中96人死亡）、士兵378人（其中295人死亡）；1952年則為軍官93人（其中65人死亡）、士兵399人（其中294人死亡），前揭書，頁41。從這些資料中可研判當時這些大陸遷臺軍人在面臨陌生環境及思鄉情切下選擇棄世，稱得上一種屬於外省人的悲哀吧！

212 朱浤源，1993年11月，〈臺灣新軍的搖籃：鳳山第四軍官訓練班〉，《臺灣光復初期歷史》，頁462-463，臺北：中央研究院中山人文科學研究所。

外，有的則隨政府來到臺灣[213]。美國已逝著名的「中國通」費正清（J. K. Fairbank）即指出，蔣介石為了釐清並鼓勵政黨系統而任用許多大陸來臺的自由派人士，另一方面也重用前「國家資源委員會」派往美國深造、爾後隨國府遷臺的工程師。這批人中，對臺灣往後的經濟發展有重大貢獻[214]。此外，費正清也指出北京大學來的傅斯年以及其他學術機構教授合力主持臺北的國立臺灣大學校務，並恢復中央研究院各研究所的學術工作，使教育成為另一重要建設[215]。

1933年，北京故宮國寶避日軍戰火侵逼南遷，近兩萬箱文物先後暫存於上海、南京。七七事變爆發，政府再將其中80鐵箱精品用輪船由武漢一路運往四川巴縣。1948～1949年間，故宮先後分三批，以軍艦、商船運送2,972箱文物抵臺，這批文物號稱是精品中的精品，文物來臺之初，一部分曾暫存於楊梅的鐵路局倉庫，之後寄居臺中糖廠一年，1950年，國寶悉數遷藏臺中霧峰[216]。

在轉進的同時，也有不少的企業人才與資金來到臺灣，而成為當時臺灣發展經濟最主要的民間資金與企業人才來源。像是當時最主要的產業是棉紡織業，由民間或銀行在大陸投資而遷廠來臺的企業有大秦、中國、雍興、遠東、臺元、申一、六和、臺北等家，其中遠東、臺元（裕隆集團）、六和（六和汽車集團）、申一等公司都以

---

213 這些不願附共但也不支持蔣介石的知識分子，以張君勱、黃宇人為代表，在徐蚌戰役即要求蔣介石下野。爾後大陸陷共，他們選擇非蔣介石控制的港、澳地區居住，稍後在香港結合其他在野人士及不支持蔣介石的國民黨員成立了「中國自由民主戰鬥同盟」。但選擇臺灣的另一批反共自由派知識分子，則以胡適、雷震為代表，他們當年反對蔣下野，並期盼蔣介石總統統治下的中華民國能成為自由中國。請參見薛化元，1993年7月，〈張君勱對「中國前途」看法之研究（1949-1969）〉，《法政學報》，第1期，頁151，臺北：淡江大學公共行政學系；張忠棟，1990，《胡適五論》，頁271，臺北：允晨文化公司。

214 費正清，1994，《費正清論中國──中國新史》，頁389，臺北：正中書局。據了解其中包括孫運璿、趙耀東等人，對臺灣日後經濟等方面饒有貢獻。

215 同上。

216 1965年，臺北外雙溪新建的故宮博物院落成，今日已成為外國及大陸遊客最熱門的旅遊景點。有關故宮文物南遷及渡海的幕後故事，可參看大陸中央電視臺於2009年初完成的12集紀錄片「臺北故宮」。2009年12月3日，《聯合報》，E2版。

其盈餘轉投資於其他產業，而成為大財團[217]。這些紡織業在1950年代供應臺灣最缺乏的民生物資——布，也提供大量勞工的就業機會，並在1960～1970年代，轉變成臺灣最主要的出口工業。而一批高級技術官僚，如葉公超、俞大維、尹仲容、蔣夢麟、嚴家淦、楊繼曾、徐柏園等人及其大部分部屬，蔣介石總統本人亦常在經濟情況危急時，親自與他們召開財經會議，詳細討論問題，以便作出決定。他們無一不具備深厚的中國文化傳統與西方現代知識，愛國守分、操守廉潔[218]。

中央政府於1949年遷臺，而當時臺灣局勢極為困難，陳誠有下列描述[219]：

38年臺灣的局勢怎樣呢？政治方面，政府的信用並沒有建立，少數野心分子勾結國外不肖之徒，從事「獨立」、「託管」活動。軍事方面，當時臺灣的兵力有限，由大陸撤退來臺的若干部隊戰志消沉、紀律敗壞，不僅不能增強臺灣的防禦能力，甚至反足以加深內部的危機。財政經濟方面，金融震盪、通貨膨脹、物資缺乏、物價高漲。社會方面，到處充滿了消極悲觀和動搖失望的心理。

這段人心灰黯的日子因韓戰爆發而扭轉，第七艦隊於1950年6月27日進駐臺灣海峽使局勢轉穩之際，蔣介石在7月26日宣布遴選陳誠、張其昀、連震東等16人為中央改造委員[220]，並於8月5日正式成立改造委員會，委員會的成員與簡歷請見表六。

---

217 王作榮，1999年3月，《壯志未酬》，頁341，臺北：天下遠見出版公司。
218 同上，頁339。王作榮憶及追隨這批官員之後，只聽他們如何憂國憂民，如何盡忠職守，開闢新出路。因為他們忠奮，使臺灣在歷經大戰殘破、建設全被摧毀而且大軍初敗之際，能在短短8年內造成中興之局，並創造臺灣的經濟奇蹟。
219 陳誠，1952年10月12日在中國國民黨第七次全國代表大會施政報告，黨史會藏。
220 1950年7月26日，《中央日報》，第2-3版。

表六　中央改造委員簡表

姓名	年齡	籍貫	重要經歷
陳誠	54	浙江青田	時任行政院長
張其昀	50	浙江鄞縣	時任中央宣傳部部長
張道藩	52	貴州盤縣	時任中央常務委員
谷正綱	48	貴州安順	行政院政務委員兼社會部長
鄭彥棻	48	廣東順德	時任中央常務委員兼祕書長
陳雪屏	49	江蘇宜興	時任教育廳長
胡建中	48	杭州	時任中央委員及立法委員
袁守謙	48	湖南長沙	時任國防部政務次長
崔書琴△	45	河北	時任立法委員
曾虛白	56	江蘇常熟	時任中國廣播公司副總經理
谷鳳翔	44	察哈爾龍江	時任監察委員
蔣經國	41	浙江奉化	時任國防部總政治部主任
蕭自誠	44	湖南邵陽	中央日報副社長
沈昌煥△	38	江蘇	時任政府發言人及中央宣傳部副部長
郭澄	43	山西陽曲	歷代中央執行委員，青年團中央團部幹事
連震東※	47	臺灣臺南	時任臺灣省參議會議長，國大代表

△具有博士學歷者

※連震東是16位中央改造委員中，唯一臺籍者。

　資料來源：1950，《改造半月刊》，第1期，頁19-25，臺北：中改會，及1950年7月26日
　　　　　《中央日報》、《新生報》發布之資料整編而成。

從這16位中央改造委員背景分析，其共同特色為：

一、平均年齡層為40歲，普遍具有高學歷，其中博士2位、碩士1位、國內大學畢業有5位、軍校畢業有2位，以當時標準可謂高學歷人才。

二、多數都曾任黨政要職，其中原任中央委員有3/5，非中央委員有2/5。

三、多數與蔣介石有師生、部屬的關係，較能直接向領袖負責，大刀闊斧推動黨的改造方案[221]。

論者分析這一份中央改造委員名單中最大的特色，就是對派系主義的唾棄，使更集權於蔣個人的威權領導。首先，利用撤退來臺的契機，將孔宋集團的2位領導人孔

---

[221] 許福明，1986，《中國國民黨的改造》，頁62，臺北：正中書局。

祥熙及宋子文摒棄於國門之外，不准他們到臺灣來。其次，將C.C.派的陳立夫逐到美國新澤西州去養雞，另一領導人陳果夫來臺不久便病逝。最後，逐漸削減陳誠勢力，從三青團開始，到蔣親自接掌黃埔校友會，最後以蔣經國取代。至於政學系及軍統，前者領導人張群被虛懸，後者由蔣經國組織政治行動委員會，任命鄭介民及葉翔之整頓[222]。

因此，中央改造委員中除陳誠為團派的領導人之外，其餘15人中，無一是5大派系的領導人或重要成員。另外，蔣介石依照「改造的措施及其程序」第一項第四節規定，聘任吳敬恆、居正、于右任、鈕永建、丁惟汾、鄒魯、王寵惠、閻錫山、吳忠信、張群、李文範、吳鐵城、何應欽、白崇禧、陳濟棠、馬超俊、陳果夫、朱家驊、張厲生、劉健群、王世杰、董顯光、吳國楨、章嘉、張默君等25人為中央評議委員，負責監督改造工作的執行與推展[223]。中央改造委員會組織系統請參見表七[224]。

---

222 陳明通，〈派系政治與陳儀治臺論〉，《臺灣光復初期歷史》，頁280。另據陳立夫回憶，陳本人向蔣建議應該進行黨的改造，並可將一切責任推給陳氏兄弟，兄弟二人也不必參加改造工作；但因傳話誤會，蔣遂暗示陳隱退。陳立夫分析其背後真正原因是立院受袁守謙請託，以82％高票通過由陳誠擔任閣揆，且陳戲言今天C.C.派是指陳立夫與陳誠，這番話導致蔣的不滿，日後陳誠認為陳立夫妨礙行政院施政，兩相激盪致使陳在美國展開近20年的養雞生涯（1950～1969年）。後因蔣經國寫信盼其回國定居，才結束在美流亡生涯，但從此遠離政治及權力核心。請參見陳立夫，1994，《成敗之鑑》，頁380-384、395-397，臺北：正中書局。

223 引自1950，《改造半月刊》，第1期，頁19，臺北：中改會。在這份中央評議名單中，我們可看出其中包含了國民黨內部的反對派，如「桂系」中曾在民國25年發動「兩廣政變」的陳濟棠，以及要求蔣辭職下野的白崇禧、閻錫山（曾任行政院長、中原大戰主事者之一）亦在名單之內。在黨國元老方面有民國16年下令南京清黨的吳敬恆，廣東中山大學校長、當時反對聯俄容共的鄒魯和自由派的王世杰等人。從其中歷史背景及人物脈絡，可看出政府遷臺後，力求團結精誠的一番企圖心。

224 引自《改造半月刊》，前揭書，第1期，頁29。

表七　中央改造委員會組織系統表

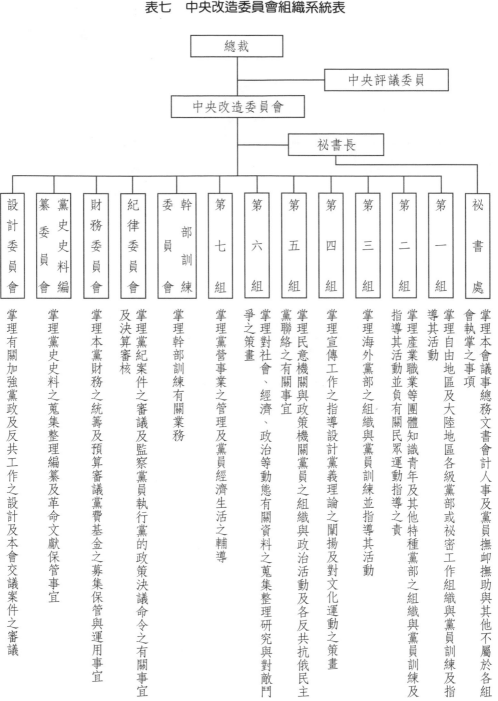

- 總裁
  - 中央評議委員
  - 中央改造委員會
    - 祕書長

設計委員會	黨史史料編纂委員會	財務委員會	紀律委員會	幹部訓練委員會	第七組	第六組	第五組	第四組	第三組	第二組	第一組	祕書處
掌理有關加強黨政及反共工作之設計及本會交議案件之審議	掌理黨史史料之蒐集整理編纂及革命文獻保管事宜	掌理本黨財務之統籌及預算審議黨費基金之募集保管與運用事宜	掌理黨紀案件之審議及監察黨員執行黨的政策決議命令之有關事宜	掌理幹部訓練有關業務	掌理黨營事業之管理及黨員經濟生活之輔導	掌理對社會、經濟、政治等動態有關資料之蒐集整理研究與對敵鬥爭之策畫	掌理民意機關與政策機關黨員之組織與政治活動及各反共抗俄民主黨聯絡之有關事宜	掌理宣傳工作之指導設計黨義理論之闡揚及對文化運動之策畫	掌理海外黨部之組織與黨員訓練並指導其活動	掌理產業職業等團體知識青年及其他特種黨部之組織與黨員訓練及指導其活動並負有關民眾運動指導之責	掌理自由地區及大陸地區各級黨部或祕密工作組織與黨員訓練及指導其活動	掌理本會會議事總務文書會計人事及黨員撫卹撫助與其他不屬於各組會執掌之事項

緊接著，通過蔣總統所提出人事案，遴派張其昀為中央改造委員會祕書長、周宏濤為副祕書長、陳雪屏為第一組主任、谷正綱為第二組主任、鄭彥棻為第三組主任、曾虛白為第四組主任、袁守謙為第五組主任、唐縱為第六組主任、郭成為第七組主任、李文範為紀律委員會主任委員、陶希聖為設計委員會委員、蔣經國為幹部訓練委員會主任委員、俞鴻鈞為財物委員會主任委員[225]，中國國民黨的改造運動正式展開。

在改造期間，中國國民黨擴大了社會基礎，積極配合375減租與經濟動員、工業建設、農業改造等步驟，使黨的組織普遍深入到各行業的核心，以黨的組織領導來吸收黨員，因此中國國民黨以一個外來的政黨之姿，成功吸收農、公、知識分子階級。根據1951年底統計，農工成分即占全體黨員的37.7％，知識分子占65％，30歲以下的青年占49％，尤其重要的是本省黨籍黨員有顯著增加，占56.9％[226]。以臺灣省委員會所轄組織為例，改造後黨員成分的統計分析參見表八[227]。

表八　臺灣省黨部所轄組織　黨員成分分析表

性別	男	94.4％
	女	5.6％
年齡	18-30歲	48.9％
	31-40歲	31.1％
	41-50歲	15.6％
	51-60歲	4.3％
	60歲以上	0.1％
籍貫	臺灣省	56.9％
	其他省市	43.1％
職業	農人	18.9％
	工人	20.9％
	商人	10.8％
	青年及知識分子	40.6％
	其他	8.8％

---

225 中國國民黨中央改造委員會第一次會議紀錄，1950年8月6日，油印原件，黨史會藏。另於8月8日第二次會議，通過蔣總裁提出派羅家倫為黨史史料編纂委員會主任委員之職務。

226 參見1952年8月1日，《改造半月刊》，前揭書，頁34。

227 同上，頁41，在改造後所吸收的黨員中，很重要的發展便是年齡層降低、本省籍貫人數增加、知識分子的參加比率顯著提升。

著名的政治學者杭廷頓（Samuel Huntington）即曾指出：「在一個革命初成、建國方殷的新興國家，特別是在外患頻仍、內憂嚴重的國家內，倘若人民所支持的強勢政黨主政，對於安定及經濟發展是有其貢獻的[228]。」從政治發展的理論來看，改造是政治體系內因應環境改變，所做的組織和權力結構的變革；就政治發展的過程而言，改造是國民黨的時代化和政治化。從政治發展上來分析改造：

一、有效促使組織結構的「分疏化」（Differentation）和專門化（Specialzation），而每一個部門和機關有特別和限定的功能，並趨專業化。

二、以有效的執行能力，促進社會的發展、安定與國家安全。

三、由於改造方案及組織是由中央到地方，本省籍黨員人數大幅增加，增強了國民黨的代表性、合法性和服務性[229]。

由於國民黨進行改造，許福明認為成功的解決政治發展中的「合法性危機」（Legitimacy Crisis）及「認同危機」（Identity Crisis），並由於改造後中國國民黨地方黨部健全，擴大了社會基礎；也因為黨政關係的建立，使政策和政令能順利貫徹，解決了「貫徹危機」（Penetration Crisis）；另外透過地方自治和土地改革、計畫性自由經濟制度，解決了參與（Participation）、整合（Intergration）與分配（Distribution）危機[230]。

中央改造委員會於1950年9月1日發布「本黨現階段政治主張」，主張一切從臺灣做起，不但要建設臺灣，並強調375減租、耕者有其田等經濟改革和推行地方自治，加強中國國民黨建設臺灣為三民主義示範區的信心[231]。在為時3年（1950～1952年）

---

228 杭廷頓（Samuel P. Huntington），1968，《Political Order in Changing Societies》，頁423，New Haven: Yale University Press。

229 許福明，前揭書，頁198。

230 Gabriel A. Almond and G. B. Powell，1966，《Comparative Politics: A Developmental Approach》，頁308，Boston & Toronto。作者在書中指出中國國民黨在臺灣發展所採取的策略是「權威─專家政治─動員型」，除強調秩序的維持、經濟的成長、財富的均分，尚強調政府能力及參與的發展，可以說是最有利於開發中國家的發展策略。這兩位學者一致肯定中國國民黨創造經濟和所得分配等成就，並有利於政治上的安定。

231 轉引自許福明，前揭書，附錄2，頁211-218。

的政黨改造期間，臺灣先後進行政治方面的改造如下：

一、縣及地方選舉：1950年8月至隔年7月完成第一屆縣市長選舉。

二、省級地方選舉：1952年11月以間接方式選舉出臨時省議員55人[232]。

另外在經濟改革方面，強力延續土地改革政策，1951年實施公地放領，並擬定將在1953年2月起實施耕者有其田政策[233]；在社會改善方面，省政府於1950年公布「臺灣勞工保險辦法」及實施細則[234]，至1953年，投保單位共計1,286個，投保勞工達201,225人，占當時全臺灣勞工的80%[235]；接著，政府在1953年開始辦理漁民保險，1956年9月辦理農民保險，1958年7月31日，立法院三讀通過「勞工保險條例」，由蔣介石總統明令公布，正式立法[236]。同年1月17日也完成「公務員保險法」，於8月1日起正式實施[237]。針對穩定金融，政府於1949年6月15日發行新臺幣，當時舊臺幣的兌換是4,000比1，並嚴禁黃金買賣，這項措施穩定了受大陸通貨膨脹之累的臺灣物價[238]。1950年3月，政府開辦優利儲蓄存款。優利存款的月利率是7%，以優利計算，等於年率12.5%。開辦優利存款以來，遽增為新臺幣3,500萬元，大約等於貨幣供給量的7%[239]，穩定了物價波動，並有助於往後經濟上之發展。

在文化改造方面，加強思想教育的諸多措施，1951年起各中等學校及隔年各大專院校普遍實施軍訓教育，1952年亦成立「中國青年反共救國團」，這些對於青年及知

---

232 參見陳誠於1952年10月12日在中國國民黨第七次全國代表大會所作之施政報告，黨史會藏。

233 在實施公地放領方面（共約5萬甲），受益農民多達50萬人之多。耕者有其田是鑑於仍有25萬6千甲耕地在地主手中，於是政府決定將83%的私有出租地，共約21萬甲，由地主手中轉到耕農手中。請參考陳誠，1961，《臺灣土地改革紀要》，頁40、18、5，臺北：中華書局。

234 政府是委託臺灣人壽保險公司附設勞工保險部辦理，分4期辦理，於1950年承保公營廠礦交通事業單位與民營廠礦、無雇主職業之工人。請參閱劉脩如，1978，《社會政策與社會立法》，臺北：國立編譯館。

235 周天固，1955，《五年來的自由中國》，頁5，臺北：幼獅文化事業公司。

236 劉脩如，前揭書，頁316-317。

237 李道合，1960，《自由中國進步實況》，頁27，臺北：作者自印。

238 同上，頁102。

239 郭婉容，1981，〈中華民國的經濟發展〉，《中華民國建國史討論集》，第5冊，頁161，臺北：中華民國建國史討論案編輯委員會印行。

識分子的動員體系，使黨的布建伸入青年及校園之中[240]。這些深入社會各階層的建設、動員與吸收，使中國國民黨在黨的改造期間即贏得本省籍農民、工人、知識分子的認同，而能有效的增加黨員，成為一個「外省人」支配「本省人與外省人」的多族群政黨[241]。

蔣介石對於國民黨必須憑藉土地改革以及地方自治等措施，使一個外移的中央政權深入本地社會的重要性十分清楚，他說：

375減租就是地主與農民兩種利益的溫和改變，而耕者有其田條例的實例，更是地主與農民兩種勢力的劇烈改變。這一改變，使臺灣省整個社會為之改觀，本黨……是不是要更進一步到農民中間發展組織，建立黨的領導權？……本黨要乘著這一時機，結集黨員，訓練幹部，為了保衛臺灣人心盡責任，更進而為了革命反攻光復作準備[242]。

政府正在臺灣推行地方自治，辦理縣市議員及縣市長的選舉。這件工作，遠較375減租運動來得複雜……本黨前年辦理選舉，事前既沒有準備，臨時又沒有方法；黨員既沒有組織，黨務又沒有指揮能力。以致整個社會，亂作一團，將本黨50年革命奮鬥的光榮歷史在內外交迫之下毀於一旦，這是很痛心的一件事！……現在我們在臺灣辦理選舉、推行地方自治，在這唯一的民族復興基地，當然不容許我們再失敗了。這次如何來實現黨的政策，樹立黨的威信，使選舉如期結束，圓滿成功，這是你們各位改造委員無可旁貸的責任。尤其重要的，不可再像過去一樣，同志之間，互相摩擦，以致漁人得利。須知其他黨派的活動，尚不足懼，但如因此被共匪滲入，那我們就要自取敗亡，死無葬身之地了！因為這個關係非常重要，所以希望你們各位改造委員，能夠集思廣益，為民造福[243]。

---

240 許福明，前揭書，頁150-151。

241 參見管碧玲，1994，《民族主義與臺灣政黨政治》，頁78，臺北：國立臺灣大學政治研究所博士論文。

242 陳明通，1990，《威權政體下臺灣地方政治菁英的流動（1945～1986）——省參議員及省議員流動的分析》，頁116，臺北：國立臺灣大學政治學研究所。

243 同上，頁117。

今後本黨要把選舉活動看做黨的宣傳與訓練的場所，必須做到每經一次選舉，黨的組織就有一度的發展，黨的宣傳就有一度深入，黨的幹部和黨員就多一度訓練，而黨的革命精神和戰鬥方法就有一度發揚和進步，才算是達成了建黨革命的任務[244]。

　　從蔣的談話中，我們了解土地改革是為了保衛臺灣人心，而選舉的目的，一方面加強對基層的控制，另一方面則是藉選舉練兵，培養中國國民黨幹部的戰鬥性及吸納支持民眾的參與[245]。

　　土地改革普遍獲得農民支持，在前面章節已述，而農民也提升了對國民黨政權的接受程度。根據一項抽樣調查研究顯示，土地改革後，原為佃農或半自耕農出身的農民，有超過75％表示對政治更為關心，其中7.8％的受訪者表示家中有人出來競選過公職[246]。胡佛教授即指出，這些政治關懷至少建構一種「維持性的政治參與[247]」，也就是對整個政治體系下統治正當性的肯定，並且願意讓這個政治體系繼續運作下去。

　　地方自治選舉，開啟本省菁英參政的管道，特別是1950年國民黨的改造，重新吸收及培養許多臺籍菁英進入政治領域，黨提名這些臺籍人士出馬競選，不但使黨的組織得以發展，並表示可以網羅這些本土既有或新興勢力，同樣擴大政權的正當性[248]。

---

244 同上。

245 1950年的地方自治選舉不禁使人想起中共在1935年底瓦窯堡政治局會議後，所實施於其所控制地區的「鄉選」，藉選舉可了解輿情、民情，並培養及訓練幹部合法鬥爭的政治技巧，結果徹底鞏固中共農村政權基礎。筆者認為國民黨實施地方自治的目的，與當年中共的企圖相同，只是在爾後會造成反對勢力的崛起及黨內派系問題的產生。參見陳永發，評介馬克・賽爾登（Mark Selden），1980，〈中共的延安經驗〉，《中國現代史論文集》，第10輯，頁237-238，臺北：聯經出版公司。

246 蔡宏進，1965，《臺灣農地改革對社會經濟影響的研究》，頁75-76，臺北：嘉新水泥文化基金會。

247 陳明通，1991，《臺灣省議員研究》，頁118，臺北：國立臺灣大學三研所博士論文。

248 根據陳明通《臺灣省議員研究》中統計分析，自1946年省參議員選舉至1985年第八屆省議員的2,539位省（參）議員研究中，省參議員之中每23個本省籍才配有一個外省籍，與臺灣省民中770個本省籍配一個外省籍的比例相差3倍之多。外省籍人口在省議會席次呈現由無到有，再由盛而衰的走勢，顯示省（參）議員的籍貫結構有獨特的因素。這正反映省議會在中國國民黨改造以求省籍人士合作的政策及地方自治的選舉下，成為保本土勢力最完整的地方，並有可能在未來上升到中央取代過去外來統治集團，完成政權的本土化。

隨後韓戰爆發，聯合國會籍的確保、中美關係日趨穩定等發展，也同時鞏固國民黨政權外部統治的正當性。

　　費正清教授指出，隨著時間進展，臺灣人對於「占領」臺灣的200萬「大陸人」的仇恨，慢慢的逐漸消褪。臺灣人也終於成為國民黨與軍隊裡的大多數，而「無黨無派」的從政者也開始當選重要縣市的首長了[249]。

---

249 費正清，前揭書，頁391。

第三章 韓戰與臺灣

第一節 韓戰爆發

美國在評估國民政府危局時,國務院顧問杜勒斯(John Foster Dulls)於1950年5月18日以說帖密陳於國務卿艾契遜(Dean Gooderham Acheson),指出為追求美國在遠東地區的權利均衡,必須防護臺灣,以牽制國際共產黨的貪得無厭,其精要摘譯如下[1]:

一、觀國際情勢,國民政府失去中國大陸之後,遠東均局已轉向於蘇俄。今如對臺再作讓步,不但亞洲諸國此後將唯蘇俄馬首是瞻,即西德與歐洲各國,亦將對美發生不可信賴之懷疑。

二、國際共產黨貪得無厭,美國早晚終當加以制限,如加制限,臺灣是一個理想的地區,一因地距蘇俄較遠,不至引起對蘇作戰;二因防護臺灣,海空兩軍當已夠用,縱或尚需陸軍,而臺灣尚在美國友好國家手中,仍可利用;三因臺灣身分未定,中立主張尚有憑藉餘地。中立臺灣,自亦尚有引起中共對美之軍事風險與中華民國對美之政治糾紛,但此風險與糾紛,尚在我們力量可以控馭之範圍,較諸事局失衡,困擾尚輕。蘇俄原予武力,日增月累,2年之後更將難制,時期已迫,宜早定策。

艾契遜對此說帖似曾欣賞,但未決定。助理國務卿魯斯克(David Dean Rusk)乃於5月30日再約國務院同僚於私寓討論臺灣問題,杜勒斯與無任所大使傑賽普(Philip Jessup)均在座,大家認為臺灣局勢已甚嚴重,唯有請蔣總統自向聯合國提出臺灣託管之案,由美國予以贊同,並以武力立加防護,方能保全。因即推定杜勒斯於東京任務完成之後(杜因對日和約之事,預定6月14日赴日,29日離日)轉道來臺,請謁蔣介石,以臺灣陷落勢不可免,美國無能為力,願其顧念生靈,對託管辦法加以同意。但杜氏在日任務未畢,韓戰已爆發,此段一廂情願之方案,卒見胎死腹中[2]。6月25日

---

1 F.R.U.S.,1950,vol.6,頁349-351,魯斯克致國務卿說帖——按魯斯克說帖即杜勒斯說帖原文。

2 同上,頁347-351。

韓戰爆發，27日杜魯門宣布第七艦隊駛往臺灣海峽，執行所謂「臺海中立化政策[3]」，美國的決定使臺灣的安全獲得保障。8月11日，中共中央軍委會致電華東區司令員陳毅，決定1951年不打臺灣，待1952年視情況而定，金門可決定在1951年4月以前不打，4月以後再打，隨後人民解放軍終止對臺灣海峽進攻[4]。10月2日，毛澤東宣布中國派遣志願軍援助北韓，10月25日，抗美援朝戰爭正式開始，從此抗美援朝戰爭成為中共與美國的第一線戰爭，而解放軍在東南沿海的渡海戰爭則全面停止[5]。

1950年6月26日晚，第二次布萊之家（Blair House）會議對談中，杜魯門曾提到臺灣歸還日本，由麥克阿瑟管理之事，鮮為外界所知。其對話如下[6]：

杜魯門：我希望你們對於臺灣交還日本由麥克阿瑟管理，加以考究。

艾契遜：此事雖已經研究，尚須繼續討論，此時不宜公布。

杜魯門：1個月以前，蔣委員長有一私函給我，表示倦勤，美國仍可得中國軍隊之助力，故我想由麥克阿瑟管理臺灣，以待蔣委員長引退。

艾契遜：蔣之行動，不可測度，他或會反對，或等將來再說。

杜魯門：對了，他說過，這是第二步。

艾契遜：臺灣問題不要與中國統治臺灣的問題相混！

蔣介石私函美國官文書不便公布，其原意是否如杜魯門所傳述，不得而知，而美國防護臺灣海峽，並非真正支持中華民國，其原因應當在於臺灣的戰略地位對美國在亞東之重要性，而不基於單純支持國民政府政權之考量。

韓戰爆發之日（6月24日晚6時，美國時間），美國防部長詹森（L. B. Johnson）正偕美參謀總長布萊德雷（O. N. Bradley）自遠東視察歸來，篋中攜有麥克阿瑟援臺說帖一件。晚7時杜魯門在布萊德雷家邀約軍政重要幕僚會商韓戰事宜，詹森先請布

---

3 在杜魯門的聲明中，一方面命令第七艦隊阻止任何對臺灣的攻擊，另外也要求在臺灣的中國政府停止對中國大陸的海空軍軍事行動。杜氏也宣稱臺灣未來地位的決定，必須等到太平洋的安全恢復、對日和約簽訂完成，以及經由聯合國的考慮。請見Hungdan Chiu，ed.，1979，《China and the Taiwan Issue》，頁221，New York: Praeger Publishers。

4 李福井，2009，《無法解放的島嶼》，頁134，臺北：臺灣書屋出版公司。

5 同上，頁137。

6 F.R.U.S.，1950，vol.7，頁187。

萊德雷宣讀該說帖。麥帥援臺的目的，係根據太平洋地理形勢戰略立論，至今猶為美國軍事名作。要點如下[7]：

臺灣是美國太平洋防線，自阿留申本島經日本、沖繩，而至菲律賓之一環。存於友好國家之手，遇到戰時，可拒敵人由亞東出攻之航線，可斷敵人對東南亞資源之攫取；存於不友好國家之手，敵人平時可假為空軍與潛水艦之基地，戰時可衝破日本、沖繩、菲律賓連鎖之藩籬，且使其（臺灣）成為一座不能擊沉之航空母艦，使其對美攻擊之能力，增加百分之一百。現在臺灣尚未為共產黨所占據，如何防護及防護需要費用，尚不可知，竊意宜授權遠東指揮總部立即到臺，調查其政治、經濟與軍事之需要，提出阻止共產黨掌握之方案，作為美國對臺政策之基礎。

布萊德雷讀罷，杜魯門即命傳膳，膳後杜魯門即請艾契遜報告韓戰外交消息，以及聯合國是日下午決議案的內容，並詢以應變方法。艾契遜建議飭令麥帥盡速供給南韓武器彈藥，海軍司令出動第七艦隊阻止中共攻臺，同時亦阻國軍進攻大陸。對於麥帥赴臺調查之議，艾契遜則不贊同，謂臺灣未來地位可由聯合國決定，不宜再與蔣介石糾纏，杜魯門即插一句「或由對日和約決定[8]」。因是晚談話以救援南韓為主題，臺灣問題遂未再加以討論。

翌日（6月26日）晚9時，布萊之家第二次會議仍由杜魯門主持，艾契遜請總統即發兩道命令：

一、准美國在韓空軍轟擊北韓軍隊，但勿越38度線。

二、命第七艦隊阻止中共攻擊臺灣，同時通知中國國民政府勿對大陸攻擊，並令第七艦隊監視其攻擊之停止。

杜魯門均予核准，詹森亦表欣悅。於是臺海中立化政策即在此會議上成立，由杜魯門以聲明方式通告，並報聯合國[9]。杜魯門「第七艦隊防護臺灣海峽」的聲明如下[10]：

---

7 同上，頁161-165。同注1，頁366。

8 同注6，頁157-158。

9 同上，頁179-180。

10 同上，頁202-203。

韓戰爆發，證明共產黨顛覆他國之手段已從祕密滲透，進到公開之軍事行動，對於聯合國維護和平安定之命令，亦不遵從，在此情形之下，共產武力進入臺灣，將使太平洋區域之安全，與美國在該區域合法與必要之功用，悉受直接之威脅，因此之故，我已命令第七艦隊阻止臺灣受到攻擊，並亦要求中國國民政府對於大陸之一切空中海上軍事行動悉予停止，第七艦隊應監視其實行……

第七艦隊防護臺灣海峽後，中美間軍事關係之改變，大於政治。軍事方面，美方已許我在美自購防禦武器，包括噴射機、輕坦克車，且加速其裝運，亦許我在金門、馬祖、伶仃、狸貓、大陳各島作自衛之戰爭[11]。

參謀首長聯席會議（簡稱JCS）改善對臺軍援之建議，得到國務院同意及安全會議通過，並獲杜魯門1,400餘萬美元撥款[12]。臺灣不許落入共產黨手中，既在該案上訂有明文，國際裝備之補充與軍援之給與亦得到明確保證。於是福克斯（Alongo P. Fox）軍事調查團遂繼史崔伯（第七艦隊司令）與麥克阿瑟之後來臺考查，歸具報告，作為其後援華之依據[13]。

麥帥返日後，曾向國務院報告臺灣預算平衡，人民安居樂業，軍隊並無橫行街市，國務院對蔣甚不公道等評語[14]。但美駐臺代辦史壯（Strong）仍在給國務院的報告中抨擊蔣介石與張群反美，在臺鼓吹臺獨組織，干涉內政如故[15]。

6月28日，國民政府宣布響應聯合國安理會決議邀請會員國出兵援助南韓之舉，願提供精銳3萬6千人及20架飛機助戰，杜魯門雖欲接受，但艾契遜極力反對[16]。當時遠東司

---

11 同上，頁380-381、383。

12 參看JCS7月27日致國防部長函，8月3日NSC325B號37／10案，F.R.U.S.，1950，vol.6，頁391-394、414。

13 同注1，頁591-594。

14 同上，頁415。

15 同注1，頁356-357、360-361、367、486。當時由廖文毅在香港所組成的「臺灣再解放聯盟」（1947年9月）分子19人由警總所捕獲，查出內亂證據甚多。Strong電請國務院准其向我外交部查詢，為吳國楨（時任臺灣省主席）所阻，但國務院仍令查詢。而廖文毅則在1950年2月東渡日本，成立「臺灣民主獨立黨」，1955年成立「臺灣共和國臨時政府」，出任大統領並發行機關報《臺灣民報》。見陳銘城，1992，《海外獨立運動40年》，頁3，臺北：自立出版社。

16 Trnman Memoirs，vol.2，頁383。

司長在7月猶對胡適大使作反蔣之民主運動[17]，他並強調美國朋友對國民黨政權都有惡感，並述及今日在臺政權猶自稱代表中國唯一合法之政府，將使美國發生許多麻煩，如果臺灣放棄攻擊大陸，則美援或可增加[18]。而魯斯克又於8月14日將新擬對華政策草稿致電藍欽（Karl L. Rankin）代辦，該電充分透露美國處理兩岸問題的基本態度，特摘錄如下[19]：

一、美國今日對華政策，尚在過渡時期。過渡時期之辦法，應依照總統6月27日之聲明，及NSC-37之決議案，估計中國軍隊之能力，維持其武器之使用性、供給其缺乏的軍用器材，並予以贈予性軍援。蓋欲蓄此力量，為保障韓戰聯軍在琉球、日本、朝鮮軍事行動及太平洋地區安定之用。

二、第七艦隊的措施，並非寓有解決臺灣問題之要求，相反的只是將今日主要國家對臺的各種不同意見暫予凍結。

三、美國對臺並無軍事占領的企圖，6月27日中立臺灣海峽的聲明，只欲使臺灣與大陸雙方各不採取攻擊行動。如果中共進攻朝鮮、越南、香港、臺灣、緬甸，則我們不攻擊大陸之方案將重加審議。但我們亦不會對中共進行大規模的軍事行動，我們將以最小限度的軍事手段來應付中共所引起的侵略。

四、使用顛覆手段，致使臺灣垮臺，並非美國的利益，我們應以軍援與經援力量接濟臺灣當局，並監督其正當使用……我們希望藉第七艦隊之屏障，讓臺灣能致全力於善良及有效的管理，使臺灣民眾得到幸福的生活。

五、我們現仍承認在臺的中國政府，但承認期間之長短，我們不願保證。

六、我們現仍反對中共加入聯合國與其附屬單位，但此乃美國政府自己的政策，並非美國對中國政府的約束，美國認為中國代表權問題應在安理會中憑多數票決。

七、總之，美國對中國政府不作無期限支持之約束，對中國政府之聯合國席位不作長期支持之約諾，對國民政府返回大陸之企圖，亦不予以支持，一切視美國全盤利益如何轉變以為斷。

---

17 顧維鈞，1983，《顧維鈞英文回憶錄》，頁218，北京：中華書局。

18 顧維鈞日記，頁180。

19 同注1，頁431-440。

從魯斯克電文中可了解美國在國府大陸淪陷後，採取艾契遜所謂的「靜待塵埃落定」政策之一環[20]。曾任駐美大使的顧維鈞大使針對是時美國對華政策的內情，在他存放於哥倫比亞大學的英文日記中有深刻分析[21]：

一、美國雖到處反共，但實施時則因地制宜。東亞方面，美國希望以最經濟的費用阻抑共產黨發展，此政策在韓戰爆發後，並無改變，他們行動在朝鮮，心情卻掛在南斯拉夫或伊朗，他們的抗共力量要用在亞洲以外的地方，在韓作戰，只是偶然。第七艦隊防護臺灣海峽的命令，也未曾變更美國對華的政策。他們注重中共，過於國府；注重臺灣，也過於國民黨的政權，保全國府，在他們看來只是一椿附帶的事情。

二、如果中共對美稍示友好，美國將承認中共，如果中共不能「狄托化」，美國則將在中共領導者方面，採行離間術。美國維持臺灣現狀，只欲將其作為大陸內部反共人士的瞭望臺，或作為對於大陸講價的工具，美國在臺培植「前進分子」，或為將來承認中共之後，便利合作而設，如果中共都不就範，美國也可將臺灣作為防禦共產主義的碉堡，由聯合國監督，舉行公民投票，以測驗臺灣人是否願意獨立！

這段期間，國府的聯合國會籍及臺灣前途都遭到空前挑戰，茲分析如下：

一、印度的媚共

尼赫魯自失去大陸後，欲以亞洲領袖自居，好與美國立異。1950年1月，蘇聯因排我聯合國會籍未能如願，憤然退席。7月，印度代表勞比尼戈（Sir Benegal Rau）為安理會之輪值主席，認為蘇聯造此「杯葛」僵局，實大失算，今欲解除僵局，必先使中共加入聯合國。尼赫魯乃於提案之前，先後致電英國政府、史達林及艾契遜，徵詢其意。史達林的答覆表示贊同，但態度淡漠[22]，艾契遜婉轉拒絕[23]，英國反應最激

---

20 艾契遜「靜待塵埃落定」一語，是1949年2月24日與美國眾議員談論中所提及的，意味目前中國局勢混沌，必須等到大勢已定再做規畫，而梁敬錞分析艾契遜採用「水鳥外交」（即表面平靜但底下動作），去「國」撫共，寄望中共成為南斯拉夫第二，毛澤東則扮演狄托的「中立化」角色。見梁敬錞，1982，〈美國對華白皮書之經緯與反應〉，《中美關係論文集》，頁175，臺北：聯經出版公司。

21 顧維鈞日記1950年6月25日與8月31日之摘要。

22 史達林原電文見F.R.U.S.，1950，vol.7，頁408。

23 同注6，頁412-413。

烈，指出「非俟中共聲明不對臺灣攻擊、北韓軍隊退出38度線、蘇聯自動重返安理會之後，英國不願支持中共加入聯合國[24]」。8月1日，蘇聯代表重返安理會，印度對我代表權之震撼才告中止[25]。

二、英國的震撼

　　杜魯門1950年6月27日對臺灣中立化的聲明，自始未得英國贊同。英首相艾德禮自是時起，即著手於如何參與美國遠東外交之決策。他回憶邱吉爾在第二次世界大戰期中，曾藉CCS（Combined Chief of Staff, 聯合參謀首長會議）的組織，控制美國歐亞戰略及資源軍火之分配，遂於7月6日致電杜魯門，謂：「目下朝鮮事件，雖只是局部軍事衝突，但照蘇俄到處尋釁之作風，終將引出他處政治的動亂，閣下6月27日之聲明，已經指出越南與臺灣；將來事態演變，香港、馬來，乃至伊朗、希臘，皆將波及。為預籌對策起見，我建議英、美兩國政府，應各指派軍政大員經常會商。蘇俄將在何處搆釁，及我方如何應變之各種詳細計畫，如蒙閣下贊同，即請指派代表，我亦將命英國參謀總部通知現在華盛頓之空軍元帥Lord Tedder與駐美英大使佛蘭克（Frank）在美商洽。此時暫時不必別國參加、對外亦請不必宣布[26]。」英國當時在聯合國安理會中操有7票多數之助力，此建議自不能不受到美國國務院之重視。7月10日艾契遜即逕覆英外相，將美國對韓對臺之政策坦白說明。其關於臺灣之一段，摘譯如下[27]：

---

24 同上，頁391-392。

25 按當時國際有一種傳說，謂1950年1月間中共進入聯合國之形勢本甚看好，安理會11國中，承認中共者已有5國（蘇、英、挪威、印度、南斯拉夫），法國、埃及亦已各有即將承認之表示，中共所需之7票似只是時間問題，但蘇聯代表馬立克忽於是月13日在安理會上提出排我會籍之案，投票結果，中共以1票之差未能入會。馬立克即步出會場，聲言非我駐聯合國大使蔣廷黻出會，否則不再到場。此後中共入會因無人提案，遂至消歇。蘇聯1月13日之舉措，表面上似為中共張目，實際上卻封閉了中共和西方國家接觸的門戶，使中共長扼於蘇聯的卵翼。此一評論，流傳甚遍。聯合國祕書長Trygvel Lie不特告之於英代表Alexander Codogan，且亦面告之於中共駐蘇大使王稼祥（見Trygve Lie，《In the Course of Peace》，頁250；亦見Robert R. Simmons，《The Strained Alliance》，頁82-92）。尼赫魯或尚未明此狀況，故猶執蘇聯堅持中共入會之說，其不能受到美、英兩國之重視者又如此。

26 同注6，頁314-315。

27 同上，頁351。

處理臺灣之辦法，分短期與長期。短期處理，即不使臺灣落入共產黨國家之手，免使臺灣成為出擊西太平洋之基地；長期處理，即將臺灣問題在對日和約或聯合國上和平解決。開羅宣言，美國並非不了解，但開羅宣言與波茨坦宣言時代之中國與蘇俄，均與今日情形不同。在亞洲情勢擾攘之秋，我們尚不願即將是島交予北平。

三、美國的猶豫

蘇聯代表馬立克（Jacob Malik）自8月分返會任主席，立即提案排除我國會籍，擬邀請中共出席安理會控訴美國入侵朝鮮，譴責美國侵略北韓[28]。美國則由艾契遜於9月20日向大會提出「臺灣問題案[29]」。其實臺灣問題案內容雖尚未提出，經由會外接觸，均知臺灣未來不出交還中共、獨立自主、聯合國託管三途[30]。後因中共參加韓戰，美國國會期中選舉共和黨獲勝[31]，致使杜魯門政策改弦易轍，自請提案緩議。

自上段可知，英國主張臺灣應按照開羅宣言，交予中華人民共和國，如未能立即實行，亦應及早宣示此原則為拉攏中共，避免為蘇聯利用。判斷英國的目的，一為保有香港，二為冷戰局勢下的權力均衡。8月24日，周恩來致電聯合國祕書長賴伊（Trygve Lie），控訴美國艦隊妨礙中共解放臺灣，實際上等同侵略了中華人民共和國領土[32]。而杜魯門總統則於8月30日在無線電廣播中提出有關韓戰的8項聲明，其中

---

28 1950年8月24日，周恩來致電聯合國祕書長，控訴美國艦隊妨阻中共「解放」臺灣，實等於侵略「中華人民共和國」之領土。見1951，《Document on International Affairs》，頁659，London ： Oxford University Press。

29 同注1，頁515。當時中華民國、蘇聯、捷克均表反對，但該案仍通過，交第一委員會，定於11月15日討論。

30 1950年3月1日，美英法3國外長會議在紐約舉行，美代表對於臺灣前途之長期處理辦法有4種：交還中共，臺灣獨立，聯合國託管，公民投票。英、法代表認為公民投票不易真正實行，英代表更認為臺灣獨立與開羅宣言不符。9月14日三外長親自出席，但仍未論及實際上之處理辦法。見F.R.U.S.，1950，vol.6，頁477-478、500-501。

31 美國國會期中選舉於1950年11月4日揭曉，民主黨在眾議院不但減去2/3的席位，多位支持國務院的議員如Tydings（參院軍委會主席）、Francis Mayers（民主黨紀律委員會主席）、Scott Lucas（民主黨國會領袖）皆告落選，而向來支持中華民國的參議員如Rverett Dirken、John Bucker皆連任。紐約時報名記者Arthur Krock指此為國務院的大失敗。見NOV.9 1950，N.Y.Y.。

32 劉紹唐，1973，《民國大事日誌》，頁853，臺北：傳記文學出版社。

針對臺灣部分提出[33]：「美國對於臺灣，絕無領土之野心。我前此對臺灣之措施，皆為各盟邦對日和約著想。韓戰結束後，第七艦隊自無再留臺灣海峽之必要。」

9月1日，英、美、法3國外長會議在紐約舉行，美方幕僚認為臺灣問題在長期處理上，有（一）交還中共；（二）臺灣獨立；（三）聯合國託管；（四）公民投票4種方案可供參考。但英、法代表認為公民投票不易真正實行，英代表更認為公民投票不符開羅宣言；9月14日三國外長親自出席，但仍未獲切實之處理方法[34]。在國府方面，葉公超外長立刻約見藍欽代辦，要求第七艦隊如將撤離，須與我事先商量，並責以艦隊在阻我反攻之餘，又可自由撤退，實陷我政府於兩難之地[35]。葉外長又謂中國向聯合國提出的控蘇案迄今未有動靜，然而中共控美卻立即進行調查，深望美國打消此議[36]。此外並令駐美大使顧維鈞訪魯斯克，以探究竟[37]。我駐聯合國大使蔣廷黻則告訴美代表，表示已接獲政府訓令，如美國在安理會提出11人委員會之臺灣調查案（此時美方擬以安理會之非常任理事國6人，加上澳洲、菲、巴西、比利時、巴基斯坦5國共11人，組織委員會赴臺調查，以作建議），中華民國將投反對票[38]。

1950年9月29日，尼加拉瓜向安理會提出「邀請中共代表出席安理會，以說明其控訴美國侵犯臺灣領土案」，竟得7票通過[39]，而我國要求以否決權計我所投之反對票卻遭反對[40]。我方從會外接觸，得知臺灣未來的處置不出（一）交還中共；（二）獨立自主；（三）聯合國託管等3項方案。值此危急之秋，中共於10月24日由毛澤東召集黨政首腦，議定介入朝鮮戰局[41]。而中共解放軍早已於10月13～20日之間，以15個

---

33 同注1，頁476。
34 茅家琦，1988，《臺灣30年（1949～1979）》，頁2，鄭州：河南人民出版社。
35 同注1，頁482。
36 同上，頁484、488-489。
37 同上，頁510-515。
38 同上，頁492-493。
39 同上，頁532。
40 UN Document: S/PV506。
41 同注6，頁1019-1020。其實早在1950年9月22日，我國防部已得「中共將以25萬人援助北韓，已在瀋陽各處招雇女工趕製25萬套北韓軍服，供共軍入北韓」之情報。見F.R.U.S.，1950，vol.7，頁765，據當時美國駐華代表藍欽致國務卿電文。

師的兵力渡過鴨綠江，正式介入韓戰[42]。

由於中共參戰，美國國會期中選舉結果民主黨大敗，使杜魯門政府政策改弦易轍。杜勒斯與美國駐聯合國首席代表奧斯汀會商之後，認為美方所擬對臺方案宜因應國際及國內情勢演變而付緩議，並於11月15日急電艾契遜請示，電文內容如下[43]：

關於臺灣之案，經48人兩日之討論，幾乎一致反對，羅斯福夫人與史帕克門參議員都主張應將開羅會議一段刪去，洛茲及柯普等又更進一步說：如案內不將「臺灣絕不交予中共」之辭意明白說出，美國輿論將皆不能接受！

我個人認為此案此時在聯合國大會提出，實甚不智。臺灣問題是富有敏感性的事情，國會與政府之間積有許多不同的意見，共和黨必以為政府會在下屆國會開幕之前，先將臺灣問題自政府手中移到聯合國大會手上，使他們無從貢獻其對臺之政策。自軍事立場言，目下中共已經參戰，我們正需臺灣作我們韓戰的側翼，何況中共得到「臺灣不致攻擊大陸」的保證之後，勢必移其防範臺灣之兵力專注於北韓，以擊聯合國之軍隊，於我並非善策，我與奧斯汀熟商之後，認為本案應予緩提。

艾契遜批准此案，當日下午3時，聯合國大會第一委員會開會討論，杜勒斯即席請求將美國提案緩予討論，經53票對0票通過[44]。中華民國的命運在1950年隨著中共介入韓戰，與國際強權考量各自利益下，逐漸因局勢轉變而趨安全。11月4日，艾契遜接到麥克阿瑟有關中共參戰的報告；8日，英國代表於安理會建議邀請中共代表出席安理會，聽取麥帥特別報告，得7票之同意[45]。但當中共代表伍修權、喬冠華等9人應安理會之邀於24日抵紐約之日，麥帥即下令總攻擊，戰至28日聯合國軍隊慘敗後撤[46]。1950年11月30日，杜魯門在記者會上對於使用原子彈的答覆，雖已十分謹慎，而

---

42 可參閱美軍部戰史處著，《朝鮮戰記——南至洛東江北至鴨綠江》。

43 同注1，頁572-573。

44 同上，頁573。

45 同注6，頁1107。

46 在戰況逐漸不利之際，麥帥曾多次建議臺灣的國軍參戰，但聯合軍事幕僚以深恐妨礙美國在聯合國的聯合陣線（因英、印度都反對）為由，不予批准。見F.R.U.S.，1950，vol.7，頁1253-1254。

英工黨國會則仍掀起軒然大波，逼使艾德禮首相作華府之行[47]。艾德禮此行固在說服白宮停止韓戰，其真意則在督促美國從事北大西洋公約的建軍。在聯合國軍隊戰況逆轉之際，向中共要求停戰自不能沒有代價，此代價不是香港，而是中華民國最後一塊土地——臺灣。從12月4～6日間，美英共舉行六次會談[48]。至第六次時，朝鮮前線已逐漸穩定，在此情形之下，自然不急於向中共磋商停戰問題，兩國首領乃結束會談，發表公報，公報內容提到臺灣問題可由聯合國和平處理，但必須顧及該島的戰略地位與居民的意見[49]。

　　1952年元旦，中共解放軍向南韓發動總攻擊，戰至1月7日，不但占領漢城，並將聯合國軍隊逐出70里。英國則促加拿大外長皮爾遜商諸美國，並提出：（一）停戰；（二）會商；（三）撤兵；（四）韓戰善後；（五）會商遠東各事宜。美國勉強同意，於是此案在1月12日於聯大第一委員會通過，但中共在17日拒絕接受，提出四原則之相對提案[50]。中共四點原則如下：

　　（一）談判須以外國軍隊退出朝鮮及朝鮮事務由朝鮮人自決為基礎。

　　（二）談判主要事項，須包括美軍退出臺灣、美艦隊退出臺灣海峽暨相關之事。

　　（三）談判國家應為中共、蘇聯、英、美、法、印度與埃及等7國。

　　（四）7國會議在中國舉行，其地點另行通知。

　　鑑於提案第二點原則與美方政治條件之主張衝突，加上美國國會反共聲浪（亦強

---

[47] 杜氏在記者會中表示美並不願見使用原子彈，又聲明美國法律規定只有總統有權使用原子彈，並未以此權轉委他人，但仍引起親共的英國政府大為緊張。

[48] 此6次會議紀錄可參見F.R.U.S.，1950年，vol.7，頁1316-1374、1392-1408；vol.3，1739-1743、1746-1758；vol.7，1449-1461、1468-1475。在會議中杜魯門認定中共為蘇聯附庸，並論蔣介石在美國依然有許多支持者，且重申臺灣戰略地位對美國西太平洋防線的重要性。時任陸軍部長的馬歇爾亦論及不可能找到一個與蔣具同等聲望的領袖，且蔣非腐化之人，只是受左右拖累。但英相艾德禮堅持以開羅宣言內容將臺灣交還中共，且聲明英人對於蔣介石及臺灣問題都毫無同情之心。

[49] F.R.U.S.，1950；vol.6，頁1476-1479，另在公告草稿上本有「美國承認中華民國」一語，但為艾契遜刪除；vol.3，頁1786-1787，可見美方在韓戰中協防臺灣，純粹基於戰略考量，在長期對華政策上，中共的「南斯拉夫化」將是美國最重要的期望及需求。

[50] 1951，《State Dept. Bulletin, 24. Jan 29.》，頁165-166。

烈抨擊國務院對中共之姑息）激烈，要求聯合國譴責中共為侵略者之提案，美眾議院和參議院分別於1月19日及23日通過[51]。雖然周恩來在28日告訴印度代表不得通過美國欲透過聯大的譴責案，否則將關閉朝鮮和平之門[52]；但聯合國經數日辯論，譴責案於2月1日以44票對7票及9票棄權的結果，成為聯合國正式的決議案[53]。

　　戰後中美關係伴隨著國、共內戰實力的消長，對國府產生最不利的變化，尤其是對華關係白皮書的發布，形同拋棄已處於內戰崩潰邊緣的國民政府。在1949年政府遷臺至1950年韓戰爆發之間，美國政府不僅在外部尋求代替蔣介石的人選[54]，在韓戰前後並曾考慮以中央情報局（CIA）組織暗殺蔣介石的陰謀計畫，在臺灣內部另行扶植他人[55]。而在北韓攻勢將達於頂點的那一周，根據魯斯克（時任亞太事務助卿）的密件，在臺灣的孫立人將軍傳來了一個訊息，他預備在北韓真正進攻的那個周末接管臺灣。但魯斯克不表同意，因為他不願見到除了韓國之外，另有一個處於革命狀態的臺灣，最後艾契遜也獲知此一訊息[56]。

---

51 82nd Congress Sional Record. 1st Session, A-29.

52 《Simmons, The Strained Alliance》，頁189。

53 請參閱王國璋，1984，United Nations on Chinese Representation: An Analysis of General Assembly Roll-Calls，1950～1971，Taipei: Institute of American Studies, Academia Sinica，Taipei III～1，頁40。

54 根據美國前駐蘇聯大使、紐約州長及甘迺迪總統時代的國務卿哈里曼一份極機密備忘錄記載，當年魯斯克在韓戰期間曾建議美國中央情報局（CIA）派員刺殺蔣介石，此外因國軍並未整訓，故魯斯克也始終反對國府捲入韓戰，並堅持蔣會給美國製造「很大的困難」。摘自1999年6月17日，《中國時報》，第14版。

55 在康明恩（Bruce Coming）所著《韓戰的根源》一書中說，魯斯克拜訪胡適與美國策動驅蔣政變有關，政變成功後將由胡適代蔣，但遭胡適斷然拒絕。見前揭文所轉載。而魯斯克在與其子對談的密件中，提到1950年7月24日與胡適在兩個半小時的晤談中，確實討論是否有人可以取代蔣介石，但他不承認企圖說服胡適領導一個自由反蔣的政府。見1994年12月23日，《聯合報》，第39版。

56 魯斯克對孫立人所傳來的訊息是既不支持放行，也不會令其受挫，因為當時美國對臺灣沒有影響力，並確定美國不會洩漏孫立人訊息的管道，見1994年12月23日，《聯合報》，第39版。而孫立人也在1955年8月20日被指控策畫武裝政變而遭軟禁，見1955年8月21日，《中央日報》。不過孫立人早在8月3日辭去參軍長一職時便已遭到軟禁，而國府也立即派人至美國尋求諒解。見中國社會科學院近代史研究所譯，1993，《顧維鈞回憶錄》，冊12，頁572-577，北京：中華書局。

然而不論美國杜魯門政府多麼期待中共的「南斯拉夫化」，以及對蔣介石政權的嫌惡與鄙視，因為中共參與韓戰，使臺灣納入了美國的防衛體系，並將中共視為敵人，尤其在1951年5月，聯軍在韓國戰場取得優勢後，杜魯門已決定了「保臺」及「不與中共政權妥協」的政策方向[57]。由於美國認為短期內不可能與中共結盟或改善關係，因此將臺灣納入其東北亞連結東南亞圍堵防線之一環，臺灣的戰略地位也因此提高了[58]，蔣介石在臺灣的政權基礎拜韓戰及冷戰之賜，逐漸穩定下來。

　　蔣介石在大陸軍事全面潰敗，撤退來臺前後，為了博得美國的好感與支持，在「對華白皮書」發表後，指派出身於美國維吉尼亞軍事學校（Virginia Military Institute），創下印、緬大捷的名將孫立人將軍來臺擔任防衛司令[59]，另外並在12月15日任命吳國楨擔任臺灣省主席兼保安司令[60]。孫立人是非黃埔系出身的清華大學畢業生，曾在二次大戰期間與美國合作，並深獲好評[61]；吳國楨則是美國普林斯頓（Princeton）大學的博士，在上海市長任內表現傑出，有中國的「La Guardia」之美名[62]。吳國楨的任命，便是陳誠報告此舉有助於爭取美援的情況下所進行的人事安排[63]。

---

57 張淑雅，1990年6月，〈美國對臺政策轉變的考案〉，《中央研究院近代史研究所集刊》，第19期，頁470-485，臺北：中央研究院近代史研究所。

58 張淑雅指出，「韓戰及其後中（共）美間的對峙，因此恢復臺灣大幅的軍、經援助，同時使得美國相信，他在東亞主要目標應為將共產政權的政治及軍事圍堵在大陸上」。張淑雅，1989年12月，〈杜魯門與臺灣〉，《歷史月刊》，第23期，頁79-80，臺北：歷史智庫出版公司。另可參考Chien-Kuo Pang，1988，《The State and Economic Transformation: The Taiwan Case》，Department of Sociology at Brown University，PH. D. Dissertation，頁83，亦有相同的觀點。

59 1949年8月31日，《中央日報》。

60 1949年12月16日，《中央日報》。

61 H. Boorman（ed），1970，《Biographical Dictionary of Republican China》，vol. III，頁166-167，New York: Columbia University Press。

62 同上，頁438。La Guardia曾任美國紐約市市長，是著名的政治家。

63 陳誠11月3日於臺灣美總領事館報告時指出，若臺灣能改革政治、經濟，美國可以援助，故決定自動改組省府，並請吳國楨擔任主席。見雷震，1949年12月24日日記，《雷震全集》，冊31，頁391-392，臺北：桂冠圖書公司。

關鍵的韓戰，扭轉了中、美之間的關係，除了第七艦隊防衛臺灣海峽，美援也大量湧入臺灣[64]。由於戰略地位提升，臺海安全鞏固，聯合國席次因中共被宣布為侵略者，使原本主張「會籍普遍化」原則的聯合國祕書長賴伊也改變立場，支持所有會員國都必須接受聯合國憲章第四條的規定——「愛好和平」的考驗，因此排除中共於聯合國之外[65]。國際法人格的確保、中美關係穩定，使蔣介石總統可以從事內部改革，除了已實施的土地改革之外，另一項中央有關中國國民黨的改造計畫，正式於1950年7月22日由中央常務委員會通過，即為「中國國民黨改造方案[66]」。蔣介石在安排改造委員會人事時，明確表示「過去在黨方面負過責任者，這次不必參加[67]」。這項改造計畫的成敗，將攸關中國國民黨以一個外部遷移政權，是否能在臺灣本地落地生根的契機，以及往後本土化的初步開展。

---

[64] 美國對臺灣援助時期（1951～1965），美援總額約達15億美元。其中約有2/3（不包括軍事援助）用於發展基礎設施與人力資源，其中用於純私營企業的僅6％。D. F. Simon認為臺灣當局是二次大戰後使用美援成功的範例，因為當1965年美援停止時，臺灣促進出口政策得以順利實行，外資也開始大量湧入，證明臺灣當局能夠處理自己未來的經濟問題。見韋艾德（E. A. Winckler）等著，1994，《臺灣政治經濟學諸論辯析》，頁202-205，臺北：人間出版社。

[65] 由於安理會各理事國將外交承認與代表權問題視為一體兩面之事，故未能解決中國代表權問題；而聯合國祕書長也因此怕共產集團退出聯合國，另組一國際組織與聯合國對抗，且他深信會籍普遍化原則，主張應讓中共入會。1950年3月8日，賴伊公布一份備忘錄，乃從法律層面，就聯合國代表權與會員國家間的外交承認問題做一說明，要點是：代表權問題的難以處理，是因會員國將外交承認與聯合國代表資格視為一體所造成，承認一個新的國家或新政府，是一國政府的片面行為……而一國在聯合國的會籍及其代表的資格，則由聯合國各機構團體集體決定的……至於代表權，則由各機構審查後投票決定各國代表的資格證書是否有效。請參閱UN doc. S-1466，March 9. 1950。

[66] 1950年7月27日，《中央日報》。16位中央改造委員分別為陳誠、張其昀、張道藩、谷正綱、鄭彥棻、陳雪屏、胡健中、袁守謙、崔書琴、谷鳳翔、曾虛白、蔣經國、蕭自誠、沈昌煥、郭澄、連震東。

[67] 雷震，1949年8月21日日記，《雷震全集》，前揭書，冊31，頁290。

第二節　韓戰對國、共兩黨的影響

在1950年的「黑暗一百天」裡，韓戰使臺灣的國府政權得以維繫與鞏固，第七艦隊就像一條緩衝橡皮墊，將雙方的衝突隔開。中華民國國軍既然短期內不會再對大陸沿海發動反攻作戰，於是中共原先部署在華南沿海的解放軍即調往東北，使兩岸局勢弛緩。

美國從韓戰中一改以往對中共的看法，在聯合國領銜以44票對7票決議中共為侵略者，並延遲與其建交30年之久。1950年7月28日，美國派藍欽為駐華大使館代辦公使前往臺北，7月31日，美國駐韓聯軍統帥麥克阿瑟到臺北訪問，霎時使臺灣的國際孤立感消失。

臺灣方面並同時展開「地方自治」、「耕地375減租」、「中國國民黨改造」、「勞保」和建立文官任用的「高、普、特考」等各項政策，創造出一個居全世界貿易第13大國、國民所得全球第26位、外匯存底高達800億的經貿「大國」，所以有人把韓戰譬喻為「國民黨的西安事變」。

對中共而言，參加韓戰使其無法遂行以武力解放臺灣的任務，但也獲得蘇聯更堅定的支持，因此可謂有得有失。茲分析有利部分[68]：

一、中共藉抵禦外侮的訴求，轉移國內人民對其統治的懷疑，並進行「鎮反革命」及加速「土地改革」的工作，利用群眾動員消除與控制各項政策的阻力。

二、徹底掃除1949年之前國府所營造的「親美反俄」政策，並代之以「親俄仇美」的態度。毛澤東後來說過，他的參戰是要使史達林相信雙方交好的意願，並證明自己並非「南斯拉夫的狄托」。

三、拔除地方桀驁勢力，加強中央對地方的控制。尤其是有「東北王」之稱的高崗、饒漱石曾與蘇聯因東北利益結合，暗中抵制中共中央，使其勢力無法進入東北。1949年中共政權成立前，高崗即以中共「東北人民政權代表」資格與蘇聯簽訂貿易協定，8月，高崗自任「東北人民政府主席」，儼然獨立成國，為毛所忌恨。如今中共

---

[68] 李明，1990年5月，〈中共介入韓戰的得失及影響〉，《歷史月刊》，前揭書，第28期，頁44-47。

因參戰而獲得蘇聯支持，1952年11月，藉參政及統一事權為由，高、饒被調至中央，1954年被整肅，史稱「高、饒事件」。

四、俄國將中長鐵路、旅順、大連兩港歸還，作為中共依附的回報，並以經濟、技術大量援助中共，刺激其國民經濟結構，使某些生產工業超越戰前水準，具體內容便是蘇聯為援助中共所設計的156項工業企業項目。

五、支持弱小國家反抗及打擊強權的舉動，使中共儼然成為第三世界「反帝反霸權」的代言人，對於提升其國際地位有極大作用。1955年中共即以新興第三世界領導者的姿態參加萬隆會議，自此投身不結盟運動，為世界政治投下巨大變數。

中共參加韓戰之不利部分：

一、無法遂行武力解決臺灣的既定目標，是中共介入韓戰的最大損失和遺憾。

二、逼使美國堅定執行「圍堵政策」（Containment Policy）。

三、聯合國以44票對7票，議決中共介入韓戰是侵略者行為，雖然其於1971年進入聯合國，但「侵略者」恥辱仍在，再加上「六四天安門事件」，對其國際形象的負面影響極大。

四、1954年美國與中華民國簽訂「共同防禦條約」（1979年因卡特政府承認中共而片面廢除），面對美國對臺灣的防衛承諾，使中共一直無法實現其攻臺的目標。

中共建政後，毛澤東立刻著手「百家爭鳴」、反右、總路線、大躍進、人民公社、土法煉鋼、文化大革命等一連串血腥整肅運動。這正反映毛對「異化」的恐懼，所以他與一般創業主最大的不同，在於其所追求的不是「秩序」，而是不斷的革命，唯有如此，才能保持毛心目中的純質性社會。故余英時認為毛澤東始終拒絕將「卡里斯瑪權力」（charisma）予以日常規範化，此即1949年以後毛生命中的核心問題。

余英時也同時指出，中國近代史上，求變的心態一直主導中國，以致不斷加快腳步走向極端的過程，成為20世紀中國思考方式的特徵。這種對革命的盲目崇拜，造成中國大陸現代化的障礙。而臺灣能夠完成現代化的目標，是因為臺灣社會沒有沾染革命的暴力。誠如60年前英國學者唐尼（R. H. Tawney）向中國所獻言的：「中國必須立足於固有的歷史和文化，對當前的條件重作發現和闡釋，才能找到符合她需要的動力。中國革命還沒有達到最起碼的成就，問題是如何把嶄新的政治活力化為實際的社

會制度，如何在中國的基礎上運用現代技巧進行建設[69]。」

第三節　韓戰後美國對華政策

一、杜魯門時期（1949～1952年）

在這段時期，美國對中國的態度是以下列三項問題為基本依據：

（一）中共是否能夠有效的控制大陸地區？

（二）在臺灣的國民政府是否能夠支撐亦或遭中共擊潰？

（三）視中、蘇共之間關係的演變，美國甚盼中共能夠成為亞洲的狄托。

在這些問題未獲完全解決前，美國態度便是坐待和觀望，此即「靜待塵埃落定」政策。

而國府與美國關係的改善關鍵，就是前節所述的韓戰。1950年7月28日，美國派藍欽為駐華代辦公使；1951年5月1日，美國軍事援華顧問團在臺灣成立，同時美國也恢復對華的軍經援助。5月18日，美國遠東事務助理國務卿魯斯克在一篇演說中，除強調中共已淪為蘇聯的附庸及中共不足以代表中國外，並且保證國府將得到美方重要援助與支持。

臺灣也由在韓戰前一個與美國重大利益「無關宏旨」的島嶼，一躍成為美國在整個西太平洋安全體系中，舉足輕重的戰略重地。然而這並不代表美國對華政策的基本精神有所轉變，純粹只是基於軍事考量，而非為支持中華民國而防禦臺灣。同時，前蘇聯外交官岡察洛夫（Sergi Goncharov）則認為史達林之所以願意升高朝鮮半島的戰爭危機，是預期美國和中共關係將會因此惡化，從而使毛澤東在往後更加依賴莫斯科[70]。

二、艾森豪時期（1953～1959年）

1953年2月1日，艾森豪總統在國情諮文中，解除臺海中立化政策，聲明第七艦隊不再用來防禦中共免於遭受國府軍事攻擊。4月2日，藍欽升為大使。這就是所謂「加強臺灣吸引力」的政策，要點可歸納為：擴大中華民國的政治影響；加強臺灣的軍備

---

69 1994年6月26日，《中國時報》，第10版。

70 Warren I. Cohen，1995年3月11日，〈Historiography of Chinese-American Relations，1945-1968〉，《第二屆「冷戰時期之美國」研討會》，頁10，臺北：中研院歐美所。

及安全措施；加強中美兩國的合作關係。

1953年，美國副總統尼克森（Richard M. Nixon）與國務卿杜勒斯相繼訪華，展現雙方合作的新頁。然而1954年中美共同防禦條約簽訂，卻也開始呈現美方對華政策的另一層態度。在有利方面，確認了中華民國政府的國際地位及臺、澎的安全；對美方而言，完成並鞏固美國在西太平洋防禦體系的最後一環，及其在亞洲的圍堵力量。就不利方面而言，這是一項防禦條約，美國可用來作為約束中華民國反攻大陸的工具。關中認為，中美雙方關係的實際效果進一步加強了「兩個中國」局勢的形成[71]。

1955年初的第一次臺海危機中，中共奪取一江山並威脅大陳島，美國遂於同年1月由國會通過「福爾摩莎決議案」，指稱中共如進攻臺灣外島，美國則視此種行動為進攻澎湖及臺灣之前奏，故將協防此等外島。1955年2月10日，大陳居民在中、美「金剛計畫」下，撤出14,483人轉往臺灣，蔣經國、劉廉一最後撤離，於13日抵達臺灣。1958年8月23日，中共砲轟金門，揭開了第二次臺海危機的序幕。美國面對此危機，不但以核戰威脅中共，同時供給外島國軍可發射核子彈頭的巨砲。然而兩次臺海危機，也使得美國與中共於1955年展開爾後正式溝通管道的華沙會談，同時不再視中共為一過渡性質的政權。1958年10月23日，杜勒斯訪臺時與中華民國政府達成一項共識，即在可能的情況下，不使用武力攻擊大陸，強調達成該項使命的主要方式為實施三民主義，而非採用武力。

柯亨（Warren I. Cohen）認為在艾森豪時代，儘管有中國遊說團和共和黨右派的壓力，但與前任杜魯門政府相較，對臺灣的同情及對中共的冷漠，在實質上是相同的。塔克（Nancy Bern Kopf Tucker）也認為艾森豪及杜勒斯並不信任蔣介石，一直擔心蔣氏會將美國拖入與中共的內戰。而蓋第斯（John Lewis Gaddies）、馬若孟（David A. Myers）及塔克等人都認為，艾氏政府已了解中共不再是蘇聯的附庸，並且有意追求自己的利益而走出獨立路線。事實上，艾森豪政府已經認為如果能將中共帶入國際經濟體系，將有助降低中共的革命熱情及其窮兵黷武的心態，因此開始減輕對中共的

---

71 關中，1971年4月1日，〈美國對華政策的檢討（1949～1972）〉，《東亞季刊》，2卷4期，頁9，臺北：國立政治大學東亞研究所。

經濟制裁，並發展與中共的經貿關係[72]。

三、甘迺迪、詹森時期（1960～1968年）

甘氏任期短暫，因其於1963年11月遇刺身亡。柯亨認為甘氏政治生涯中，由於受到中國遊說團的影響，始終患了「恐中共症」。不但在任內阻止任何有利於中共的新政策形式，同時還祕密向蔣氏保證，美國將動用否決權阻止中共進入聯合國。而章家敦（Gordon Chang）則進一步指出，甘氏畏懼中共發展原子彈，曾經考慮聯合蘇聯摧毀中共的核武設施[73]。

但在詹森總統（Lyndon Johnson）就任後，1963年12月12日，遠東事務助卿希斯曼（Roger Hilsman）發表所謂對中共的「門戶開放政策」演說，這是美國首度聲明以兩個中國為基礎，向中共尋求和解的風向球。接下來的數年中，也正是國際及美國內部姑息主義的高潮。

由於1964年10月中共首度核爆成功，及60年代中蘇共的分裂，國際社會對毛澤東又產生狄托式的幻想。次年，兩岸在聯合國入會表決時，首度以47對47票表決成平手，顯示中共的國際社會支持度上升。在這波姑息主義的高潮下，國務卿魯斯克於1966年3月16日眾院外交委員會亞太小組委員會中，聲明美國不打算以武力推翻中共政權，並承認中共在大陸建立了完整的政治權力。

其後，副總統韓福瑞（Hubert Humphrey）及國防部長麥納瑪拉（Robert McNamara）在演講中皆提出要與中共「搭橋」的主張。7月12日，詹森總統明白宣示美國政府對中共採行「堅定而有伸縮性的政策」，指出「合作」而非「敵對」為真正前途之所寄，但詹森最後終於認為所有美國謀求改善關係的建議，均已被中共拒絕。同時美國駐聯合國大使高德堡（Arthur Goldberg）亦透露：倘中共接受美國若干條件，美將不反對其進入聯合國，而國務院發言人麥考羅斯基（Robert J. MacGlosky）更不諱言美將在聯合國推動「兩個中國」的政策。關中認為，至此美國的中國政策，總算全部大白於天下了[74]。

---

[72] 同注71，頁12-13。
[73] 同注71，頁15。
[74] 同注71，頁14-16。

最後，由於臺灣及大陸皆不回應美國的政策，再加上中共爆發文化大革命及美國捲入越戰等問題，皆無暇他顧而不了了之。

四、尼克森時期（1968～1972年）

尼克森於1968年11月就任後，提出「以談判取代對抗」的口號，此為其改變美國政策的理論根據。1969年7月，尼氏在關島提出其亞洲新政策，歸納其要點為：

（一）美認為亞洲的和平與安全，今後應由亞洲國家自行負擔。

（二）美將遵守條約義務，但不再以作戰人員捲入亞洲糾紛。

（三）關於越南戰爭，將實施越戰越南化。

這就是所謂「尼克森主義」。然而亞洲和平最大的障礙就是中共，故尼氏不但積極尋求改善與中共的關係，也同時制定了「聯中（共）制蘇」的戰略架構。

1971年9月16日，尼克森總統宣布：「中華民國在安理會的席次由中華人民共和國取代，但中共入會的前提是不得排除中華民國在大會的代表權[75]。」同時，尼克森派遣國家安全顧問季辛吉祕密訪問中國大陸，洽商尼克森訪問中共的日期和議程。由於受到美國態度轉變的影響，10月25日聯合國大會投票表決時，我國以4票之差失敗而宣布退出聯合國。

1972年2月，尼克森訪問中共，發表「上海公報」。在公報中美國正式放棄所謂「臺灣地位未定論」，承認臺灣是中國的一部分。在公報中並未重申中美共同防禦條約，亦未表達美國協防臺灣之決心。此一公報可說是美國自1949年以來對中共的重大讓步，至於爾後卡特總統在1978年12月接受中共三大條件（斷交、撤軍、廢除中美共同防禦條約），則可說美國已從早期的「兩個中國」概念推展到「聯中（共）制蘇」戰略，一個中國即中華人民共和國的對華政策了。因此從尼克森時代的上海公報以來，歷經卡特在1979年的建交公報，以迄雷根總統於1982年與中共簽訂的軍售公報，架構了美國與中共的發展關係及規範。三公報的簽署背景及其影響請參見下表。

---

[75] President Nixon's News Conference of Sept. 16，1971，in Public Paper of the Presidents of the United States，頁950，1971（Washington D. C.: GPO，1972）。

美國與中共簽署三項公報一覽表

名稱	簽署時間	簽署背景	影響
上海公報	1972年2月28日	美國與中華民國尚未斷交，美國總統尼克森訪問中國大陸時簽署	1.美國首度聲明：美國認知到海峽兩岸中國人都認為只有一個中國，臺灣是中國的一部分，美國對此立場不提出異議 2.美國所奉行的「一個中國政策」，自此成形
建交公報	1979年1月1日	美國與中華人民共和國宣布建交 美國總統當時是卡特	公報中美國重申美國「認知」（Acknowledges）中國的立場，即只有一個中國，臺灣是中國的一部分 但首度表明「美國承認中華人民共和國政府是中國唯一合法政府」
817公報	1982年8月17日	美國雷根政府與中共簽署限制美國對臺軍售之公報。美、中共雙方是在1981年10月的數次會談後敲定公報內文，我方直到公報簽署前數天才得知此事	1.美國承諾對臺軍售之質與量逐年遞減。美國對臺軍售政策受到深遠影響 2.此公報在美國布希總統時代宣布售我F-16戰機後，形同具文 3.美國重申對臺6項保證，內容包括：美國對臺軍售沒有截止期限、不會和中國協商對臺軍售、不會作兩岸調人、不會修改臺灣關係法、對臺主權立場不變、不迫使臺灣與中國協商

第四節　結論

　　從韓戰爆發以來，美國純粹以軍事戰略為價值參考而協防臺灣。復因冷戰高潮中，美蘇的對峙，使得在臺灣的國民政府成為美國核子保護傘下的戰略盟邦。但是往後隨著中共在國際社會對我之挑戰，以及世界潮流和輿論推波助瀾的姑息主義影響下，美國不但逐漸重視中共的存在事實，亦終於在尼克森總統時代發展出「聯中（共）制蘇」的外交政策。

　　面臨美國外交政策和戰略利益的轉變，在臺灣的中華民國自然承受巨大衝擊和犧

牲。誠如中華民國前駐美大使胡適博士所言，只要中共繼續扮演「瘋子」的行為，則國府與美國將在利益上找到共同點，反之則有利於中共。關中也認為中美關係主要建立在美國需要的條件上，美國對華關係主要是建立於軍事考量，而非理想政治的基礎上[76]。而邵玉銘也指出，美國與中共之間為追求彼此「反蘇伙伴」的關係，在馬基維利式（Machiavellian）的手段下，終使在處理美中臺三角關係時最保守的中華民國，遭受外交的慘敗和國際社會的孤立[77]。

---

76 同注71，頁22。
77 邵玉銘，1987年8月15日，《中美關係研究論文集》，頁37，臺北：傳記文學出版社。

第四章　開明專制

第一節　自由中國事件

　　1950年3月22日，蔣經國擔任新近成立的國防部總政治作戰部主任。1952年11月，成立「政工幹部學校」，由於在軍中推展政治體制，造成當時陸軍總司令孫立人不滿，並與蔣經國發生衝突[1]。另一方面，蔣經國在1952年成立「中國青年反共救國團」，負責高中以上學校的軍訓，並成為高中行政體制的一環。其為動員青年學生與完成執政者政治社會化目標的重要組織，並推動以主義及領袖作為效忠的對象。然而救國團的成立卻引起省主席吳國楨反對，他消極的拒撥經費，因而引發蔣經國的不滿[2]。

　　1953年4月10日，吳國楨因與蔣經國發生衝突辭去省主席的職位，隨後即赴美不歸[3]；孫立人也於1955年8月20日被指控策畫武力政變而遭軟禁[4]。孫、吳二人的失勢，正反應出蔣介石總統的強人威權體制在臺灣建立。建構強人威權體制架構的要素如：軍中政戰系統、救國團、黨化教育等，都與《自由中國》雜誌的主張不同。嗣後雙方衝突益趨激烈，遂爆發1960年的雷震事件。

　　政府遷臺之後，50年代自由主義者的大本營是《自由中國》雜誌，該雜誌1949年11月20日於臺北創刊，雖然由胡適擔任形式上的發行人，但當時在美國的胡適並不能

1　陶涵（Jay Taylor），2000，《蔣經國傳》，頁233、234、253，臺北：時報出版公司。蔣經國推行政戰制度，引起包括孫立人、蔣緯國等高階軍事將領的反對。到了1957年，三軍共有17,139名政工人員，平均計算，國軍每35人中就有1人是政工人員，其中約86％曾到政工幹校受訓過，而他們的晉階也都由蔣經國親自批示。另外一些高級軍官（包括周至柔在內）也不滿蔣經國年方40，就高掛二級上將軍銜，握有大權。

2　雷震，1978，《雷震回憶錄——我的母親續篇》，頁83，香港：70年代雜誌社。

3　陶涵（Jay Taylor），前揭書，頁234-235。吳國楨在1952年向蔣總統反映「祕密警察無法無天，軍事法庭淪為笑柄」。而蔣經國則力促父親把吳調職。一場車禍後，在蔣宋美齡協助下，吳與妻子匆匆赴美。

4　陶涵（Jay Taylor），前揭書，頁252-253。由陳誠主持的調查委員會發現，孫立人在軍中「拉幫結派」，對下屬郭廷亮的陰謀也知情。不過，調查委員會亦表示，並沒有證據顯示孫立人是「陰謀的主要推動者」，委員會建議寬大處理。

經常回來，因此在「省政府新聞處的註冊上」，即註明雷震是發行人胡適的代表，雷震後來在回憶中即說「實際的發行人」由他擔任[5]。

雷震在政府遷臺之初，與蔣介石總統之間曾有一段蜜月期，他於1950年3月31日被聘為國策顧問，同年8月又被委任為國民黨改造設計委員會委員[6]，1951年更奉派赴港與滯留香港的反共人士接觸，代表總統慰問他們[7]。在這段期間，雷震於《自由中國》執筆，而文章內容涉及批評蔣介石的殷海光（任教臺大哲學系），被雷震以當時大環境需要擁蔣為由而退回，並表示「今日不能毀他，反共全靠他」[8]。

雷震當時推動自由中國運動有兩個基本目的：

一、雷震認為在與中共的戰爭中，在臺灣的國民黨應該聯合所有的反共人士來對抗共產黨[9]。

二、雷震反對國民黨內有主張「組織與作風必須仿照共產黨，才能對抗共產黨」的說法。他認為來臺後的國民黨「不可採用俄國辦法，須用民主政黨方式，且不可用二元辦法制定專任政綱政策，不可專喊三民主義，以免失信國人」[10]。但從爾後發展上來看，國民黨與雷震的理想及願景爆發嚴重的對立，並以雷震遭逮捕繫獄收場。

在《自由中國》的撰文上，由於雷震反對軍中設立黨部及學校設置三民主義課程[11]，引發蔣介石總統和蔣經國對雷震的駁斥[12]。而《自由中國》與當局正式爆發激烈衝突的導火線，正是刊登在第五卷五期（1951年9月1日出版）上的胡適來函，針對

5　傅正主編，1989～1990，《雷震全集》，第4冊，頁353-354，臺北：桂冠圖書公司。以下引用時，簡稱《雷集》；雷震，前揭書，頁60-61。

6　李敖，1988，《雷震研究》，臺北：李敖出版社。

7　《雷集》，第33冊，頁7。而早在前1年的10月，雷震即曾以調查《香港時報》發行量為由，赴港並順道拜訪反共「民主人士」。參見雷震1949年10月分相關日記。

8　《雷集》，第33冊，頁130。

9　同注8，頁21。雷震認為「今日團結反共人士，亦即團結他日共同建國之人士」。

10　《雷集》，第32冊，頁14。

11　馬之驌，1993，《雷震與蔣介石》，頁51，臺北：自立晚報社。但雷震並不反對軍中設立政治作戰部，在他看來，軍中黨部所能做的事，可由軍中的政工來進行。《雷集》，第40冊，頁55。

12　《雷集》，第33冊，頁70；張忠棟，1990，《胡適、雷震、殷海光》，頁76，臺北：自立晚報社。蔣經國曾當面批評雷震：「你們是受了共產黨的唆使，這是最反動的思想」。

「軍事機關」干涉言論自由所提出的抗議。這封信函引發國民黨改造委員會對雷震的公審[13]，保安司令部並給雷震1張傳票，要他到保安司令部軍法處出庭應訊[14]。

　　《自由中國》首創者之一的王世杰（時任總統府祕書長）也對《自由中國》刊登胡適的信而「對此甚為傷心」，他認為「臺灣今日風雨飄搖，受不起這風浪」[15]。雷震也因為老長官（王世杰）為此與他疏離，「心中感觸萬分，一日心中皆不舒服」[16]。其後，由於《自由中國》不斷批評政府，蔣總統於1953年下令免除雷震國策顧問一職[17]，王世杰亦勸雷震主動辭職，以免「在外面不好看」。雷震拒絕其建議，並認為這正顯示「蔣無容人之量」[18]。1953年11月17日，王世杰因「陳納德民航隊欠款案」被蔣介石免除總統府祕書長一職[19]。

　　胡適在返國參加國民大會選舉第2屆總統時，對王世杰被免職一事始終耿耿於懷[20]。因此，雖然有部分人士擬推舉他出馬競選副總統[21]，但蔣介石總統卻表示若提名胡適擔任副總統，他將感到「芒刺在背」[22]。1954年底，雷震因為《自由中國》刊載反對救國團、反對黨化教育的讀者投書，而被開除黨籍。與此同時，蔣介石在宣傳會報席上公開罵雷震「混帳王八蛋」，並指責雷震是美國武官處間諜、漢奸[23]。副總統陳誠亦於1955年1月11日司法節10週年紀念大會上，公開罵雷震等人為「文化流

13　同上，頁153；馬之驌，前揭書，頁180-190。

14　同上，頁154；雷震，前揭書，頁98。

15　同上，頁151。

16　馬之驌，前揭書，頁8；《雷集》，第34冊，頁20。1927年王世杰擔任法制局長時，聘雷震為該局編審，故王世杰為雷震之老長官。其中有極細微的描述，點出王世杰與雷震兩人疏離的始末。

17　《雷集》，第35冊，頁46。

18　同上注，頁50。

19　1953年11月19日、26日，《中央日報》。

20　同注17，頁247。

21　同上，頁221；許思澄，〈提議徵召胡適先生為中華民國副總統〉，《自由中國》，第10卷，第10期，頁19，臺北：自由中國社；朱半耘，〈響應選舉胡適之先生為副總統〉，《自由中國》，前揭書，第10卷，第4期，頁20。

22　同上，頁247-248。

23　同上，第38冊，頁4、6。

氓、文化敗類、製造矛盾、為匪張目、假借民主自由之名、投機政客、惡意攻擊政府」，並詢問「法律上有什麼方法可以對付文化敗類」[24]。

1956年10月，雷震與一些有其他主張的人士開始籌畫在《自由中國》上刊出一系列文章，針對國事提出意見。這個專輯便是日後連出13版的「祝壽專號」。第一篇是於1957年7月1日出版的第十七卷第一期的社論〈今日的司法〉，文中指出「今日臺灣的司法，比日據時代還不如」[25]。在這15篇文章中[26]，臺大哲學系教授殷海光執筆〈反攻大陸問題〉，在文中分析「反攻大陸」的勝算在相當時間內並不太大，也不可能「馬上就要回大陸」，因此提出「實事求是、持久穩健、實質反共」的原則[27]。在該系列文章的最後一篇〈反對黨問題〉中[28]，不顧當時的政治禁忌，要求成立一個新的反對黨。

針對《自由中國》對當時政治禁忌的挑戰，警備總部兩度提到將雷震案視為與中共勾結的叛亂案。根據《蔣中正總統檔案》中記載：「去年（1960年）6月，香港共匪統戰機構之『聯合評論社』，曾祕密集會討論雷震寄港之『奪取政權之策略』[29]；以及同年9月，發現匪諜劉子英係受雷震掩蔽潛伏工作[30]。」而蔣經國（時兼任國防會議副祕書長）[31]早已對《自由中國》的言論不滿，認其危及政局的穩定；1959年5月12日，蔣經國認為雷震的言論，「就是過去民盟與匪黨叛國行動的勾結」；同年12月

---

24 同上，頁12。

25 社論，〈今日的司法〉，《自由中國》，前揭書，第17卷，第1期，頁3。

26 薛化元，1996，《「自由中國」與民主憲政》，頁144-145，臺北：稻鄉出版社。這15篇文章，依次為：〈是什麼，就說什麼（代序論）〉、〈反攻大陸問題〉、〈我們的軍事〉、〈我們的財政〉、〈我們的經濟〉、〈美援運用問題〉、〈小地盤、大機構〉、〈我們的中央政府〉、〈我們的地方政制〉、〈今天的立法院〉、〈我們的新聞自由〉、〈青年反共救國團問題〉、〈我們的教育〉、〈近年的政治心理與作風〉、〈反對黨問題〉。

27 社論，〈「今日的問題」(二)：反攻大陸問題〉，《自由中國》，前揭書，第17卷，第3期。

28 1958年2月16日，《自由中國》，前揭書，第18卷，第4期，頁3-4。

29 《蔣中正總統檔案》軍事類，第097卷，黃杰（警備總司令），〈偽臺獨陰謀武裝叛亂全案偵破經過報告書〉（1961年9月29日）。

30 同上注，098卷，黃杰（警備總司令），〈臺灣警備與治安檢討報告書〉（1962年2月13日）。

31 1955年國防會議成立，蔣經國擔任副祕書長。

7日，蔣經國在國家安全會議中指示：「本黨同志應對雷震（儆寰）言論提出嚴正的駁斥。」1961年2月23日，蔣（經國）副祕書長主持情治座談時指示：「對於雷震之《自由中國》言論，軍中與學校受其影響很大，各單位黨員同志，應採取處置，尤其雷震反對總裁連任案，無視黨國存在，表示雷震與黨匪勾結行動已經違法，各單位應提出步驟與辦法，解決問題[32]。」至於雷震方面，則正在考慮與那些人士進行組黨合作的相關事宜，殊不知大難將至。

在《自由中國》的編委中，有人反對和民社黨及青年黨合作，「因兩黨聲譽太壞，過去參加政府，只想分一杯羹」[33]。在這些自由派人士心目中領導反對黨的最佳人選，唯有胡適一人，因為雷震相信胡適「本土化」最深，不但臺灣本省籍人士認同他為鄉親，胡適也是以臺灣為其故鄉[34]。在胡適來函婉拒後[35]，雷震考慮與本地人合作，但主張「臺灣地方主義之黨，我們不應參加」[36]。雷震認為：「必須楊肇嘉、吳三連參加，僅有楊基振是搞不好的，亦不可有地方主義。必須內地人和臺灣人合起來搞，以免有偏差[37]。」1960年5月，在省議會選舉之後召開了「在野黨及無黨派人士本屆地方選舉座談會」，決定組織「地方選舉改進座談會」，籌組新黨的行動積極展開。6月26日，選舉改進座談會召開第一次委員會，選出李萬居、雷震、高玉樹為新黨發言人[38]。7、8月間，籌組新黨的人士在全臺召開一系列巡迴座談會，而政府也開

---

32 張友驊，1989年7月30～31日，〈雨田專案：組不組黨都抓？一名情治將領對雷震案日記〉，《自立早報》。「雨田專案」是指1959～1960年逮捕雷震的工作小組代號。

33 《雷集》，第39冊，頁150-151。

34 同上，頁346；李敖，1979，《胡適評傳》，頁53、55，臺北：遠景出版社。早在大陸尚未淪陷前，已有臺籍知識分子欲以鄉親之情邀請胡適來臺，接掌臺大的聲音。中國社會科學院近代史研究所中華民國史研究室編，1983，《胡適往來書信》，下冊，頁226-229，香港：中華書局香港分局。

35 胡適致雷震函，〈從未夢想自己出來組織任何政黨〉，《雷集》，第30冊，頁359-362。

36 同上，第39冊，頁287。

37 同上，第39冊，頁299。雷震堅持楊肇嘉及吳三連參加的理由，主要是這兩人在日據臺灣時代都有所謂「反日」的紀錄、曾反對臺灣總督府所提「臺灣米穀輸出管理案」，也都有居住在中國大陸的經驗，因此他們在「抗日」與「中國」的情結及經驗上，與雷震等外省籍人士容易產生共鳴。張炎憲等編，1990，《臺灣近代名人誌》，第5冊，頁121-122、153-155，臺北：自立晚報出版部。

38 李筱峰，1987，《臺灣民主運動40年》，頁74-76，臺北：自立晚報出版部。

始進行壓制行動，情治單位轄下的「雨田小組」則早在雷震等人反對蔣介石3連任時便已經成立[39]。7月31日，《新生報》南部版用大標題在封面上登載「共匪支援新黨」的消息。9月4日，雷震及《自由中國》編輯傅正（參與新黨籌備）於住處被捕[40]，隨即被正式以「知匪不報」的罪名起訴[41]，而籌備中的新黨──中國民主黨，也在雷震被捕判刑後不久逐漸銷聲匿跡[42]。

《自由中國》事件對當時的政壇造成若干方面的影響，可分成幾點進行分析：

一、蔣經國掌控情治單位

陳誠於1948年接任臺灣省政府主席，不久，同時兼任臺灣省警備總部總司令與國民黨臺灣省黨部主任委員，行政院又電令政府駐臺各機構聽命陳誠，使陳誠總攬臺灣黨、政、軍大權[43]。雖然在臺各情治單位名義上的首腦是陳誠，但實際上卻是由蔣中正直接遙控。例如國防部保密局局長毛人鳳，在1949年「報請陳主席成立偵防總隊，由本局負責處理」時，經過兩個月仍然「未蒙批示」，毛人鳳只好直接向蔣中正請求，最後由蔣任命該局人員為臺灣的警務處長與緝私處長[44]。蔣氏父子來臺後，為了擴大1949年7月成立的「政治行動委員會」功能[45]，將該會附屬單位之一的書記室更改

39 《雷集》，第40冊，頁272。

40 薛化元，《臺灣歷史年表──終戰篇I》，頁342，臺北：業強出版；1960年9月5日，《中央日報》；1960年9月5日，《臺灣新生報》。

41 同上，頁342；1960年9月7日，《中央日報》。

42 李筱峰，前揭書，頁82。在1961年舉辦的第5屆縣市議員選舉中，中國民主黨籌備會尚推派包括郭雨新、李萬居等人在內的助選團，為全省新黨人士助選。但自此逮捕事件之後，新黨的活動就消失了。

43 李宗仁、唐德剛，1988，《李宗仁回憶錄》，頁621，香港：南粵出版社。毛家琦主編，1988，《臺灣30年》，頁1、2，鄭州：河南人民出版社。

44 《蔣中正總統檔案》軍事類，第010卷，毛人鳳（保密局前身為軍事調查統計局），〈呈為臺灣對匪偵防工作加強部署擬請准臺灣警務處及緝私處均由本局掌握運用，並擬保幹員擔任處長，可否乞核示由〉（1949年8月22日）（承辦機關號次：皇團臺241號）；孫家麒，1961，《蔣經國建立臺灣特務系統祕辛》，頁22，出版者不詳。

45 政治行動委員會的委員網羅了所有在臺的情治首長如唐縱、鄭介民、毛人鳳、葉秀峰、毛森、陶一珊、彭孟緝、魏大銘等人。但當時蔣氏父子均在大陸，政治行動委員會由蔣中正指定侍從祕書、軍統出身的警察署長唐縱負責。黃嘉樹，1994，《國民黨在臺灣》，頁217-218，臺北：大森出版社。陳雪奇、江峰，1986，《軍統教父：毛人鳳》，頁286，鄭州：河南人民出版社。

為由蔣經國負責的「總統府機要室資料組」，而蔣經國就該組「指導協調」各個情治單位。蔣經國遂藉著總統府的名義，成為臺灣的太上情治單位領導人[46]。1953年，情治工作在名義上的隸屬關係如圖一。

圖一　1953年各情報治安機關隸屬與工作關係

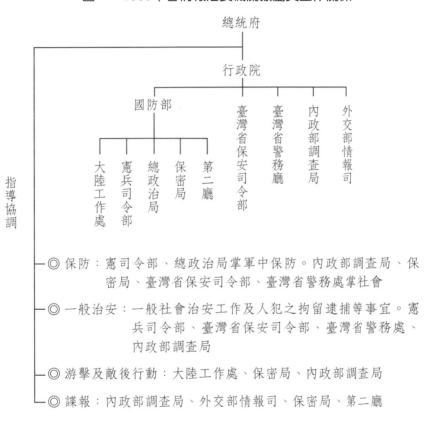

資料來源：《蔣中正總統檔案》軍事類，第013卷。

1955年國防會議成立後，蔣經國即擔任該會負責情治工作的副祕書長，下設尚未法制化的國安局，國安局因此成為各情治單位的太上機關，蔣經國可藉國安局繼續掌控各情治單位的業務、人事與預算[47]。在蔣介石倉皇辭廟、渡海來臺而驚魂未定之際，對於「忠貞」及「反共」的用人原則自是重視，而大陸淪陷前後，由於情治人員叛變投共者最少，故被蔣介石視為最忠誠的部屬[48]。蔣經國承蔣介石之命，可說是臺灣情治之首腦或實際負責人之一。

陳誠在臺灣雖然是僅次於蔣總統的第一副手，但情治工作卻似乎不是其所能介入的範圍。陳誠在第一任行政院長任內（1950年3月～1954年5月），曾對同仁表示感受到強人威權建制的壓力，而1954年自由主義派擬推胡適競選副總統一事，就某種意義上，是希望藉胡適保護陳誠[49]。然而，陳誠之所以感受到強人威權的壓力，是因陳誠較傾向自由主義派的開明作風而反對高壓統治？還是因蔣經國掌握國內的情治系統而對陳誠自身的地位構成嚴重威脅？

---

47 漆高儒，1998，《蔣經國評傳——我是臺灣人》，頁175，臺北：正中書局；高明輝、范立達，1995，《情治檔案——一個老調查員的自述》，頁136-138，臺北：商周出版。

48 陶涵（Jay Taylor），前揭書，頁208。根據美國中央情報局報告指出，毛澤東情報單位一心想滲透國軍軍事單位，尤以海、空軍為主要目標。當時國軍高級軍官因涉嫌匪諜案而被捕遭槍決者有：副參謀長及其妻子、兵役處長、國防部次長、陸軍供應部司令以及第70師師長。故這些安全工作的重要，繫於情治單位的偵防及對蔣介石的效忠。1950年1月，情治機構逮捕中共臺灣省工作委員會書記蔡孝乾（1908～1982，曾參加中共「長征」）、副書記陳澤民、臺省工委武裝部長張志忠、宣傳部長洪幼樵相繼被捕，並循線逮捕國防部參謀次長吳石、聯勤司令部中將陳寶倉、上校聶曦、中共華東局敵工部特派員朱諶之等人，高等軍事法庭審判長是曾任孫中山大元帥府參謀部副官的蔣鼎文上將，6月9日下午，上述4人在臺北近郊馬場町槍決。而蔡孝乾則因全盤供出所有「潛伏者」名單，官至總統府國安局少將參議。參閱鄭義，〈吳石為什麼槍決二十三年後才追認烈士〉，載《傳記文學》，第95卷第一期，頁38-47。

49 薛化元，《「自由中國」與民主憲政》，前揭書，頁113；蔣勻田，1976，《中國近代史轉捩點》，頁260，香港：友聯出版社。

陳誠與蔣經國在大陸時期，即曾因「三青團」的人事問題而起了衝突[50]，而政府遷臺後，政府一些祕密或重大政策都有蔣經國的介入[51]，兩人的心結可能因此逐漸加深。在雷震的《自由中國》事件中，由於外界壓力，使蔣介石遲遲無法採取斷然手段懲處雷震，直到雷震婉拒出任駐日本大使，並在1960年3月22日國民大會代表選舉總統時，除公然投下反對票，且在選票上簽下「雷震反對」4字，蔣介石才決定授權蔣經國指揮情治人員「用逮捕囚獄的方式，處理雷震問題[52]」。

《自由中國》事件發生後，有資料指出當局不滿陳誠處理的態度[53]。1959年3月份，雷震因被告偽造文書一事出庭應訊，蔣介石針對此事，於宣傳會報上親自點名王世杰（時任政務委員）與胡適「不要干涉司法才好[54]。」而王世杰正好為陳誠延攬入閣。從陳誠仍在1960年與蔣介石連任正、副總統一事來看[55]，其政治接班人的地位仍未受《自由中國》事件影響，但是蔣經國手握情治大權，已具有與陳誠在權力結構上分庭抗禮的實力。

二、與本土力量結合

雷震與自由主義派人士大多為外省籍，在籌組新黨之初，雷震首先考慮的領導人選，即為本土化較深，且對臺灣本土政治人物籌組反對黨始終抱持關心立場的

---

50 同注47，頁216。1946年9月，三民主義青年團第二次全國代表大會在廬山舉行。蔣經國當選中央常務幹事兼第二處主任，負責組訓工作，團書記是陳誠，代陳主持工作的是郭驥，代表蔣二處工作的是俞季虞（與蔣係留俄同學）。郭、俞間不協調，就成為陳、蔣之間的不合作與衝突之始。

51 陶涵（Jay Taylor），前揭書，頁270。在當時絕大多數觀察家的心目中，蔣經國是臺灣第一號最有權勢的人物。

52 同注32。

53 王景弘，2000，《採訪歷史——從華府檔案看臺灣》，頁195-296，臺北：遠流出版公司。陳誠在雷震被捕前，曾針對反對黨問題發表溫和公開聲明指出，只要反對黨不是「軍閥、地痞、流氓的政黨」就可以成立。此舉讓政治觀察家嚇了一跳，因為這番話被解讀成——雷震得到綠燈，可以通行。1960年6月4日，《紐約時報》；薛化元，《臺灣歷史年表——終戰篇I》，前揭書，頁336。

54 《雷集》，第40冊，頁50。

55 薛化元，《臺灣歷史年表——終戰篇I》，前揭書，頁332。

胡適[56]。在雷震心目中，胡適是最佳人選，「以胡適先生出來領導，就這一方面來說，可以消滅臺灣和內地人之隔閡，並且可以減少流血[57]」。胡秋原在籌組新黨之際，也曾對雷震表示「胡（適）先生不搞，雷某（雷震）一定要搞。雷某不搞，臺灣人一定要搞。胡先生和雷某搞，總比臺灣人搞為佳[58]」。不論是雷震或是胡秋原等外省籍自由主義派人士，他們心中對與本省籍人士合作到底有何顧忌呢？考慮的原因主要有兩點：

（一）絕對不能有所謂的分裂主義（或地方主義）主張者加入，因為他們彼此對中國的認同有所差異[59]，且從事分裂或地方主義會馬上遭到政府全面封殺。尤其以本省籍占大多數的臺灣社會而言，以外省人為核心的統治集團勢必讓人無法忍受[60]。

（二）1960年蔣介石總統第三次連任前夕，雷震問胡適「今後怎麼辦」，胡適明言「只有民青兩黨、國民黨民主派與臺灣人合組反對黨」，不過胡適也明言他不願加入這個反對黨[61]。雷震十分清楚與本省籍人士合作的必要性與正當性，一些本省籍人士如楊肇嘉、吳三連，與1960年決定組織「地方選舉改進座談會」而被推舉為新黨發言人的李萬居、高玉樹等人，或許正是雷震心目中符合其中國認同觀並具備民意基礎

---

56 胡適曾經主張在臺灣召開類似美國制憲會議的政治會議，來解決中華民國既有憲政體制的根本問題。薛化元，1990年7月，〈陽明山會談〉，《歷史月刊》，第30期，臺北：歷史智庫出版公司。另外，胡適在為臺南市永福國小（胡兒時故居舊址）的林校長題字時，留下「惟桑與梓，必恭敬止」，充分流露其對臺灣的感情。李敖，1959，《胡適評傳》，頁52，臺北：遠景出版社。

57 《雷集》，第39冊，頁346。

58 同上，頁324。這也反映來自中國大陸的自由主義人士心目中的政黨，並不是以地方選舉及臺灣政治人物為核心的政黨。

59 雷震因此意識到，推動新黨首要「不使大陸來的人心生恐懼」，這也顯示在組織及推動新黨工作時大陸人的疑慮。如劉博昆認為「臺灣人起來了，不好辦，將來很難受，我（劉）是不會參加的」，王新衡也反對雷震和臺籍人士「搞在一起」。《雷集》，第40冊，頁323、367。

60 蔣經國對雷震等人採強硬立場，美國駐華大使莊萊德分析蔣的心態或許是認為「如果一個有效的政治反對黨可以成立，它無可避免會變成一個臺灣人的組織，把國民黨勾畫成是外省人主導的政黨……在乾淨的選舉中，國民黨似乎注定必敗無疑」。臺北美國大使館1960年10月7日電文，《美國外交關係文件》，第19卷，頁725-726。

61 《雷集》，第40冊，頁270。

的省籍合作對象。

　　臺籍人士中的楊肇嘉與吳三連為何符合雷震的條件呢？楊肇嘉及吳三連分別出生於1892年和1899年，皆成長於日據時期「文化協會」等社會抗爭運動最積極的20年代，且都因從事反對臺灣總督府政策的活動而轉往中國大陸（日人占領區）行商，並在日本投降後才陸遷回臺灣。楊肇嘉在吳國楨任省政府主席時，被延攬為省府委員兼任民政廳長，爾後長期任省府委員（迄1962年，後被蔣介石總統聘為國策顧問）。而吳三連返臺後，先後當選為臺南縣第一屆國民大會代表（1947年），1950年2月6日，獲省主席吳國楨推薦，任省府委員兼臺北市長，爾後又當選民選市長（1951年）[62]。在籌組新黨時，吳三連是17名召集委員之一[63]。

　　從以上背景分析，兩人都曾在吳國楨擔任省府主席時，被延攬至省府團隊工作，而吳國楨又被視為開明派人士。楊肇嘉及吳三連皆為對日本總督府抗爭的時代青年，不但有抗爭紀錄，也有移居大陸的「中國經驗」。吳三連在1951年獲得民選臺北市長的提名，並在蔣介石總統指示情治單位的助選下當選。彭孟緝曾針對選情向蔣介石報告：「此次上下一致遵循總統指示，助選吳三連為臺北市長，情形良好[64]。」

　　在此分析籌組新黨（中國民主黨）工作的兩位臺籍發言人——高玉樹和李萬居的背景。李萬居出生於1902年，年幼家貧，母不堪日警威脅納租稅的重擔而自殺。1923年赴中國大陸並擔任軍事委員會國際關係研究所少將專家，日本投降後返臺。1946年5月1日當選為省參議會副議長，同年10月又被選為制憲國大代表。爾後，其所創辦的《公論報》享有臺灣《大公報》盛譽，然而令政府頭痛的不僅是《公論報》對時政的犀利批判，其本人在省議會的表現亦獲得故鄉雲林縣父老熱烈而廣泛的支持，連連高

---

62 張炎憲，前揭書，第5冊，頁121-122、153-155。

63 同上，第2冊，頁170。召集委員除了吳三連以外，另有李萬居、高玉樹、雷震、夏濤聲、郭雨新、齊世英、李源棧、楊毓滋、石錫勳、王地、郭國基、楊金虎、謝漢儒、許世賢、黃玉嬌等共17人。

64 《蔣中正總統檔案》軍事類，第013卷，彭副司令孟緝報告，〈第二十九次星期五會報紀錄〉（1951年1月19日11時）（極機密第一號）。然而在1951年前，吳三連曾被情治單位懷疑可能參加臺獨活動，情治單位甚至欲羅織他的罪名。黃紀男、黃玲珠，1991，《黃紀男泣血夢迴錄》，頁267-275，臺北：獨家出版社。

票當選。1957年，李萬居和同屆當選的吳三連、郭國基、郭雨新、李原棧、許世賢等因發言質詢鏗鏘有聲、砲火猛烈，而被喻為議壇「五虎一鳳」[65]。

吳三連、楊肇嘉、李萬居3人都有與日人仇恨或對抗之背景，也都有中國經驗；返臺後，在公職生涯中也都屬於民主自由派並具有民意基礎。高玉樹則有「美國背景」撐腰，在1954年臺北市長的選舉中擊敗國民黨候選人王民寧，在某高階警官到法院控告高玉樹「賄選」而「當選無效」時，雖然警政署長唐縱請示蔣經國裁決，但蔣介石考慮可能引起民間反彈及美國介入，批示唐縱勸告該警官撤回告訴，使高玉樹順利當選[66]。

高玉樹在籌組新黨時，曾公開宣稱其目標是：「我們不打算也不計畫在中央政府內爭取權力，我們只想與主持選舉的低級國民黨員一較長短。他們曾操縱選舉，並造成人民間的最大不滿情緒。國民黨要贏取地方選舉的勝利，由於他們怕地方選舉的失敗，將使我們的外國友人認為中國政府失掉人民的支持。我們不要革命，我們不計畫像韓國人那樣用暴動或任何劇烈手段攫取政權，我們百分之百擁護政府的反共政策，我們支持政府反攻大陸的政策，但是我們不贊成國民黨的一黨統治，那是極權[67]。」由高玉樹的談話中，我們了解雷震與這些本省籍政治人物在某些關鍵理念上是非常契合的，那就是在既有體制下（國民黨政府）從事政治改革運動，但絕對不是體制外顛覆或革命運動。而其中所謂的省籍情結（衝突），也不是抗爭的手段或議題。

三、體制內反對運動的失敗

---

65 張炎憲，前揭書，第2冊，頁164-176。

66 李世傑，1989，《特務打選戰》，頁49-61，臺北：敦理出版社。王民寧出身黃埔軍校，曾任蔣中正官邸侍從武官、臺灣警備總司令部處長與臺灣省警務處處長之職，在參選時任總統府中將參軍。在1961年被情治單位命名為「鎮平專案」的雲林縣議員蘇東啟策動軍人武裝叛變一案，在調查結束後，主謀有：高玉樹、郭雨新、許世賢、蘇東啟、許竹模（青年黨籍律師），而「以高玉樹及郭雨新」為幕後。事後，只有蘇東啟因與「臺獨叛亂」活動成員在雲林縣有往來，被警總以「涉嫌叛亂」逮捕及判刑，5人小組之一的許竹模則被檢舉為「從事臺獨活動」，但其他人士並未被逮捕，且蘇東啟曾一再對參與人員說「高玉樹是美國在臺灣的情報局人員，國民黨不敢動他……並可因此擔保大家安全等語」。黃紀男、黃玲珠，前揭書，頁376。

67 《雷集》，第3冊，頁180。

在《自由中國》事件中，由於當局只逮捕雷震及傅正等外省籍人士，李萬居便在10月17日的聲明中表示：雷震案的作用之一，就是國民黨政府「威嚇大陸人今後不敢與本省人合作搞政治運動」，但國民黨的這種做法「阻嚇不了大陸人與本省人共同攜手合作，以推進民主愛國的運動[68]」。高玉樹也認為在籌組「中國民主黨」時最大的特徵，就是沒有地域觀念[69]。高玉樹當時經由雷震告知胡適曾私下面見陳誠，陳誠說只要反攻大陸目標一致，國民黨不會不歡迎在野黨，這在籌組新黨一事上，等於獲得陳誠的背書[70]。美國駐華大使莊萊德在《自由中國》事件發生後，曾與臺北當局討論南韓大統領李承晚遭到政變時美國的立場，而臺北堅信這是美國勢力介入的結果，而且不同意美國的立場。因此莊萊德不願再與臺北當局討論南韓政變的意義，也避免與陳誠討論該事，因為「可以確定的，他知道我們的立場；但他除了支持他的領袖之外別無選擇。他的政治地位最近顯得不穩，如果他支持我們的立場，那他的地位更難保，依我的看法，他替美國人說話的機會幾乎是零[71]。」

從莊萊德對美國國務院的報告中，很顯然的說明陳誠在蔣介石總統的威權體制下，本身自主性受到束縛，也由於陳誠與胡適、蔣勻田、王世杰（時任政務委員）等人的交往，而觸怒了中樞領導的敏感神經。從莊萊德的報告中，也說明美國的重大政策只會與蔣介石討論，不會也不敢與陳誠單獨溝通，因為陳誠無法挑戰蔣介石的威權。張群時任總統府祕書長，也告訴莊萊德，雷震等人被捕事件是在政府的安全系統敦促下，由蔣介石總統下令鎮壓及逮捕。而蔣經國在取得他父親的同意所採取的行動

---

68 李筱峰，1987，前揭書，頁81-82。
69 1989年8月21日，《聯合報》。
70 同上。
71 王景弘，前揭書，頁295-296。

中，扮演了積極的角色[72]。

《自由中國》事件爆發於1960年9月4日，10月8日雷震以包庇匪諜罪被判刑10年，傅正交付感化3年（實為9年）[73]，而陳誠內閣也於同年局部改組，連震東（內政）、沈昌煥（外交）、黃季陸（教育）、鄭彥棻（司法行政）、沈怡等5人入閣，取代田炯錦、黃少谷、梅貽琦、谷鳳翔、袁守謙[74]；其中連震東、沈昌煥、鄭彥棻3人出身中央改造委員。雖然陳誠的好友梅貽琦被取代，但仍看不出內閣整體變動對陳誠的影響，反倒是連震東以第一位臺籍人士身分接掌內政部，或可視為政府逐漸重視內閣中省籍平衡的一個端倪。

1959年行憲後第二任總統任期屆滿，按憲法規定，總統不得連任[75]。此時，陳誠呼聲極高，但有研究指出當時以蔣經國為首的「太子系」在黨內積極活動，以金門局勢緊急為由，要求修改憲法，以便蔣介石連任。當時胡適等人曾面見陳誠，建議陳誠與蔣介石對話，說明利害，要求蔣介石公開表態，但遭陳誠拒絕。陳誠認為蔣不會將總統職位交予他，也不宜與蔣就三連任之事進行對話，否則將有如「逼宮」之舉[76]。

總之，陳誠在施政上必須配合蔣介石的指揮，也沒有足夠的權力挑戰蔣總統[77]。

---

72 同上，頁296。根據國史館的解密資料，當時雷震案主要是反對蔣介石延長任期，高唱反攻無望論和準備組黨而被捕入獄，蔣永敬教授認為「反攻無望論」是被逮的導火線。1960年10月8日宣判當天，蔣總統指示「刑期不得少於10年」、「複判不能變更初審判法」。見2002年9月4日，《聯合報》，第2版。

73 楊碧川，1988，《臺灣歷史年表》，頁86，臺北：自立晚報出版社。

74 薛化元，《臺灣歷史年表——終戰篇 I》，前揭書，頁334。

75 憲法第49條之規定：「總統副總統之任期，均為六年，連選得連任一次。」亦即限制總統做兩次以上連任。

76 方知今，1995，《陳誠大傳》，頁422，臺北：金楓出版公司。

77 陳誠雖然是國家的副總統兼行政院院長，也是中國國民黨的副總裁，但憲法第36條規定：「總統統率全國陸海空軍」，另在1950年3月15日總統命令中，「對參謀總長及國防部長權責畫分很清楚，即明令軍令全屬於統帥系統」，而參謀總長為總統幕僚長。隸屬於行政院的國防部長則掌理軍費的籌畫、軍事的編制、軍隊的徵集、軍隊的訓練、給養、退役、撫恤等事項。另依據國防參謀本部組織法第9條規定：「參謀總長，在統帥系統為總統之幕僚長，總統行使統帥權上，陳誠關於軍隊之指揮，直接經由參謀總長下達軍隊」。故在實際上黨、政、軍、情治大權上，陳誠是不足以與蔣總統對抗的。楊敏華，1990，《中華民國憲法論》，頁138，臺北：長弘出版社。

而在當選連任之後「蔣／陳」體制仍繼續運作，至於陳誠能否順利接班，雖然有憲法的保障[78]，但最後的關鍵在於蔣介石是否支持與客觀環境的變化。

第二節　臺獨運動挑戰

1960年，《自由中國》事件落幕，象徵一群以大陸省籍為核心的自由主義知識分子，從事體制內改革運動的失敗，其結果是以臺灣省籍人士所領導的反對運動展開，其對體制的衝撞及「中國」意識型態的挑戰，是國民黨須逐漸面對的事實[79]。

1964年，在國際關係和國內政治方面的連串不利發展，對國民黨的政權構成一定程度的挑戰。在外部的國際關係方面，該年法國承認中共，且中共核武試爆成功[80]，不但使我在聯合國的席次因法國及法語系非洲國家轉向中共而大受影響[81]，且中共核武試爆成功前後，也使蔣介石有所戒心，而有加緊說服美國之行動。蔣介石曾經許諾1963年是「反攻年」，並逐漸認定如果1963年不反攻，便再也沒有機會了；然而美方1963年1月16日便把國府所擬、對大陸的攻擊計畫評估退還，認為國府缺乏足夠的海軍攻擊武力，也缺乏空中掩護、補給和一切美國認為登陸成功所需的條件[82]。自1960

---

[78] 1960年3月11日，第一屆國民大會第三次大會，增加第一次修正臨時條款，第3條規定：「動員戡亂時期總統、副總統得連選連任，不受憲法第47條連任一次之限制。」齊光裕，1998，《中華民國的憲政發展》，頁369，臺北：揚智出版。另憲法第49條規定：「總統缺位時，由副總統繼任，至總統任期屆滿為止。總統、副總統均缺位時，由行政院長代其職權⋯⋯」陳誠身為副總統並兼任閣揆，如蔣介石總統退休或因故不能視事，按照憲法當然是繼任人選；但蔣總統在任滿後，如想一併「強拉」陳誠下臺，那就取決於雙方的政治實力了。

[79] 薛化元，《「自由中國」與民主憲政》，前揭書，頁237-251。《自由中國》的外交立場在本質上就是反對中共政權，而主張中華民國政府是全中國唯一合法的代表。直到《自由中國》停刊為止，此一立場在本質上並沒有太大的轉變。

[80] 薛化元，《臺灣歷史年表——終戰篇I》，前揭書，頁410。

[81] 同上，頁412、422。計有剛果、中非、塞內加爾（1964年）、達荷美（1965年）等國家轉向承認中共。

[82] 王景弘，前揭書，頁255。

年起，由於中共實施的「大躍進」計畫失敗，造成大陸嚴重的饑荒和政權動盪[83]，因此國府也針對反攻大陸提出「國光計畫」[84]。當時擔任副參謀總長，負責督導作戰的賴名湯，曾回憶1962年於北投復興崗召開的「反攻大陸誓師會議」：「會議的最後一天，總統發表閉幕講話之前，全體與會人員起立向總統宣讀了大會決議文，決議文的主旨，就是宣誓反攻大陸，說明在反攻開始時，大家如何來遵守大會的一切決議。當時會場的氣氛莊嚴肅穆，顯示大家的心情非常沉重。總統站在臺上，一個字一個字的講完大會決議文之後，從他的神情，可以看出他也是異常感動。這是我們政府播遷臺灣以來，歷次軍事會議最莊重，也是大家心情最沉重的一次會議。大會結束以後，回到家裡，內心沉重的感受仍未稍減，只是心想，我們苦等多年的反攻大陸的時機快要來了[85]！」

面對中華民國這項計畫，中共方面也有所因應，只是沒想到美國也願意「配合」來阻止臺灣方面的一切軍事行動。中共參加華沙會談前代表王炳南，在其回憶錄中有詳細記載：「1962年5月底，我正在國內休假。有一天，總理親自約我談臺灣海峽的局勢。他說，蔣介石認為目前是進犯大陸的好時機，在外中共與蘇聯不和，在內有嚴重的自然災害，真是千載難逢，蔣介石是下決心要大幹一場了。有關這方面的情況，他囑我去找羅瑞卿總參謀長談。我隨即給羅總長打了電話，約見他。他請我去總參辦公室談話。羅總長向我談了很多情況。他拉開牆上一張大型地圖的帷幕，指點了蔣介

---

83 許多旅美中年知識分子都說當時大陸同胞皆以為蔣介石會打回來，大家都恨透了毛澤東的倒行逆施，結果因為美國反對，而不見國民黨軍隊的蹤影。林博文，2000年5月26日，〈美國是必要之惡〉，《中國時報》。

84 國光計畫開始於1961年4月1日，總共提出包括敵前登陸、敵後特戰、敵前襲擊、乘勢反攻、應援抗暴等5類共26項作戰計畫，到了1965年6月17日，蔣介石於陸軍官校召集國軍基層幹部，進行精神講話，預備發動反攻，所有幹部都已預留遺囑，軍方同時選擇最適合登陸戰發起的D日。不過後來因為制海權優勢喪失（「八六海戰」，我方海軍劍門、章江軍艦遭中共魚雷快艇擊沉，殉難官兵共兩百餘人），加上退出聯合國，反攻大陸難獲國際認同，使反攻大陸計畫成為絕響。見2009年4月20日，《中國時報》，第A11版。

85 賴暋，1994，《賴名湯先生訪談錄（上）》，頁206-207，臺北：國史館。

石集團的軍事狀況。他說現在不是打不打的問題，而是怎麼打的問題，是拒敵於大陸之外，還是誘敵深入，這兩種意見正在討論。我聽了後，確實感到局勢十分嚴重。又一天，總理緊急找我談話，他讓我立即中斷休假，返回華沙。他說經中央認真研究，認為蔣介石反攻大陸的決心很大，但他還是存在著一些困難，今天的關鍵問題是要看美國的態度如何，美國是支持還是不支持，要爭取讓美國來制止蔣介石反攻大陸的軍事行動。」王炳南隨即返回華沙，約見美國的會談代表卡伯特，可是在見面的前一天，王又接到中國方面來電，要他裝病延遲會談時間，害得他好幾天不敢出大使館的門，原來是中國國內正在調派兵力向福建集結，但因南方大雨，一些重要橋梁被沖斷，部隊集結受阻。6月23日，兩人會面時，王炳南用警告的口吻向卡伯特說：「我可以斷定，蔣介石竄犯大陸之日，就是中國人民解放臺灣之時！」出乎王炳南意外的是，卡伯特竟向王炳南說：「如果蔣介石要行動，我們兩家聯合起來制止他[86]。」

　　美國總統甘迺迪於6月27日的記者會上重申美國的立場，強調美國對中華民國的承諾只是防禦性質，並不支持所謂的「攻擊」行動[87]。從國府遷臺後，美國對兩岸關係的思考模式，可以清楚的看出美國在與大陸、臺灣的三角關係中，美國支持中華民國以圍堵中共等共產集團的「赤禍蔓延」，另一方面則盡力維持臺海和平，避免國、共內戰再起或衝突擴大，拖美國下水[88]。但蔣介石面對中共逐漸增強的實力別無他法，只有要求美國支持，趁中共實力還在國府評估尚可掌握的範圍內，放手一搏。為

86　王炳南，1985，《中美會談9年回顧》，頁86-90，北京：世界知識出版社。

87　Hungdah Chiu, ed., 1979,《China and the Taiwan Issue》,頁173, New York: Praeger Publishers。

88　在1954年簽署的《中美共同防禦條約》第六條表明對條約中的領土範圍，就中華民國而言，應指臺灣與澎湖。而美國參議院在通過此項條約時也做出解釋，認定「締約任何一方自中華民國控制下的領土上採取軍事行為需獲得雙方一致同意」。這表示未經美國同意，中華民國不得將臺澎軍隊調離至外島，任何臺澎地區以外的軍事行動也必須經過美國認可。見 Hungdah Chiu, ed.,《China and the Taiwan Issue OPCIT》，Document 12，頁232。而中共在攻佔一江山後，美國國會在1955年1月底通過〈臺海決議案〉（Formosa Resolution），授權美國總統在必要時可不經立法程序，動用武力防衛臺澎，而且授權範圍還包括保衛臺澎而必須防衛的地區，為防衛金馬預留餘地。1955年2月，大陳撤軍，2月9日美國國會正式通過《中美共同防禦條約》，中華民國交出了國家主權中的軍事行動權力，換取對金馬外島的實質管轄權。張亞中，1998，《兩岸主權論》，頁37-40，臺北：生智文化。

了掌握最後的反攻機會，而有了蔣經國（時任行政院政務委員）於1963年9月6日至13日的華府之行[89]。

在蔣經國的華府之行，甘迺迪總統對古巴的教訓念念不忘，他指出對古巴作戰失敗即基於「希望多於實際」的兵力評估，美國必須冷靜評估，不能再度介入失敗的作戰。因此甘迺迪以「情報不足」、雙方應加緊合作以取得更多、更確實可信的情報為由，擋掉了蔣經國的「推銷」[90]。

1965年9月19日，蔣經國再度以國防部長的身分訪美[91]，當時的美國總統是詹森。蔣經國在9月22日會晤美國國防部長麥那瑪拉，陪同者有外交部長周書楷及擔任翻譯的新聞局長沈劍虹。蔣經國提出蔣介石以攻占廣東、廣西、雲南、貴州及四川等西南5省，切斷中共援助越南的補給路線計畫作為重點[92]。麥那瑪拉則批評「反攻大西南」的建議與登陸古巴的「豬玀灣事件」一樣，都預期會有大批人民起義；但蔣經國仍重申西南5省反共民意最堅強、中共軍事部署最脆弱、蔣介石聲望最高，而與「豬玀灣事件」組織不足和沒有政府領導的情況不一樣[93]。

9月23日，蔣經國會見詹森總統，面交蔣介石總統的信函，但詹森只要求蔣經國向蔣介石轉達：「美國感謝中華民國支持雙方共同目標所做的努力，美國仍是中華民國的忠實盟國。」卻一句也不提臺灣的「反攻大西南」計畫，或臺灣協助美國打越戰等問題[94]。1966年1月25日，美國駐臺北大使館代辦恆安石把美方對「反攻大西南」計

---

89 薛化元，《臺灣歷史年表──終戰篇I》，前揭書，頁402。
90 王景弘，前揭書，頁264-265。在甘迺迪政府內的「蘇聯通」，如包仁和湯普森均反對美國與中共改善關係，深恐傷害美蘇之間的關係，1962年的美國主流民意，甚至對當時美國能否將剩餘穀物出售中共，也堅決加以反對。戴萬欽，1989，〈甘迺迪政府對中蘇共分裂之認知與反應〉，頁409，淡江大學美國研究所博士論文。因此，國府想利用美國的反中共政策及主流民意以遂其反攻的目的，但還是為甘迺迪總統所拒絕。
91 同注89，頁438。
92 同注90，頁267。
93 同上，頁269。
94 同上，頁270。

畫的建議回覆給蔣經國,「蔣經國很失望及不快」,並要求恆安石提出美國對反攻大西南的書面反應,以便他能更正確的向蔣介石報告。1月28日,美國國務卿魯斯克一封電報訓令指出,美國最高軍事當局仔細研究國府所提出的反攻大西南計畫後,認為此概念有兩個基本弱點,較難實行成功[95]。魯斯克要恆安石向蔣氏父子保證,美國願意擴大「藍獅」的磋商[96],以包括應付共黨對東南亞威脅的構想與戰略[97]。

1966年,美國已經非常清楚的向臺北傳達不支持國府的反攻大陸計畫。對美國而言,越戰已經帶給美國政府沉重的壓力,因此根本不願介入國、共之間的內戰;對臺北而言,反攻大陸的計畫在沒有美國全力支持下,根本不可能成功;對蔣氏父子而言,國民黨或許在很長時間之內無法,甚至根本就不可能再回到大陸故土。此後,如何在臺灣「落地生根」、「永續經營」,反而變成其主要的政策取向,而對島內異議人士,尤其是本省籍人士的反抗行動,或許將採取更嚴肅的對待方式,以免危及國民黨在臺灣的統治基礎。1964年9月20日,彭明敏和他的學生謝聰敏、魏廷朝等經過長期計議之後發表〈臺灣人民自救運動宣言〉,因此遭到逮捕[98],他們的行動很清楚的指出新一波國民黨內部挑戰危機的開始。

雷震的《自由中國》這份刊物及參與者,與彭明敏的〈臺灣人民自救運動宣言〉有相當不同之處。《自由中國》的成員主要是大陸來臺的自由派知識分子,他們初期的願景,是在反共的大前提之下,團結蔣介石總統與胡適的力量與中共對抗;但隨著

---

95 同上,頁276。美國最高軍事當局認為兩個基本弱點為:一、美國空軍對大陸的空襲會引發美國與中共的戰爭,美國不準備這樣做。另一方面,如果沒有美國空軍攻擊中共的補給基地,將無法保護中華民國的反攻部隊,以應付中共空中及海上的攻擊。二、美國情報界所能得到的大陸情勢情報,不足以證實西南5省人民,甚至只是實質多數人民,會起義支持中華民國反攻。

96 同上,頁266-267。所謂「藍獅」就是「反攻大陸」計畫的代號,這項方案使得美國駐臺北大使與中華民國政府高層官員得以經常交換意見。但是因為關切層次不同,使得委員會開的次數大減。而「藍獅」委員會其實是美國人的花樣,目的在透過磋商藉以說明登陸戰爭之困難,使國民黨對「反攻大陸」知難而退。

97 同注90,頁276。

98 薛化元,《臺灣歷史年表——終戰篇I》,前揭書,頁420。彭明敏時任臺大教授,謝聰敏擔任《今日的中國》雜誌編輯,魏廷朝任中央研究院研究助理,以叛亂罪嫌被捕。

對冷戰局勢逐漸認知，明白軍事反攻已是遙遙無期的情形下，對國民黨以反攻大陸為名所做的許多侵害民主自由的權宜措施，提出更多的批判，也消除了擁蔣的必然性，在反對蔣介石總統三連任之後，終於遭到逮捕[99]。大體上來說，《自由中國》的外交立場從一開始就是反對中共政權，而主張以中華民國政府作為全中國的唯一合法代表。蔣勻田就曾經指出：「臺灣並無民族問題，只有人民對政府施政不滿而無可代替的問題[100]。」換言之，蔣勻田似乎將問題以中華民族主義涵蓋，並忽略了臺灣民族主義的內在發展性。

彭明敏的背景與上述《自由中國》等大陸省籍知識分子之間，存在著某些根本上的差異，他的父親彭清靠是日本治臺期間的「臺灣新貴」，相對於中國的發展落後，他反而慶幸日本統治帶給臺灣的進步[101]。1946年，彭明敏從日本返臺，在國立臺灣大學求學期間，一直受到外省籍教授薩孟武、胡適等人器重。1954年取得法國巴黎大學法學博士學位後，彭明敏回臺灣大學政治系任教，1961年升任系主任，並被派任為聯合國大會中華民國代表團顧問[102]。但蔣介石政府刻意提拔彭明敏「作為臺灣人的榜樣」[103]，反而使彭明敏覺得「當官方對我愈表信任時，正是我心裡對於整個政局的疑慮加深時[104]」。

1964年初，彭明敏和學生魏廷朝、謝聰敏等決議起草一份文件，「將臺灣的處境和所面臨的問題，分析清楚，分發給臺灣人和大陸人」[105]。但在印刷廠印刷的過

99 薛化元，《「自由中國」與民主憲政》，前揭書。

100 Chester Bowles著，蔣勻田譯，1960年8月1日，〈重新考慮「中國問題」〉，《自由中國》，第23卷，第3期，頁11，臺北：自由中國社。Bowles主張在「北京政府雖仍困難重重，但是已穩定握有中國大陸」，與「住在臺灣800萬臺灣人與200萬大陸人應有權力要求安全、獨立存在和發展文化，翹然於共黨勢力圈之外」這樣的前提之下，主張以「獨立的中臺國（An Independent Sino-Formosan Nation）」來解決臺灣海峽兩岸的定位問題。此處乃引自文內蔣勻田所寫之譯後感。

101 賴澤涵，1993，《悲劇性的開端——臺灣228事變》，頁50，臺北：時報出版公司。

102 彭明敏，1988，《自由的滋味——彭明敏回憶錄》，頁104，臺北：前衛出版社。

103 王育德，1993，《臺灣——苦悶的歷史》，頁213，臺北：自立晚報出版社。

104 同注102，頁117。

105 同上，頁136。

程中，便被印刷廠老闆密告，9月23日，3人同時以叛亂罪被捕。1965年11月，彭明敏獲特赦出獄（本刑8年），其他兩人也各減刑一半[106]。相較於雷震及傅正等人繫獄多年，可看出當局對待本省異議人士時因顧忌省籍衝突，而顯現得較為寬容；此外，這份宣言的內容，也與《自由中國》在基本理念上有所不同。

〈宣言〉中強調「國家只是為民謀福利的工具，任何處境相同、利害一致的人們都可以組成一個國家」；「10餘年來，臺灣實際上已成為一個國家，就人口面積、生產力、文化水準條件來看，在聯合國110餘國中，臺灣可排在第30餘位」；「但是我們不能不想，走到窮途末路的蔣政權，將臺灣交給中共。我們更不能不憂慮，臺灣將被國際上的權利政治所宰割，所以說我們絕不能等待」；「絕不能妄想『和平轉移政權』而妥協」。〈宣言〉提出三項運動的目標：一、確認「反攻大陸」為絕不可能，推翻蔣政權，團結1,200萬人的力量，不分省籍，竭誠合作，建設新的國家，成立新的政府；二、重新制定憲法，保障基本人權，成立向國會負責且具效能的政府，實行真正的民主政治；三、以自由世界的一分子，重新加入聯合國，與所有愛好和平的國家建立邦交，共同為世界和平而努力。〈宣言〉最後呼籲：「多少年來，中國只有兩個是非，一個是極右的國民黨是非，一個是極左的共產黨是非，真正的知識反而不能發揮力量。我們要擺脫這兩個是非的枷鎖，我們更要放棄對這兩個政權的依賴心理，在國民黨與共產黨之外，從臺灣選擇第三條路——自救的途徑[107]。」

在這份〈宣言〉中，彭明敏公開提倡推翻蔣政權，這是一種激進的革命心態，與《自由中國》倡言體制內的改革有很大的不同。彭明敏要求建立一個新國家、新政府的主張，也與《自由中國》倡議的一個中國的立場相違背。《自由中國》一直反對中共政權，並堅持一個中國即中華民國[108]。對彭明敏而言，臺灣人的祖先早就被清朝遺棄，由於中國「令人忍無可忍」的情勢，迫使人民遷移到這個疾病叢生而又不文明的

---

106 同注103，頁214。

107 同注102，頁136。

108 薛化元，《「自由中國」與民主憲政》，前揭書，頁251。大體上，《自由中國》的外交立場始終堅持中華民國是全中國唯一合法的代表。

島嶼。再者，政府「反而把臺灣看做蠻夷島，住的都是叛徒、土匪、海盜、怪人和鴉片中毒者[109]」。由於1895年馬關條約割讓臺灣予日本，日本又統治臺灣達半世紀之久，「其間，臺灣在政治和文化上，與中國完全斷絕關係[110]」。1949年共產黨統治大陸後，類似的斷絕情形又再次發生。從1895到今天，「臺灣和中國政治統一只有4年，即1945年到1949年[111]」。

彭明敏在其回憶錄中所透露的思想，認定臺灣與大陸的歷史關聯性幾乎已經「消失」，而國民黨治理臺灣的方式和日本殖民時期的行政效率相較，其對比真是令人羞慚。「任何非傳統性行為、批評性思考、獨立的精神，不但受到限制和反對，甚至受到處罰。國民黨要使臺灣人民回復古代中國的狹隘和固守，其後果是可怕的[112]」。彭明敏也認為土地改革只不過更進一步加深1947年的恐怖政策，欲使受到良好教育的地主和中產階級窮困[113]。然而彭明敏的父親是大甲地區醫生，行醫18年的積蓄都投資於土地，他一共買了約40甲田，成為富甲一方的大地主。在彭的成長過程中，日本殖民時代使他們成為臺灣新貴，彭家也成為一個超過20人得到醫學學位的大家庭[114]；但當國民黨政府接收臺灣後，彭明敏相對感受低效率政府的惡劣施政品質，加以同儕菁英被殺害[115]、地主階級因為土地改革蒙受重大損失等因素，使他益發不相信中華民國政府。

彭明敏認為中華民國是一個衰弱的政府，依靠美國生存，走到窮途末路時，會將臺灣賣給中共[116]。同時，中華民國是一個不合法的政府，既不能代表臺灣，也不能代表大陸人民，因為「大陸人民已選擇了另外一個政府[117]」。而唯一的解決辦法，就是

---

109 彭明敏，《自由的滋味──彭明敏回憶錄》，前揭書，頁250。
110 同上，頁251。
111 同上。
112 同上，頁118。
113 同上，頁120。
114 同上，頁10。
115 同上，頁120。
116 同上，頁137。
117 同上，頁133。

加速摧毀蔣介石的暴政[118]。要之，彭明敏將臺灣與中國之間的歷史淵源減至最低，相較於日本及西方文化的優點，中國帶給臺灣的影響只有害處而沒有利益，並要求以革命推翻國民黨政權，把臺灣建設成一獨立的新國家。換言之，是要消滅中華民國政府。

彭明敏與雷震等人相較，雙方在對中國歷史文化的認知、中華民國政府的存在、改革的手段等方面，都呈現極大的不同。雷震的被捕，代表一種以外省知識分子為主的體制內改革勢力沒落；但彭明敏的被捕，卻是一種以本省籍知識分子為主，挑戰現有政權，不惜以革命為手段，並且對中國認同持否定態度的反對運動在島內崛起的濫觴。這種以從事體制外革命為訴求的反對運動，在60年代逐漸起領導的作用，並形成反對運動的主流。

在整個1960年代中重要的政治事件，請參考表一。

---

118 同上，頁140。

年代	事件
1961.9.24	蘇東啟事件——雲林縣議員蘇東啟等素有臺灣獨立思想，以「企圖顛覆政府」罪名被捕，300餘人被處重刑
1962.7	高雄等地軍官學生臺灣獨立運動事件——高雄學生等從事獨立運動被捕30餘人，施明德（砲兵學校候補軍官班第13期生）被處無期徒刑
1967.8.20	林水泉事件——臺北市議員林水泉、顏尹謨、黃華、許曹德等熱中於臺灣獨立運動，企圖武裝起義，被捕247人
1967.12	臺灣大眾幸福黨事件——宜蘭地方一群熱中於臺灣獨立運動的知識青年，認為議會主義無法解放臺灣，1965年祕密成立「臺灣大眾幸福黨」，因與林水泉等素有聯繫，故被牽連破獲
1968.2	留美學生陳玉璽由日本被強制送回臺灣後，以參加臺獨罪名被處徒刑7年
1968.3.27	「臺灣青年獨立聯盟」盟員柳文卿被日本強制送回臺灣，盟員到機場阻擋，被日警逮捕數人
1968.4	戴榮德（屏東人，水電技工）以臺獨罪名被判7年
1968.6	筆劍會事件——熱中於臺灣獨立的一群青年學生，祕密成立「筆劍會」被捕
1968.7	民主臺灣聯盟事件——反蔣民主主義者陳永善（筆名陳映真）等籌組「民主聯盟」（1967年成立），被捕36人
1969.2	留日學生陳中統（日本岡山醫大學生）返臺後，以「參加臺灣獨立運動」罪名被捕，被處15年徒刑
1969.3	統中會事件——一群以臺大、政大為主的學生，籌組「統一中國促進委員會」，被捕37人
1969.4	山地青年團事件——桃園的山地同胞被捕
1969.9	柏楊（郭衣洞）以「匪諜」罪名被捕，被處徒刑12年

資料來源：管碧玲，1994年7月，《民族主義與臺灣政黨政治》，頁115，臺北：國立臺灣大學政治研究所博士論文。

薛化元，《臺灣歷史年表——終戰篇I、II》，前揭書。

楊碧川，1996，《臺灣現代史年表》，臺北：一橋出版。

　　從表一來看，1960年代的政治獄，除少數個案之外，大多數的案件是以臺獨的罪名遭逮捕、起訴。其中，以蘇東啟和施明德等人的事件對往後臺灣反對運動有較深遠的影響[119]。蘇東啟在日據時期，因為不滿日本人強征臺人赴中國戰區與同宗相殘，遂

---

[119] 施明德曾領導1979年高雄美麗島事件，後出任民主進步黨黨主席，但1999年9月退出民進黨，2000年11月14日正式對外宣布。2000年11月15日，《中國時報》，第5版。

於1942年假道泰國、寮國,抵達雲南,赴重慶投奔中國國民黨的抗日陣營。1946年蘇東啟返臺,1952年連任4屆雲林縣議員[120]。在涉入武裝臺獨叛亂事件後坐牢15年,出獄後他曾談到對臺灣獨立的看法:「臺灣獨立並不表示背叛祖國,因為孩子長大必定要分家,何況政治思想、生活方式不一樣,勉強生活在一起不是很痛苦嗎[121]?」很明顯的,蘇東啟與彭明敏是兩個不同典型的臺籍反對運動者。蘇東啟在日據時期因仇日而赴重慶,是「半山」的背景,雖然在雲林縣議員任內因不滿政府而痛予抨擊,在民間博得「蘇大砲」之美譽[122],但是他也是祖國論與臺灣獨立論的辯證統合者。

至於施明德的背景與彭明敏頗為相似,雖然年齡有所差距,但雙方家庭都曾因國民政府來臺而蒙受不同程度的損失。施明德的父親施闊嘴本是南臺灣最有名的「拳頭師父」,也是日據時期高雄州唯一有執照的中醫師。他用行醫所賺的錢大量購買土地,擁有高雄前後火車站大片土地,是高雄的富豪之一[123]。1951年初,因為228事變遭人檢舉,不但遭受刑求且廉價售地贖身,1952年過世時,累積的財富很快便失散大半[124]。另一方面,施明德在6歲親眼目睹228事變後,在內心形成始終揮之不去的陰影,他說:「228使我將日據時代末期的美軍轟炸臺灣,與大陸人來臺連起來,同樣是外來政權,同樣在屠殺臺灣人。臺灣人要解放,就需要有自己的國家。」在施明德初中時期,這樣的思緒便已逐漸成形[125]。

1962年初,陳三興、蔡財源及施明德的代表張茂雄等人在高雄市體育場討論發動政變的時機[126],蔡財源主張「如果國民黨政府在聯合國喪失了代表權,國內勢必哄亂

---

120 張讚合,1996,《兩岸關係變遷史》,頁216,臺北:周知出版。

121 馬起華,1988,《臺獨研究》,頁21,臺北:中華民國公共秩序研究會。

122 同注120,頁216-217。

123 李昂,1993,《施明德前傳》,頁7,臺北:前衛出版社。

124 同上,頁18-19。

125 同上,頁11-12。

126 陳三興於1958年組成「臺灣民主聯盟」,目的在推翻國民黨,建立「臺灣民主共和國」;在中正中學念書的施明德、蔡財源組織了「亞細亞同盟」,他的構想是臺灣獨立後,征服大陸,再聯合亞洲國家成立亞洲聯盟。1959年底,這兩個組織合併成「臺灣獨立聯盟」,施、蔡兩人分別考入陸軍砲兵學校及陸軍官校,陳三興則到社會上吸取社會人士。張讚合,前揭書,頁218。

不安，我們要利用這一難得的時機發動暴動，占領電臺，向全世界廣播，並呼籲同胞的支持[127]。」但他們的組織因為成員之一的李植南向治安機關自首而遭破壞，1962年5月8日，組織成員紛紛被捕，逮捕行動長達1個多月，有臺共背景的宋景松被判死刑，陳三興、施明德被判處無期徒刑，本案共涉及180人[128]。

60年代政治獄案中，雷震《自由中國》與彭明敏〈臺灣人民自救運動宣言〉，在本質上存在著極大的差異，但雷震與彭明敏兩人也有背景相同之處。首先，兩人都是知識分子，雷震早年留學日本，曾任中央大學法學院教授、經濟動員策進會主任委員、行政院政務委員等要職[129]；彭明敏在34歲（1957年）即已升任臺灣「戰後大學歷史上最年輕的正教授」，也曾被委任為聯合國大會中華民國代表團顧問。兩人周遭的朋友及工作伙伴也大都是知識分子，他們從知識階層所產生的思維模式，提出對當前局勢的解決之道，但對一般社會大眾的影響，恐怕不如蘇東啟、施明德等民間草根型人物走群眾運動方式要來的有效。

蔣經國在1966年邀請彭明敏（1964年出獄）到國防部長辦公室晤談，彭表達想回大學任教的想法，不久後，蔣邀請彭到其「智庫」——國際關係研究所擔任研究員，雖然彭明敏謝絕，但在往後數年中，蔣經國仍不時派出情治人員向彭表示，「國民黨內的自由派」依然希望說服他參與體制內的改革運動[130]。

蔣經國對於臺灣的反對運動，尤其是以本省籍人士為主的活動，對國民黨政權威脅的嚴重性，比當時政府某些高層外省籍官員先一步洞察及了悟。他曾在日月潭的高階將領會議後，力勸某些將領將本省籍軍官晉升到高階，他說：「各位，這是一個嚴肅的題目，如果我們不把本省人當中國人看待，我們的麻煩就大了[131]。」

---

[127] 同注126，頁218。

[128] 林樹枝，1992，《出土政治冤案》，第1集，頁128-138，出版者不詳。

[129] 陳賢慶、陳賢杰，1997，《民國軍政人物尋蹤》，頁349，江蘇：新華書店。

[130] 陶涵（Jay Taylor），前揭書，頁307-308。

[131] 同上，頁308。這是Lodge Loh在1995年9月13日在臺北接受Jay Taylor訪談時所說。

1965年5月，長年在東京領導臺獨運動的廖文毅公開揚棄臺獨運動，飛回臺灣[132]。當局旋即把向廖文毅及其家人沒收來的財產發還，相信這是廖文毅和蔣經國協議的一個重要條件[133]。1966年，國民大會選舉蔣介石為第四任總統，同時通過由蔣經國強力催生的一項臨時條款修訂案，允許辦理中央民意代表補選，以反映臺灣地區人口成長的實際狀況[134]。

國民黨在蔣經國的指導下，已經採取爭取省籍政治人物的第一步，要讓占人口多數的臺灣人在中央民意機關裡擁有若干代表席次。

1970年，蔣經國以行政院副院長身分訪美。4月24日，蔣經國到紐約市廣場飯店，發生黃文雄開槍行刺未遂的事件[135]。這是由美國「臺灣獨立聯盟」（World United Formosans for Independence，簡稱WUFI，1970年成立）所策畫的暗殺行動，但事後卻因為該由組織抑或個人來承擔暗殺事件的法律責任，造成內部的恩怨與爭論[136]。這一次的暗殺行動，使反對運動逐漸由知識分子而深入民間，由書生紙上論政變成實際行動，甚至武力暗殺。這些在蔣經國正式接掌行政院後，遂於他逐漸體會及重視「本土化」的過程中，扮演了重要分量的催化劑。

---

132 曾為臺灣共和國臨時大統領的廖文毅在1965年5月14日返回臺灣，經安排出任曾文水庫興建委員會副主委之後，臨時政府在不久之後瓦解。此後，王育德（日本明治大學講師）領導力量成了日本臺獨運動的主流。陳銘城，1992，《海外臺獨運動40年》，頁12、13、15，臺北：自立晚報出版社。

133 同注130，頁308。

134 同上。這次補選在1969年舉行，只有26名立法委員的名額待選舉重新產生，大約占整體委員中的5％。

135 薛化元，《臺灣歷史年表——終戰篇 II》，前揭書，頁110。

136 陳銘城，前揭書，頁139-147、149-150。在槍擊事件之後，黃文雄、鄭自才（黃的妹婿）被美國警方逮捕，當時臺獨聯盟重要幹部張燦鍙、蔡同榮為了保護組織及成員，對外宣稱這是盟員個別英勇行為；但鄭自才等認為聯盟應負擔責任，為此內部存在許多恩怨與爭論。蔡同榮在1972年元旦任滿2年主席後辭職，由彭明敏繼任。但彭明敏因不適應內部紛擾，1973年起由張燦鍙接任臺獨聯盟主席。

第三節　退出聯合國

　　1949年，中國共產黨在大陸建政，成立「中華人民共和國」，而國民政府則退據臺澎金馬，堅持「中華民國」主權及於全中國地區。就國際法而言，中國雖然因內戰而分裂，但由於臺北和北平兩個政府皆反對任何分裂國土之「兩個中國」的主張，因此中國在國際法上只有一個。而聯合國內「中國代表權」問題的由來，關鍵在於世界上大多數國家只承認臺北或北平為中國唯一合法政府[137]。

　　1949年11月18日，中共外長周恩來致函聯合國祕書長及聯大主席，要求由「中華人民共和國」取代中華民國在聯合國的席次。當時聯大主席並未立即採取行動，原因在於聯大證書審查委員會已通過由臺北政府派遣之代表出席聯大的合法資格。11月25日，蘇聯及其共產集團代表，於聯大第四次大會第一次委員會開會時，對臺北政府代表出席該委員會提出抗議，認為中華民國已失去大陸地區，無權代表全中國，這是聯合國第一次對中國代表權問題發生爭論[138]。

　　1950年6月25日韓戰爆發後，美國對中共的政策由「等待觀察」改變為圍堵，因此堅決反對由北平取代臺北的聯合國席次。11月3日，聯合國大會又通過聯合維持和平決議案，將安理會維持世界和平的權力移至大會，避免蘇聯在安理會行使否決權。12月14日，大會再通過英國所提出的處理會員國代表權的決議案，為避免聯合國各機構對某一會員國的代表資格作出不同決定，今後須以大會的決議為決議。此案獲通過後，往後20年間此一聯大決議乃成為辯論及表決臺北代表權案的等同憲章之規定，換言之，只要臺北政府繼續獲得每年聯大表決的勝利，即可維持會籍。

　　1951年2月1日，聯大通過由美國及其友邦所提出的決議案，譴責中共為韓戰侵略者（中共於1950年11月6日派大軍入北韓並攻擊聯軍）。由於中共被聯合國指名為侵略者，以致多數反對中共代表中國的會員國代表團皆稱北平政權違反憲章所規定的入會先決條件——「愛好和平」，因此沒有資格代表中國。此時原本主張「會籍普遍

137　王國璋，1993年5月，〈中共如何取代我國在聯合國之席位〉，《問題與研究》，第32卷，
　　　第5期，頁11-23，臺北：國立政治大學國際關係研究中心。
138　UN Yearbook，（1948～1949），頁295。

化」原則的聯合國祕書長賴伊也改變立場，認為永久會員國與新會員國一樣，其會籍及代表權，同樣須受聯合國憲章第4條——「愛好和平」的考驗[139]。

1970年，隨著文化大革命逐漸趨緩，中共開始在國際間爭取承認支持，且透過加拿大表明願意代表全中國參加聯合國。1971年9月16日，尼克森總統宣布：「中國在安理會席次由中華人民共和國取代，但中共入會將不得排除中華民國在大會的代表權[140]。」

而臺北方面，深感聯合國的會籍保衛戰日趨艱辛。儘管蔣介石抱怨尼克森的雙重代表案，並強調「寧為玉碎，毋為瓦全」，可是臺北還是準備同意順應時勢，在實質上接受丟掉安理會席次，以保住聯合國會員身分的方案。由於蔣總統健康迅速惡化，這個重大的決定基本上由蔣經國裁決[141]。除了蔣經國之外，當時的外交部代理部長楊西崑、國家安全會議祕書長黃少谷、駐黎巴嫩大使繆培基、行政院祕書長蔣彥士等人都同意政府採取「彈性」的立場。蔣彥士在7月22日告訴美國駐華大使馬康衛，他主張中華民國政府即使失去安理會席次，也應留在聯合國[142]。

1971年9月16日，中共副主席林彪夫婦因密謀武裝起義失敗，倉卒逃走，在外蒙古墜機身亡。尼克森預定要在次春訪問大陸，會晤毛澤東，由於深怕「中」美尚未建立的關係生變，所以不顧聯合國投票在即，派國務卿季辛吉去見周恩來，打聽大陸究

---

139 由於安理會各理事國將外交承認與代表權問題視為一體兩面之事，故未能解決中國代表權問題；而聯合國祕書長也怕共產集團退出聯合國，另組一國際組織與聯合國對抗，且他深信會籍普遍化原則，主張應讓中共入會。1950年3月8日，賴伊公布一份備忘錄，乃從法律的層面，就聯合國代表權與會員國家間的外交承認問題作一說明，要點是：代表權問題的難以處理，乃因會員國將外交承認與聯合國代表資格視為一體所造成。承認一個新國家或新政府，是一國政府的片面行為……而一國在聯合國的會籍及其代表資格，是由聯合國各機構集體所決定的……至於代表權，則由各機構審查後投票決定各國代表的資格書是否有效。請參閱1950年3月9日，UN doc. s-1466。

140 President Nixon's News Conference of Sept. 16，1971，in public papers of the presidents of the United States，頁950，1971（Washington，D.C.：GPO, 1972）。

141 陶涵（Jay Taylor），前揭書，頁335。另據蔣介石侍從醫官熊丸生前透露，1968年在陽明山的一次車禍之後，蔣介石心臟大動脈出現雜音，自此精神就沒以前好，同時攝護腺也出了問題。由於健康惡化，1972年至1975年，蔣經國每晚都會跟蔣介石長談，而很多國家大事都已經由蔣經國透過老總統的名義處理。2000年12月22日，《中國時報》，6版。

142 王景弘，前揭書，頁351-353。

竟是誰在當家[143]。但看在美國的友邦眼裡，無疑是傳達美國支持中華民國的立場已經鬆動的訊息。第26屆聯大於1971年9月21日開幕，代表團有外交部長周書楷，正代表有謝東閔、劉鍇等5人，副代表有林挺生、張純明等5人，顧問團多達32人，有馬樹禮、錢復、陸以正等人。而中共外交部為阻止雙重代表權一事成立，早在8月就發表聲明，如果聯大通過任何「兩個中國」或「一中一臺」的決議，大陸絕不接受[144]。

相對於中共強硬的態度，1971年蔣介石總統終於在大環境的變遷下，於最後階段勉強同意雙重代表權。於是，在外交部給所有駐外使節的訓令中，既促請友邦反對阿爾巴尼亞提案，又表示如果友邦贊同美國領銜的雙重代表權提案，我方也能理解。為避免駐外使節與駐在國交涉時，用字遣詞有誤，外交部還準備一份英文說帖，指令駐使在與對方外長磋商時，照文宣讀，一個字也不能更改[145]。

1971年9月聯大常會開會時，有關我國代表權有三個提案等待辯論及表決，其一為例行之阿爾巴尼亞排我納中共案；其二為美國及我友邦所提出的「開除中華民國代表權」乃重要問題案；其三亦為美所提案，建議大會決定中華人民共和國及中華民國皆在聯合國有代表權，但由中華人民共和國取代我在安理會的席次[146]。由於我政府拖至最後關頭始同意美國上述提案，致阿案先造勢成功，再加上表決時，美國國務卿季辛吉正在大陸商談尼克森訪問中共之日程和議程，使得10月25日聯大先就重要問題程序案表決時，55票贊成，59票反對，以4票之差失敗，我代表團見大勢已去，立刻聲明退出聯大。當周書楷大使步出會堂後，大會隨即以76票對35票通過聯合國〈第2758號決議案〉[147]，承認中共取得在聯合國中代表中國之權。這等於向世界宣告，中華民國這個聯合國創始會員國如今在聯合國眼中，已經不是一個具有國家人格的主權國家了。雖然在20多年後，有學者開始討論此決議案的合法性[148]，但不論是否合法，這個

---

143 陸以正，2000年10月25日，〈回憶1971年聯合國席位的最後一戰〉，《聯合報》，第6版。

144 陸以正，同上。

145 陸以正，同上。

146 UN doc. A —L. Sept. 29, 1971。

147 鐘聲實，1996年11月，〈從國際組織法觀點分析聯大第2758號決議〉，《問題與研究》，前揭書，第35卷，第11期，頁2。

148 鐘聲實，〈從國際組織法觀點分析聯大第2758號決議〉，前揭書，第1-14頁。

冷戰時期的產物對中華民國的國際人格產生了重大影響。〈第2758號決議案〉稱：

　　大會基於聯合國憲章的原則，認為恢復中華人民共和國的合法權利對於維護聯合國組織以及依據憲章所必須之行為均屬必須。承認中華人民共和國政府的代表是中國在聯合國的唯一合法代表，以及中華人民共和國為聯合國安全理事會5個常任會員國之一。茲決定恢復中華人民共和國之所有權利，以及承認其政府代表是聯合國之唯一正當性代表（The Only Legitimate Representatives of China），並立即將蔣介石的代表從其在聯合國及其所屬的一切組織中所非法占據的席次上驅逐[149]。

　　〈第2758號決議案〉讓中華民國不僅失去代表整個中國的合法性，也使作為一個主權國家的國際人格「正當性」都被剝奪了。當時代表團中的陸以正則認為，假設當年美國所提的雙重代表權案獲得多數支持，在那年中共肯定拒絕加入。因為聯合國是以國家為單位的競技場，大家玩的是實力政治（Realpolitik），因此最多再拖1、2年，我國仍然會被趕出聯合國[150]。

　　退出聯合國之後中華民國可謂遭逢巨變，國內政局因此產生若干重大的影響，概略如下：

一、菁英立場轉趨務實

　　面對國際局勢的轉變，從蔣介石到權力菁英之間，對於如何因應聯合國中國代表權問題，雖然有各自不同的認知與考慮，但在1971年面臨聯合國中共挑戰的最後關鍵

---

149 2758號決議案（Resolution on Representation of China）（United Nations General Assembly, Oct.25, 1971. G.A. Res.2578, 26 GAOR Supp.29（A/8429）, at 2.）原文為："The General Assembly, Recalling the principles of the Charter of the United Nations, Considering that the restoration of the lawful rights of the People's Republic of China is essential both for the protection of the Charter of the United Nations and for the cause that the United Nations must serve under the Charter, Recognizing that the representatives of the Government of the People's Republic of China are the only lawful representatives of China to the United Nations and that the People's Republic of China is one of the five permanent members of the Security Council, Decides to restore all its rights to the People's Republic of China and to recognize the representatives of its Government as the only legitimate representatives of China to the United Nations, and to expel forthwith the representatives of Chiang Kai-Shek from the place which they unlawfully occupy at the United Nations and in all the organizations related to it.

150 同注139。

時刻，都接受美國所提的「雙重代表權」提案[151]。儘管楊西崑認為中華民國在聯合國遭遇失敗，有一部分原因在於「蔣總統拖延不作必要痛苦的決定[152]」，但蔣總統審慎情勢之後，在1971年6月15日的國家安全會議中，針對美國的態度提到：「如果今天看到某些國家短視近利，違反理性，蔑視正義，侈言和平而實在葬送和平的作為，吾人即為其所激怒，或為其所沮喪，甚至為其所脅迫，而不能『持其志毋暴其氣』，那就正是在『自毀其壯志』 只要大家能夠莊敬自強，處變不驚，慎謀能斷，『堅持國家及國民獨立不撓之精神』，亦就是鬥志而不鬥氣，那就沒有經不起的考驗、衝不破的難關，也沒有打不倒的敵人 而這亦就是告訴了大家『形勢是客觀的，成之於人；力量是主觀的，操之在我』的道理[153]。」此後，「莊敬自強，處變不驚」的標語貼遍臺灣各個角落，在風雨欲來之前，給人民一劑強心針。事實上，這個挫敗反倒使臺灣產生一種穩定的效果，強烈突顯出外省人與本省人風雨同舟的命運共同體之感。其次，美國在聯合國大會上積極為中華民國拉票也產生效果，使臺灣人民尚未喪失對美國的保證的信心。甚至美國與中共的接觸，實際上也減緩了中共對臺軍事威脅的壓力。

二、知識分子運動再起

1971年，《大學雜誌》奉准出版，這是由臺大教授楊國樞擔任編輯的刊物，支持者是一批本省籍與外省籍的自由主義派知識分子，刊登主張振興國力結構、明白要求

---

151 王景弘，前揭書，頁352、353。當時代理外交部長楊西崑透露，總統府祕書長張群在受他影響下，開始能理解中華民國不得不接在受中共入安理會，但我方可保有大會席次的所謂「雙重代表權案」。而楊氏也聲稱國家安全會議祕書長黃少谷也對他的看法（即不輕言退出）「百分百同意」。行政院祕書長蔣彥士在1971年7月22日也告訴美國駐華大使馬康衛，他主張中華民國政府即使失去安理會席次，也應留在聯合國。蔣彥士暗示蔣經國也反對退出聯合國，即使放棄安理會席次亦然。

152 同上，頁400。但陸以正認為中共也不會同意「雙重代表權」並加入聯合國。我個人同意陸以正的看法，臺北不論在處理外蒙古入會、聯合國代表權案等有關「一個中國」問題上，態度反而較具彈性且務實，而非保守或「漢賊不兩立」等以往予人的錯誤刻板印象。

153 1987，《先知先導：先總統蔣公駁斥共匪統戰陰謀之指示》，頁39-40，臺北：近代中國出版社。

全面改選中央民意代表機關的文章。《大學雜誌》也尖銳批評政府，在美國把沖繩交還日本時，竟然未能阻止美方不要把釣魚臺列嶼一併交出[154]。主流媒體和立法院、監察院若干民意代表也加入批評陣營。全臺各大專院校紛紛成立保釣委員會，這可說是政府遷臺後，校園知識分子捍衛中華民國主權史無前例的狂飆運動。蔣經國命令安全單位和警備總部對保釣運動嚴密監控，但未採直接干預行動。為警告知識分子不要超越威權體制的許可範圍，在1973月間，下令逮捕一位著名外省籍知識分子李敖，以及彭明敏的學生謝聰敏、魏廷朝等人，以為殺雞儆猴之示[155]。1971年10月15日，與《大學雜誌》有關的師生發表〈國是宣言〉，主張厲行法治，要有多元、開放的社會，譴責「特權集團」、「傲慢、老邁……脫離群眾」。臺灣大學出現前所未有的討論言論自由的集會，然而蔣經國非但未採取鎮壓行動，反而邀請《大學雜誌》主要成員參加座談會，並在會中宣稱「青年應該多講話，多關心國是[156]。」臺灣在退出聯合國之後，知識分子之間產生一種類似1919年「五四運動」所激發的民族或是國家主義，在維護國家主權的前提下，在現有的政治體制內進行快速的改革以挽救國家生存，這種「革新保臺」、「起用青年」的呼籲在蔣經國即將組閣之際，勢必產生因勢利導的作用[157]。

三、臺灣自決運動

---

154 陶涵（Jay Taylor），前揭書，頁335-336。1971年4月，大學生分別至日本及美國大使館呈遞抗議書，抗議有關釣魚臺主權的問題。6月17日，近千名臺大學生示威遊行，也分別至美、日使館呈遞抗議書。薛化元，《臺灣歷史年表——終戰篇II》，前揭書，頁140、144。

155 謝聰敏日後告訴Jay Taylor，他被三大情治單位審問、拷打，最後頂不住而屈服，誣攀李敖從事反政府陰謀活動。陶涵（Jay Taylor），前揭書，頁336。

156 同上，頁337。

157 1971年12月7日，《大學雜誌》刊登，由臺大法代會舉辦，周道濟、陳少廷主編的〈全面改選中央民意代表辯論〉紀錄。薛化元，《臺灣歷史年表——終戰篇II》，前揭書，頁157。陳少廷在辯論中直指「以2,000人代表法統，而犧牲1,400萬人權利」、「對本省人不公平」。由於省籍意識介入，使《大學雜誌》的成員中，被歸類為「中華民族主義者」的成員在1975年10月10日集結在《中國論壇》；而所謂「臺灣民族主義者」，則同樣集結在1975年先於《中國論壇》創刊的《臺灣論壇》。管碧玲，前揭書，頁129。

與上述運動不同的是臺灣長老教會於1971年12月29日，以議長劉華義、總幹事高俊明名義所發表的〈臺灣基督長老教會對國是的聲明與建議〉[158]。在這份中華民國退出聯合國後對國際的聲明中，強調「我們絕不願在共產極權下度日」、「我們反對任何國家罔顧臺灣地區1,500萬人民的人權與意志，只顧私利而作違反任何人權的決定」。其中一句話「人權即是上帝所賜予，人民有權決定他們自己的命運」，對日後反對運動形成產生重大影響。在其向國內的建議中，提出「我們切望政府於全國統一之前能在自由地區（臺、澎、金、馬）做中央民意代表的全面改選，以接替20餘年在大陸所產生的現任代表。例如德國目前雖未完成全國統一，但因德國臨時制憲使自由地區人民得以選出代表組成國會，可供我政府參考。且該國雖未成為聯合國會員，卻因這種革新而贏得國際上的敬重[159]」。

在這篇聲明中，明確提出「人民自決」的概念，開啟了此後基督長老教會的「臺灣人民自決運動」；另一方面，它與《大學雜誌》都提出針對中央民意代表機關全面改選的議題。這兩個基本概念，對以蔣氏父子為核心的國民黨外省菁英統治階層而言，必須意識到知識分子對國政改革的迫切願望，以及所謂「臺灣人意識問題」。

第四節　美麗島事件

1964年彭明敏事件主要影響並激勵海外臺獨人士，尤其當時在海外的臺獨大將如蔡同榮、張維嘉、蔡明憲等人原來就是彭明敏的學生。「臺灣人民自救運動宣言」事件使許多留學生加入臺獨團體，此一衝擊最後更促成全美臺獨團體的整合[160]。

發生於1979年12月10日的「美麗島事件」（又稱高雄事件），則對臺灣島內的臺

---

[158] 薛化元，《臺灣歷史年表》，前揭書，頁156。

[159] 陳南州，1991，《臺灣基督長老教會的社會、政治倫理》，頁365-366，臺北：永望出版社，頁365-366；黃武東，1988，《黃武東回憶錄》，頁341-342，臺北：前衛出版社。

[160] 對海外臺獨運動深具影響的還有許信良於1980年在美國建立的「臺灣建國聯合陣線」，吸引許多在1975年之後移民美國的中產階級。1986年成立「臺灣民主黨建黨籌備委員會」，主張遷黨回臺，促成民主改革，而當時的美國臺獨聯盟不相信民主改革，仍堅持武裝革命，出現路線之爭。另一個海外臺獨運動轉型的表徵就是1982年「臺灣人公共事務協會」（FAPA）的成立，主張透過遊說美國國會而非用武力推翻國民黨，旨在強調臺灣政治民主，未提到臺獨。

獨運動及民主進步黨的成立，產生重大的影響。在這場於戒嚴時期因群眾遊行而導致的衝突事件中，當局將為首的8人安上「叛亂」罪名，分別是黃信介、施明德、姚嘉文、張俊宏、林義雄、呂秀蓮、陳菊等[161]，而被告林義雄的家人在隔年（1980年）2月28日白天遭人殺害。此外，大審中的辯護律師則有尤清、江鵬堅、陳水扁、謝長廷、蘇貞昌等人，他們日後在臺灣政壇日益嶄露頭角。

美麗島事件及軍法大審之後，英雄與道德色彩凌駕了過去一切因素，成為黨外運動群眾聲勢茁壯的最大能源。道德正當性投射在受難者家屬身上，至於英雄光環卻由辯護律師們接收了。在美麗島事件的本質分析上，施明德認為該事件和「228事件」一樣，不應過分強調有多少人被國民黨誣陷株連、無緣無故成為冤魂，反而應該強調許多人是有意識的反抗暴政，這些因而喪生的英靈，不但值得謳歌，其價值更超越所謂的「冤魂論」。雖然施明德以史詩般的浪漫加以歌詠，但該事件對臺灣政治其實產生了深遠的意識和影響，茲分析如下：

一、對國民黨的衝擊

1979年「美麗島」事件，是否加速蔣經國將政權「臺灣化」（或稱在地化）呢？蔣經國在處理1977年的「中壢事件」[162]及「美麗島事件」時，都指示軍警不得動用武力鎮壓。美麗島事件中，蔣經國傳話，不得有任何人被判處死刑，只要他在位擔任總統，他「不允許島上有流血」[163]。蔣經國在處理「中壢事件」和「美麗島事件」兩個問題的方針上，已經與50年代的嚴厲鎮壓有所不同，而代之以高壓懷柔並進。我認為

---

161 《美麗島》是黃信介於1979年創辦的政論雜誌，當時美麗島政團有所謂核心決策的「5人小組」，成員有施明德、許信良、張俊宏、姚嘉文、林義雄，其中姚嘉文引介「暴力邊緣論」，而這一名詞也成為軍法大審中，國民黨指控他們叛亂的證據。參見2003年2月27日，《新新聞》，第834期，頁45，臺北：新新聞。

162 所謂「中壢事件」是指1977年許信良脫離國民黨自行參選桃園縣長，11月19日，中壢市第213號投開票所選監主任涉嫌舞弊作票。消息傳出後，引發萬餘名許信良支持者焚燒中壢警分局，蔣經國下令警察撤出，不准開槍傷人，許信良獲22萬票，當選桃園縣長。而在1977年臺灣首次5項地方公職人員選舉，「黨外」獲得4席縣市長、21席省議員、21席鄉鎮市長。

163 此為美國學者陶涵（Jay Taylor）在《蔣經國傳》，前揭書，第389頁注19中說，此話是「余紀忠，1996年5月24日在臺灣接受他的訪談所說。」

以本省菁英為主導的反對運動，似乎開啟了與蔣經國和平共存的契機，而為鞏固中華民國及國民黨政權，避免陷入族群鬥爭泥沼，選擇李登輝作為政治上的接班人，在當時環境看來，或許是最好的選擇[164]。許信良認為在「美麗島事件」之後的10年，蔣經國充分利用這段空檔來加速培養與黨外領導者同世代的國民黨菁英，而黨外運動剛好經歷10年中空。許信良認為美麗島事件不應該貿然發生，沒有發揮應有的領導作用。民主的發展反而表現在蔣經國選擇李登輝當接班人的措施上，而非由反對運動所主導。呂秀蓮也認為這是一場「明知山有虎，偏向虎山行」的躁進運動，不過這也是在臺灣的中國人對臺灣人的一種迫害[165]。

二、黨外勢力的發展

「美麗島事件」之後，「辯護律師派」崛起，1981年選舉中，蘇貞昌、陳水扁、謝長廷都高票當選，連帶將許多黨外新生代送進省議會，這些辯護律師所憑藉的正是在美麗島事件中挺身而出的道德勇氣與英雄形象。在這種悲劇英雄光芒的氣氛烘托下，黨外發展愈趨激進，強調「體制內改革」與「改革體制」的謝長廷及主張協商、制衡的康寧祥（《八十年代》主編），都遭到邱義仁等人猛批，務實的律師派也不得不改弦更張，向英雄與道德立場傾斜。這批美麗島事件之後才參與政治活動的新生代，在時勢所趨下，必須扮演一個集英雄、悲情、草莽、解放者等性格於一身的角色繼續領導黨外勢力挑戰國民黨，並取代老一輩所謂「美麗島系」大老們的政治舞臺[166]。

問題在於一旦取下這副面具，恢復平凡的普通人格，且時代的因素也逐漸解除後，他們還有什麼辦法去維持他們刻意所塑造出來的形象呢？為了保持悲劇英雄的幻

---

[164] 對於美麗島世代黨外菁英而言，李登輝是屬於父執輩的日本世代臺灣人，雙方有許多相同的成長歷程及回憶，尤其他在繼任總統之後刻意包容民進黨並禮遇海外臺獨人士，使許多民進黨人士都有無法抗拒的李登輝情結。民進黨創黨元老張俊宏就自承「完全無法抗拒李登輝，一看到他，就像看到自己的父親，看到那一代受良好日式教育的臺灣人。李總統的性格、脫口而出的俚語，面對重大事件的發言，我都能體會。他就像我父親」。2000年5月16日，《聯合報》，第8版。

[165] 同注161，頁47-48。

[166] 同上，頁36-41。

影，將族群政治訴諸爾後競選的主軸，倒不失為最佳解套方案和選戰利器。

第五節　蔣氏父子建設臺灣

1999年，《華盛頓郵報》將50年前蔣介石逃離大陸的新聞，選入《本世紀郵報報導選萃》一書，並把這條新聞重刊於12月10日的郵報中（1949年12月10日當晚，蔣介石自混亂大陸飛抵臺灣），還作了個「飛往福爾摩莎」（Flight to Formosa）的醒目標題，另加編者按語指出：「蔣介石在臺灣的流亡生涯從未停過，反倒是他的兒子蔣經國銳意改革，使臺灣出現了今天蓬勃的民主政治新局。」編者的話亦表示，蔣介石飛往臺灣的這段歷史，使得臺灣與大陸的統一成為問題，這也是「美中關係裡，最情緒化和最具爆炸性的問題之一[167]」。

根據研究，中華民國於1949年流徙到臺灣以後，蔣介石總統在面對中共武力侵臺的壓力下，對內實行戒嚴令下的威權手段，以西方價值觀對「民主政治」的定義，臺灣在民主化上是沒有任何進展的。然而，治史者必須以當時環境來討論當代人物才屬客觀公平，面對中共軍事犯臺的壓力及共諜在內部的顛覆，戒嚴及白色恐怖當屬必要之惡。蔣介石當時對臺灣最大的貢獻，就是充分信賴財經技術官僚、善用美援，奠定臺灣經濟奇蹟與富裕的基礎；另一方面，威權高壓統治形成一道緊箍圈，圍堵了異議的行動與聲音，在「反共抗俄」的創造性模糊口號下，「團結」了臺灣社會大部分的人心。

蔣經國在陳誠副總統過世後，順利解決蔣介石總統接班人的問題。另一方面，臺灣的戰略地位優勢已經被美國尼克森總統的「聯中（共）制蘇」所取代，在退出聯合國後，蔣經國更大力拔擢臺籍菁英進入以往由外省菁英所掌控的權力核心，開啟「本土化」的工程。1979年美麗島事件爆發，我們認為這種以臺灣民族主義為訴求的群眾運動，促使蔣經國正視這些在野臺籍菁英的訴求和壓力，於是加速民主化腳步，容忍民主進步黨的成立、宣布解嚴、開放大陸探親，更重要的是拔擢臺籍副總統李登輝成為接班人。由於蔣經國的「本土化」及「民主化」政策，使得由大陸流徙臺灣的中國

---

167 1999年12月10日，《中國時報》，第14版。

國民黨與中華民國避開歷史上的陷阱，順利解決潛在省籍衝突可能爆發的因素，並為本地大部分人民所接受。

從政府流徙到臺灣的第一任陳誠內閣起，就吸收臺籍閣員，到蔣經國組閣時更大幅起用臺籍菁英，而開啟所謂「本土化」的局面[168]。另一方面，由於爭取美國在政治、軍事、經濟（美援）上的支持，蔣介石在內閣成員上起用了大批具有留美背景的財經及理工技術菁英，而蔣介石承認自己對經濟問題不在行，遂決定將財經大權全權授予他的副手陳誠及陳誠手下的一批財經技術官僚[169]。

這批財經技術官僚多出身「仁社」（1919年由9位中國留美學生在哥倫比亞大學宿舍創辦，取名為Phi Lambda Fraternity），到了1947年時，仁社在全國共有13支社（包括臺灣），計有社員459人，國外則有歐美2分社，社員154人。仁社社員名單中，先後在蔣介石時代內閣擔任部會首長或行政院長的有嚴家淦、尹仲容、陶聲洋、張繼正、李國鼎（另有錢純、趙耀東）等人[170]，這批人在國府遷臺之後，因緣際會登上歷史舞臺，奠定了臺灣的經濟奇蹟。

據統計，臺灣的財經決策核心，計有43名最具影響力的技術官僚，其中有10人擔任過財經首長，分別是嚴家淦、尹仲容、楊繼曾、李國鼎、俞國華、俞鴻鈞、徐柏園、蔣夢麟、沈宗翰和孫運璿，其中孫運璿最晚加入財經決策中心[171]，而其餘9人都

---

168 李登輝，《臺灣的主張》，前揭書，頁62-63。「本土化」的定義，每人的見解都不盡相同。李登輝定義為建設臺灣、認同這塊土地（但不排斥懷念大陸故土），就是所謂「本土化」；但李登輝認為雖然蔣經國說「我也是臺灣人」，然對於以臺灣人為主體的政治問題，他沒有深入思考。李登輝認為將「中華民國臺灣」或是將「臺灣的中華民國」實質化，才是當務之急。

169 陳誠兼美援運用會主任委員，主要決策者有尹仲容、嚴家淦、楊繼曾；主要執行者：李國鼎、陶聲洋、韋永寧；主要研究幕僚：王作榮、葉萬安。王作榮認為蔣介石與陳誠兩人對財經官員充分信任、充分授權，既不公開發言自作主張，也從不私下出意見作指示。而這批決策官員在爭辯、討論、妥協後通常自作決定，根本不上報，上層知道真正重要的決策，他們會自動上報請示的。王作榮，2001年7月，〈李國鼎先生在臺灣經濟發展中的定位〉，《傳記文學》，前揭書，第79卷，第1期，頁38-39。李國鼎認為蔣介石智慧很高，思想也新，對於新的事務與觀念，只要稍加解釋，就能明白接受。他覺得老總統在經濟問題上的開明，恰巧與蔣經國的固執形成強烈對比。康綠島，前揭書，頁143。

170 康綠島，前揭書，頁60-61。

171 同上，頁77。

是在50年代初期加入財經決策機構。有關臺灣經濟重建與發展專責機構的演變史請參考圖二。

圖二 臺灣經濟重建與發展專責機構演變史（1949～1988）

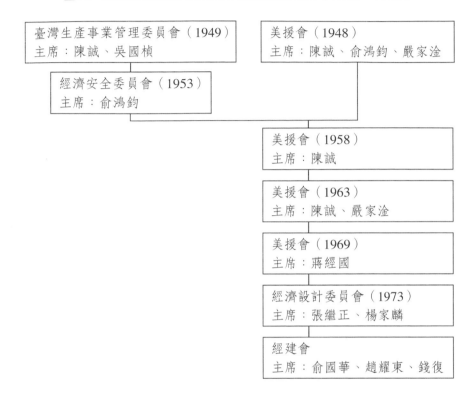

資料來源：Wen Hsien-Shen（1984），p.16。轉引自田弘茂，1989，《大轉型》，頁154，臺北：時報出版公司。

　　這批財經技術官僚帶動了臺灣經濟高度成長及發展，而蔣介石總統對他們在專業領域上的充分尊重和授權，是得以創造臺灣經濟奇蹟的關鍵因素。此外，本土社會財富和生活水準的增進，讓本土化得以成功推展，使國民黨這個外來的流徙政權，能在臺灣落地生根並造就穩定的政權。這是蔣介石的內閣財經技術菁英最大的貢獻[172]。

---

172 副總統蕭萬長回憶在第一次能源危機時，政府對管制物價逐漸力不從心，當時孫運璿、李國鼎、俞國華等財金三巨頭明知道時任行政院副院長兼經建會主委的蔣經國不高興，但三人仍說服蔣經國不要再管制物價，政府後來宣布油價「一次漲足」，結果民間預期心理消失，物價得以平穩。蕭萬長認為這就是國民黨與民進黨的不同之處；國民黨完全信任專業、不受意識形態影響；而這三位財金前輩，李國鼎前瞻、俞國華認真、孫運璿宏觀、認真且無私，一起創造了臺灣的經濟奇蹟。

分析蔣介石總統時代（1950～1975年）的5屆內閣，陳誠第一次組閣（1950～1954年）時入閣閣員的平均年齡最年輕，只有49.6歲，這也反映政府在由大陸流徙到臺灣的大環境變動下，擺脫大陸時代舊有的人事、派系包袱，而採用一群年輕、高學歷的行政菁英團隊。在本屆內閣中，擁有研究所（含碩、博士）學歷的閣員，占內閣團隊的32％，而其中有出國深造（含大學、碩、博士等正式學歷）者為13人，占內閣團隊的60％，顯示內閣成員在成為權力菁英之前，已經是社會結構上所謂的知識菁英。在21位閣員中，有3人出身軍校，占全體閣員的14％，而這3位軍事菁英陳誠、郭寄嶠、賀衷寒分別擔任院長、國防、交通部長的職務。而由軍人組閣，也反映流徙政權在大環境變動、軍事危機的雙重壓力下，必然呈現的政治趨勢。3人中出身保定軍校的有2位——陳誠與郭寄嶠，這也顯示政府遷臺初期，保定軍校畢業生在軍事菁英中的重要性[173]。

在閣員的籍貫上，各有3位出身江蘇與廣東省，浙江省有2位。江浙地區自南宋以來即成為全國經濟重心，人才輩出，廣東則成為清末以來革命的基地，孫中山與蔣介石的祖籍即為廣東與浙江，這可解釋內閣中出身東南沿海的菁英占多數的原因。臺籍閣員雖然只有蔡培火1位，但正顯示政府在流徙來臺初期，已頗重視省籍問題。

俞鴻鈞內閣（1954～1958年）團隊平均入閣時的年齡為52.9歲。擁有碩士以上學歷的閣員有6位，占全體閣員的30％；擁有留學背景的有10位，占50％。在所有閣員中只有交通部長袁守謙出身黃埔軍校，占5％，較陳誠內閣的14％要少許多。而俞鴻鈞在財經領域的專業背景，也顯示流徙政權在逐漸穩定之後，開始致力於內部財經方面的建設。

至於閣員的籍貫方面，出身浙江的有3位，廣東、江蘇、湖南省籍的也各有3位，在整體上還是以華南地區沿海的省分占多數。臺灣省籍的閣員，仍然只有蔡培火1位。從閣員的專業背景分析，俞鴻鈞所領導的是以財經掛帥的內閣。

---

[173] 黃嘉瑜，1984，〈風雲榜〉，《透視安全挑戰》，頁15-16，臺北：風雲論壇出版社。政府遷臺後首任參謀總長周至柔也是保定軍校出身，另外還有抗日名將薛岳。政府遷臺後，國民大會以粵籍國代人數最多，薛岳似乎成為他們的精神領袖。因此保定軍校出身的軍事菁英，在政府遷臺初期扮演相當重要的角色。

陳誠第二次組閣（1958～1963年），適逢臺海軍事危機，因此出身軍人的比例又大幅提升，除陳誠本人之外，計有袁守謙（交通）、李永新（蒙藏）、薛岳及蔣經國（不管部會政務委員）等合計5人，占全體閣員的19％。閣員的平均年齡較前兩屆要高，為57.5歲，這顯示內閣菁英必須有相當時日的行政歷練，才能獨當一面；另一方面，由於政權沒有輪替，也使權力核心有逐漸老化且集中一批人的趨勢。

在閣員的學歷方面，擁有碩士以上學歷的有9位，占全體閣員的35％，而有留學背景的有18位，占內閣成員的69％。當陳誠第二次組閣之際，爆發了雷震的《自由中國》逮捕事件。雖然陳誠本人容或同情雷震等人籌組新黨的訴求，但在蔣氏父子的威權體制及考量本省籍知識分子、政客與外省人合作可能帶給國民黨的嚴重威脅下，即使當時駐美大使胡適力諫，此事件還是以判重刑收場[174]。在這個階段，本省籍菁英大致上與外省籍菁英（自由主義者）進行合作，而國民黨在外部的統治正當性也為國際社會所接受，但是這個流徙政權在逐漸穩定之際，中央權力菁英還是以大陸遷臺的外省籍人士為核心主導。在本屆內閣中的閣員省籍分布來看，出身廣東、江蘇、浙江地區的各有4位，出身臺籍的增加為2位，占8％。連震東是第一位接掌部會首長（內政）的臺籍人士。此外，蔡培火及連震東二人都是屬於「半山」背景的臺籍人物，也都有「抗日」的經驗。

嚴家淦內閣（1963～1972年）已是中華民國政府遷臺的第四任內閣，政府流徙已然有14個年頭。在近10年的嚴內閣期間，先後有36位閣員，雖然平均年齡59.2歲仍屬偏高，但內閣也數度局部改組，起用較年輕的技術官僚。嚴內閣中擁有碩士以上學位的有17位，占全體閣員的46％；曾經留學國外者有26位，占70％。在閣員的省籍分布上，出身浙江地區的有8位，江蘇4位，廣東及湖南各3位，而臺籍人士也增加為3位，占8％，其中連震東和徐慶鐘二人先後出掌內政部，蔡培火仍續聘為政務委員。但徐慶鐘在背景上與上述二人不同，他沒有抗日背景，也非「半山」，而是出身於日據時

---

174 2001年2月28日，〈國史館機密檔案〉，《聯合報》。胡適自美國拍電報給陳誠，顯示當時的自由主義派比較接近陳誠，將陳誠視為可溝通的對象，但陳誠無力制止雷震被捕，也顯示國民黨權力菁英對領袖的「效忠」在當時的特殊意義。

期的農業技術官僚。在228事變之後，陳儀為弭平臺籍菁英的不滿，即建議由徐慶鐘等人出任省府委員[175]，因此徐慶鐘與國民政府有相當時日的共事經驗，也是國民政府在228事變之後刻意栽培的臺籍菁英。

嚴內閣時代的中華民國不論在內部及外部，都遭受嚴重的挑戰。在內部，本省籍的在野菁英甚至年輕的知識分子，都直接提出終結蔣介石或中華民國政權的宣傳和行動。他們的革命主張與雷震及支持《自由中國》的本省籍政客所呼籲的體制內改革等軟性訴求完全不同，從而使國民黨內少數有前瞻性及洞察力的政治領袖如蔣經國等，注意並警覺到本省籍菁英對外省籍菁英長期壟斷政治資源的不滿與憤怒[176]。

在外部的主權危機上，由於1971年退出聯合國，使中華民國在失去國際政治的主權承認之際，轉而尋求內部統治的正當性，而當務之急就是獲得本省籍人民的認同。一方面，政府需要更多的建設以滿足人民在生活上的需求；另一方面，政府必須逐步開放政權，讓更多的本省菁英能夠參與權力核心事務，而這些重大的政治工程，就由蔣經國來指揮策畫及具體實踐。

1972年5月26日，立法院以93.38％的高票率，同意由蔣經國出任行政院院長[177]。29日，總統發布新內閣命令，副院長徐慶鐘、祕書長費驊、內政林金生、外交沈昌煥、國防陳大慶、財政李國鼎、教育蔣彥士、司法行政王任遠、經濟孫運璿、交通高玉樹、蒙藏崔垂言、僑務毛松年，至於不管部會政務委員有葉公超、李連春、連震

---

175 2001年2月28日，《聯合報》，第3版。陳儀在228事變之後，向蔣介石提報改組後的省府委員推薦名單，其中包括了徐慶鐘、謝東閔、劉啟光等12人。

176 其中菁英之間因潛在的利益而導致省籍衝突，早在當年陳儀治臺所公布的「懲治漢奸條例」（1945年12月6日）、「臺灣省停止公權人登記規則」（1945年8月21日），準備追究在「日本人主持之侵略性機構，擔任實際重要工作者，要撤銷其擔任公職的權利」時，已經導致普遍不滿。陳儀也曾下令，日據時期曾任職皇民奉公會者，都必須停止公職1～5年。這樣作法忽略在皇民化運動時，皇民奉公會已經動員到社會各階層，當然會引起民眾的普遍不滿（行政院下令停止陳儀的作法）。甚至在當年警總所提報228事件的「叛逆名冊」上，也包括半山的連震東、黃國書、黃朝琴、臺籍耆宿林獻堂等人，雖然當時政府並未完全採用，但本省籍菁英的憤怒和委屈由此可知。見2001年2月28日，〈剛解密的228史料〉，《中國時報》，第3版。

177 薛化元，《臺灣歷史年表——終戰篇II》，前揭書，頁172。

東、俞國華、周書楷、李登輝、郭澄等人[178]。蔣經國的內閣人員的簡歷參見表二。

表二　蔣經國內閣人員簡歷（1972～1975）

姓名	出生年	入閣年齡	籍貫	黨籍	入閣前經歷	入閣職務	離閣出路
蔣經國	1910	62	浙江	國民黨	1969任行政院副院長	行政院長	總統
徐慶鐘	1906	66	臺北	國民黨	1966任內政部長	副院長	總統府資政
費驊	1902	60	江蘇	國民黨	1960-1969任交通部次長	行政院祕書長	1976任財政部長
林金生	1916	56	臺灣	國民黨	1970任中央委員會副祕書長	內政部長	1976任交通部長
沈昌煥	1913	59	江蘇	國民黨	1960任外交部長 1966任駐教廷大使	外交部長	國家安全會議祕書長
陳大慶	1904	68	江西	國民黨	1969任臺灣省主席	國防部長	逝世
高魁元	1907	66	山東	國民黨	1970任總統府參軍長	國防部長	戰略顧問
李國鼎	1910	62	南京市	國民黨	1969任財政部長	財政部長	1976-1980任政務委員
蔣彥士	1915	57	浙江	國民黨	行政院農發會委員	教育部長	1978-1979任外交部長
王任遠	1910	62	河北	國民黨	國民黨政策會副祕書長	司法行政部長	國策顧問
孫運璿	1913	59	山東	國民黨	1967任交通部長 1969任經濟部長	經濟部長	1978-1983任行政院長
高玉樹	1913	59	臺北市	無	臺北市長	交通部長	1976任政務委員
崔垂言	1906	66	吉林	國民黨	黨史會副主任	蒙藏委員長	國策顧問
毛松年	1911	61	廣東	國民黨	1963任臺灣銀行總經理	僑務委員長	國策顧問
葉公超	1904	68	廣東	國民黨	1961任政務委員	政務委員	總統府資政
李連春	1904	68	臺灣	國民黨	糧食局長	政務委員	國策顧問
連震東	1905	67	臺灣	國民黨	1960任內政部長 1966任政務委員	政務委員	國策顧問 總統府資政
俞國華	1914	58	浙江	國民黨	1967任財政部長 1969任中央銀行總裁	政務委員	1977政務委員兼經建會主委
周書楷	1913	59	湖北	國民黨	1971任外交部長	政務委員	駐教廷大使
李登輝	1923	49	臺灣	國民黨	1968農復會技正兼臺大教授	政務委員	臺北市長
郭澄	1907	65	山西	國民黨	國民大會祕書長	政務委員	研考會主委

資料來源：從本章節正文中所引述口述歷史、傳記、專書等資料整理而成。

---

178 楊碧川，《臺灣現代史年表》，前揭書，頁132。同日，謝東閔與張豐緒兩位省籍人士也分別出任省主席及臺北市長。6月8日，蔣經國指示10項革新政風指示。29日，公布中央民代增加選舉辦法。

蔣經國在接任閣揆之前，美國總統尼克森已經與中共簽署了「上海公報」[179]，而當尼克森由上海飛回美國時，主管東亞事務助理國務卿葛林（Marshall Green）和季辛吉助理何志立，銜命到臺北向臺灣領導人簡報訪問經過。蔣經國出奇的鎮靜，向美方強調只要遵行「共同防禦條約」和美國軍事持續援助，他就「不太困擾」[180]。當上海公報發布後，外交部長周書楷在赫斯特報系記者問到臺灣是否會改打蘇聯牌之問題時，周部長表示中華民國現在不排除「與魔鬼握手」，臺北和莫斯科之間可以舉行類似華沙會談的接觸。3個月之後，周書楷下臺[181]。這個人事調整，顯示蔣氏父子仍然以美國為主要的依恃力量。在蔣經國正式接掌閣揆之後，38歲的錢復出任新聞局長。錢復一上臺，就停止前局長魏景蒙的一些祕密外交活動，包括與蘇聯籍的「倫敦晚星報」（London Evening Star）駐俄特派員維多・路易（Victor Louis）的接觸[182]。

另一方面，蔣經國將有意爭取行政院長一職的周至柔予以排除[183]，並著手逮捕周至柔的智囊——時任《大華晚報》董事長的李荊蓀。李荊蓀從1957年8月～1970年11月止，在《大華晚報》上的「星期雜感」發表一系列批評政府的文章，加上其捲入蔣、周二人行政院長職務之爭而被逮捕，周至柔與黃少谷曾向蔣經國求情，但李仍被判處無期徒刑[184]。

---

179 楊碧川，《臺灣現代史年表》，前揭書，頁133。在「上海公報」中，基本上是各說各話的局面。中共主張中華人民共和國才是中國的唯一合法政府，臺灣是中國的一省。美國方面，則表示美國認知（Acknowledge）到臺灣海峽兩邊的中國人都認為只有一個中國，臺灣是中國的一部分……美國也同意等到該地區緊張情緒趨於緩和，將階段性削減在臺灣的美國軍隊。

180 陶涵（Jay Taylor），前揭書，頁338。

181 同上，頁338-339。

182 同上，頁315-318。路易（又名維他利・葉夫金尼耶維契，Vitaly Yevgeniyevich）經臺灣情報機關確認是KGB的特務。蔣經國同意路易來訪，並要他的好友魏景蒙作為接待的窗口。1968年10月29日，兩人見面並以俄語交談，蔣經國向路易談起，一旦國民政府光復大陸，可以「考慮對美關係」，或許他已預見在「上海公報」簽訂之後，臺灣與美國之間要發展長期的戰略伙伴關係，已經不太可能實現了。而國府此番人事上的調整，應該是基於美方的壓力，或者是做給美國人看而已。

183 王作榮，1999，《壯志未酬》，頁362，臺北：天下文化出版。

184 陸鏗，1997，《陸鏗回憶與懺悔錄》，頁472-480，臺北：時報出版公司。直到1980年初，包括卜少夫等立法委員與新聞界重要人士，都曾經寫信給蔣經國及國防部長宋長志，希望李荊蓀可以「保外就醫」或「提前開釋」，均未如願。

在1972年6月，新內閣成立時，為了因應國際及國內時勢變化，以及國民黨逐漸重視並尋求內部統治的正當性，蔣經國內閣大量啟用臺籍人士，計有徐慶鐘、林金生、高玉樹、李連春、連震東、李登輝等6人，在全體內閣成員21位之中占有29％，居政府遷臺後各屆內閣之冠，行政院副院長一職則由嚴家淦內閣內政部長徐慶鐘升任。徐慶鐘出身臺北萬華地區，1931年大學畢業論文〈黃麻硬實之研究〉轟動整個臺北帝國大學，隨後於農業試驗所中成功培育一種新麻品種，日本學界命名為「鐘麻」，以紀念他的功勞。徐慶鐘也是本省農學家在日據時代唯一得到臺北帝國大學農學博士學位的學者[185]。其在內政部長6年任內，研訂臺灣地區社會建設4年計畫，訂定人口政策、勞工職業訓練制定、公布勞工職業金條例、醫師法及藥商品管理法等，將科學精神帶進內政部，有諸多新猷[186]。徐慶鐘是政府遷臺後第一位本省籍行政院副院長，不但是當局重視的農經專才，也扮演象徵本土菁英的角色。

祕書長一職由費驊擔任，費驊1902年出生於江蘇省，畢業於交通大學，並獲得美國康乃爾大學工程碩士學位，政府遷臺後，先後擔任臺灣公共工程局長（1945年）、臺灣省鐵路局副局長（1948年）、行政院經濟安定委員會委員（1953年）、美援會第二處處長（1958年），在1960～1969年擔任交通部次長，先後歷經過沈怡、孫運璿等部長[187]。費驊是蔣經國在經合會擔任主委時的副主委兼祕書長，由此可見當局對他的信賴及倚重[188]。

內政部長由林金生擔任。自陳誠第二次組閣以來，連震東和徐慶鐘皆以臺籍菁英身分相繼擔任內政部長，內政部長一職由臺籍人士擔任似乎已是慣例。林金生1916年出生於臺灣嘉義，畢業於日本東京帝國大學法學院。他擔任過嘉義首任縣長（1951年～1954年）、雲林縣長（1957～1964年）、澄清湖工業給水廠廠長（1964～1966年）、臺灣省政府委員（1966～1967年，1967年起兼省黨部書記長）等地方首長職

---

185 王春祝，1988，〈中華民國歷任行政院副院長〉，《中華民國內閣名人錄》，頁59，臺北：洞察出版。

186 同上，頁58。

187 陳賢慶、陳賢杰，前揭書，頁363。

188 陳子揚，1986，〈迎接技術統治的時代──中央常會中的技術官僚〉，《透視黨中央》，頁110，臺北：風雲論壇出版社。費驊在1984年2月29日因車禍逝世，終止在仕途上更上層樓的機會。

務。在黨職方面，曾經擔任雲林縣黨部主委（1954～1957年）、臺北市黨部主委（1969年）、中央黨部第一組副主任（1969年）、中央黨部副祕書長（1970年）[189]。這也是國民黨遷臺以來，自謝東閔（第7屆）、連震東（第8屆）、徐慶鍾（第9屆）以後，第四位臺籍副祕書長[190]。

在美國國務院對「蔣經國的臺灣人」的一份評估情報中，分析指出「林金生在中華民國政府內的成功，被歸功於1950年背棄反叛的臺灣人，投向政府軍隊。有些政治觀察家相信，林金生像一些其他與國民黨合作的臺灣人一樣，誠心認為他自己是要使政府政權和平轉移給臺灣人控制的先驅[191]」。

外交部長由前外長（1960～1966年），時任駐泰國大使（1969～1972年）的沈昌煥擔任[192]，以接替曾表示「不惜與魔鬼（指蘇聯）握手」的周書楷[193]。

國防部長由黃埔軍校一期畢業生陳大慶接任。陳大慶1904年出生於江西省崇義縣，在大陸時期，曾擔任集團軍總司令。政府遷臺後，歷任國家安全局副局長、局長（1947～1959年）、臺灣警備總司令兼軍管區司令（1963～1967年）、陸軍總司令（1967～1969年）、臺灣省政府主席（1969年7月～1972年6月）等職務[194]。1973年7月30日，總統公布新的人事命令：高魁元任國防部長，黎玉璽任總統府參軍長，而陳大慶因健康原因調任總統府戰略顧問[195]。

高魁元1907年出生於山東嶧縣，是黃埔軍校第四期畢業生（1926年）。在軍中，由基層連隊歷經陸軍總政治部主任、陸軍總司令、參謀總長、總統府參軍長等要職，1973年7月接任國防部長[196]。1949年，高魁元擔任第18軍軍長戍守金門，重創來犯共軍，俘虜5,000餘人，史稱「古寧頭大捷」。他是蔣經國最信任的國軍將領，因此能擔

---

189 1978年5月29日，《民族晚報》。

190 李雲漢，1994，《中國國民黨職名錄》，臺北：中國國民黨中央委員會黨史委員會。

191 王景弘，前揭書，頁436，

192 魏貽君，1989年9月，《臺灣政治將士象》，頁78-79，臺北：自立報系文化出版部。

193 陶涵（Jay Taylor），前揭書，頁338。

194 1988年6月，《國史館現藏民國人物傳記史料彙編》，第1輯，頁455-458，臺北：國史館。

195 薛化元，《臺灣歷史年表——終戰篇II》，前揭書，頁208。

196 傅立德，〈臺灣防禦的關鍵人物——中華民國歷任國防部長〉，《中華民國內閣名人錄》，前揭書，頁158-159。

任參謀總長及國防部長,是政府遷臺後第一位能先後出任軍令及軍政系統領導者的將領[197]。

財政部長由李國鼎留任。李國鼎早期受知於蔣介石總統、陳誠副總統、尹仲容等人,其在經濟及財政部長任內所提拔的青年才俊包括:徐立德、王昭明、李模、金唯信、白培英、王建、阮大年、何宜慈、石滋宜、張忠謀、楊世緘等財經及科技人才[198]。這些財經、科技界人才,被歸納為所謂的「KT派」(國鼎的英文縮寫)。但由於李國鼎建立的聲譽不凡,使美國國務院分析蔣經國之所以任命一個臺灣人副院長(徐慶鐘),目的就在於擋掉李國鼎這位外省籍的可能挑戰者[199]。

教育部長由嚴內閣時期的祕書長蔣彥士接任。蔣彥士與嚴內閣4位教育部長相較,並無大學校長的資歷[200],但他與蔣經國私交甚篤,1969年蔣經國任行政院副院長時,力薦他出任祕書長,在其往後的政壇發展上,都頗為順利[201]。

司法行政部長由嚴內閣的王任遠部長留任。在歷任的法務部長中,大多由法學專家出任。在行憲初期,黨國大老謝冠生、梅汝璈、張知本等憲法專家都出任過該職。在政府遷臺後,林彬是早年的制憲和制法專家;谷鳳翔及王任遠都曾擔任過國民黨政策會祕書長,對於黨務運作和立法事務均十分熟悉[202]。

197 風雲論壇編輯委員會,1987年1月,《蔣夫人與元老派》,前揭書,頁169-170,臺北:風雲論壇出版社。

198 魏子凡,〈參贊財經科技的三朝元老——李國鼎〉,《蔣夫人與元老派》,前揭書,頁47-49。

199 同注191,頁435。王作榮認為李國鼎在1969年由經濟部轉任財政部的一個重要理由就是「李家班」的突顯,使蔣經國決定拔除此派系,故調任其為財政部長。王作榮,〈李國鼎先生在臺灣經濟發展中的定位〉,《傳記文學》,第79卷,第1期,頁43-45。李國鼎自己則認為蔣介石總統及陳誠副總統非常尊重及支持財經技術官僚的意見,尤其蔣介石頭腦很好,觀念也很新;但蔣經國不同,他對財經問題並不十分了解,卻很固執。見康綠島,2001,《李國鼎口述歷史——話說臺灣經驗》,頁211,臺北:卓越出版。

200 彭懷真,〈主管百年樹人的園丁——歷任教育部長的出身〉,《中華民國內閣名人錄》,前揭書,頁196。

201 胡煜嘉,〈從絢爛歸於平靜的國士——總統府國策顧問素描〉,《蔣夫人與元老派》,前揭書,頁86-88。蔣彥士在1978蔣經國就任第6任總統時,出任總統府祕書長,旋出任外交部長,1979年又出任中國國民黨中央委員會祕書長。後也曾為李登輝總統重用,擔任總統府祕書長。

202 吳淑美,〈中華民國歷任法務部長〉,《中華民國內閣名人錄》,前揭書,頁209。

經濟部長由原嚴內閣之交通部長孫運璿轉任。孫運璿一生大半與電力工程事業有不解之緣，在陶聲洋遽逝之後，在任不滿兩年的孫運璿轉任經濟部長。

交通部長由臺北市首任院轄市長高玉樹接任。高玉樹1913年出生於臺北市，畢業於日本早稻田大學機械工程系。在其從政生涯中，曾擔任臺北市第2屆民選市長（1954～1957年）、第5屆市長（1964～1967年）、首任院轄市市長（1967年7月～1972年5月）[203]。根據美國國務院分析蔣經國任用高玉樹出掌交通部的目的，是調離高玉樹這位可能的競爭者，使其脫離擁有群眾基礎的地盤[204]。而另一臺籍人士張豐緒被蔣經國提拔，其於屏東縣長任滿後接掌臺北市，目的是打破高玉樹在市府的官僚地盤[205]。蔣經國在人事命令發布前，曾經先行召見高玉樹，邀請他入閣，表示預備推動10大建設計畫，其中6項是交通建設，需要借重高玉樹的才幹。高玉樹無法推辭，只好接受新職務[206]。

蒙藏委員長由崔垂言接任。崔垂言1906年出生於吉林省，畢業於北京大學英文系、清華大學研究所碩士。曾任國民參政員、吉林省政府祕書長；政府遷臺後，曾任革命實踐研究院研究所長、黨史會副主任[207]。

僑務委員長毛松年1911年生於廣東省，畢業於國防研究院。1936年任陸軍官校教授、廣東賦稅局長（1941年）、廣東財政廳長（1948年）、廣東銀行董事長（1949年）、中央銀行祕書處長（1961年）、臺灣銀行總經理（1963年）[208]。由其背景資歷分析，毛松年接掌僑委會應基於兩個考量：

一、廣東省籍，使他與海外廣大粵籍僑胞較易產生情感上的共鳴。

二、他具備優秀財經專長和資歷，對內閣財經人才補強會有很大的助益。

---

203 孫夢承，〈30年內閣權力結構的變遷大勢〉，《中華民國內閣名人錄》，前揭書，頁36-37。

204 王景弘，前揭書，頁435。

205 同上，頁437。

206 陶涵（Jay Taylor），前揭書，頁339。

207 彭懷恩，1986，〈中華民國的政治菁英──行政院會議成員的分析（1950～1958）〉，頁282、310，臺北：國立臺灣大學政治研究所博士論文。

208 同上。

三、他是蔣宋美齡推薦的人才[209]。

1972年6月1日，在新內閣成立之後，總統發布人事命令：謝東閔為臺灣省主席，張豐緒為臺北市長，錢復為新聞局長，陳桂華為人事行政局長。謝東閔成為政府遷臺後第一位本省籍的省主席[210]。

在行政院不管部政務委員方面，葉公超、連震東、周書楷、俞國華4人是嚴內閣時的成員，其中葉公超及周書楷都曾擔任外交部長。葉公超在8年9個多月（1950年1月～1958年10月）的外長任期中，穩固我國在聯合國的地位、簽署中美共同防禦條約，對政府遷臺初期的國際地位和外交局面的擴展，貢獻最大[211]。1958年被外放為駐美大使，1961年因聯合國「外蒙古入會案」，結束其外交生涯，轉任政務委員。在外蒙入會立場上，臺北採彈性立場不予否決，但交換條件是美國甘迺迪總統公開聲明「堅決反對中共入會」[212]。而葉公超被解職是因為蔣經國從美國獲得密電，指出葉公

---

209 艾思明，1987，〈蔣夫人的風雲一生〉，《蔣夫人與元老派》，前揭書，頁19。毛松年在卸下僑委會主委後，又被委以駐日代表重任，可見蔣經國對蔣（宋美齡）夫人人馬的尊重。

210 薛化元，《臺灣歷史年表——終戰篇II》，前揭書，頁174。臺灣省歷屆省主席有魏道明、陳誠、吳國楨、俞鴻鈞、嚴家淦、周至柔、黃杰、陳大慶等人出任，其中謝東閔是第9任省主席，也開啟本省籍人士出任該職之慣例，其後，林洋港、李登輝、邱創煥、連戰等都是臺籍人士；但宋楚瑜卻是本土化後唯一的外省籍人士及末代（也是唯一）的民選省長。

211 楊其琛，〈外交風雲30年——中華民國的歷任外交部長〉，《中華民國內閣名人錄》，前揭書，頁105-109。

212 黃天才，1998年8月9日，〈解密：37年前外蒙入會案真相〉，《聯合報》。在蔣介石於1961年10月21日所主持的中常會上，谷正綱及張道藩兩位中常委堅決反對外蒙入會，堅持毋為瓦全的決心；但蔣介石卻表明，以讓外蒙入會，換取不讓中共加入聯合國的真正目的。蔣介石說：「聯合國代表權是我們當前在國際外交戰場上必須堅守的一個據點，一個非守住的堡壘……如今聯合國會員國增加至近一百國，意見分歧，不像以往單純……我們以美國既對我國有所要求（允許外蒙入會），則我國自亦可要求美國有所回報，遂透過外交管道，向甘迺迪總統明白表示『可以考慮不使用否決權』，但要求甘迺迪總統公開表明對我代表權的堅定支持。必要時，並將使用否決權以拒阻中共進入聯合國。」蔣介石接著表示「由於我們多方動員，展示全國一致的決心……一致支持否決外蒙到底……要不是我們展示這種寧為玉碎，不計後果的決心，能贏得甘迺迪總統『強烈反對中共進入聯合國』的這樣公開聲明嗎……」在中常會上，蔣介石也非常理性的承認外蒙已經在1945年公民投票後獨立，並具備主權國家的身分及事實（這是當年中央日報社長陶希聖的轉述）。從蔣介石處理外蒙入會的態度及判斷來看，蔣總統對當時國際情勢、美國政府對華政策掌握等都非常清楚及務實，並以極富彈性的外交手腕來確保美國支持，以穩住聯合國的席次。

超在美國某處發表談話，以極惡劣的用語批評蔣總統，蔣總統遂將之解職，且在爾後「讀訓」場合，公開痛斥駐外使節在外人面前批評自己國家的領袖為喪失國格及人格的行徑[213]。

　　周書楷（外長任期1971年4月～1972年6月）接任外長，適值中華民國外交最艱困時期，他參與聯合國會籍保衛戰，自1972年起不斷出訪邦交國，以免產生骨牌效應；同時，周書楷領導外交部門留意新獨立的小國，成為日後外交工作的一大特色[214]。雖然周書楷因為主張打蘇聯牌而下臺，但當年（1968年10月20日～31日）蘇聯記者路易訪臺，會晤許多高層人士（包括時任國防部長蔣經國），在獲得蔣介石總統的同意下，新聞局長魏景蒙兩度（1969、1970年）赴維也納，洽商雙方對付中共的戰略合作[215]。因此，周書楷之所以下臺，應該是美方施加的壓力，而在蔣經國組閣後，又將他及葉公超網羅至不管部會，借助二人的外交長才，以穩固中華民國逐漸惡化的外交形勢。

　　郭澄是資深黨工，曾任臺灣省黨部主委、中央黨部副祕書長、中央政策會祕書長。在行政資歷方面，郭澄曾繼唐縱擔任省府委員兼祕書長一職長達6年之久，先後襄助省主席周至柔、黃杰主持臺灣省政[216]。俞國華在嚴內閣時期曾經擔任財政部長，此次重新入閣，仍兼任國民黨中央黨部財務委員會主任委員。

　　在2位新入閣的臺籍不管部政務委員方面，李連春1904年出生於臺灣，畢業於日本神戶商業學校。1937年，擔任米穀局參事事業部長，1946年起擔任臺灣省糧食局副局長、局長[217]。李連春在省府任內主管稻米及肥料長達20年，是農業專家。

213　黃天才，1998年8月10日，前引文，《聯合報》。
214　楊其琛，〈外交風雲30年——中華民國的歷任外交部長〉，前揭書，頁123。
215　1995年5月21日，《聯合報》。這是前新聞局長魏景蒙的日記「王平檔案」所揭露的祕辛。據日記記載，雙方曾談到中華民國如果反攻大陸，莫斯科將視之為中國內戰，採取中立態度，甚或以飛彈攻擊中共之軍事基地；臺北方面則一度想使用俄國海空軍的武器，向大陸進擊。在外交上，據魏景蒙說，蔣介石總統已在考慮承認外蒙，與之建立外交關係，以對毛共施加壓力。
216　劉紹唐，1975，《民國人物小傳》，第4冊，頁302-303，臺北：傳記文學出版社。
217　彭懷恩，〈中華民國的政治菁英——行政院會議成員的分析（1950～1958）〉，前引文，頁181、307。

李登輝1923年出生於淡水三芝鄉，1940年日本在臺灣推行皇民化運動時，曾改名為岩里正男。1943年，赴日就讀京都帝國大學農林學部農林經濟學科，1944年在日本入伍服役，為帝國陸軍少尉。1949年完成臺灣大學農業經濟系學業，留校任教。1953年擔任省農林廳技士，1957年擔任中國農村復興聯合委員會農村經濟組技士，1972年入閣擔任行政院政務委員兼農復會顧問，負責制定重要農業政策[218]。

李登輝也是政府遷臺以來，第一位被警備總部約談的內閣閣員。在遷臺初期，以李登輝所涉及的「匪臺灣省工委會臺大法學院支部葉松城叛亂案」的前科，是不可能入閣的，因此在警總約談期間，一位警總人員對李登輝留下一句耐人尋味的話「像你這種人也只有蔣經國敢用你[219]」。美國國務院分析李登輝的「與眾不同」，在於他與《大學雜誌》中主張改革的臺灣人有往來，而這些人在學生及知識分子之間很有影響力，因此李登輝的任命可能表示蔣經國有意爭取這個團體的支持。此外，李登輝與徐慶鐘的友誼可能也有助於他的任命[220]。

由於蔣介石總統於1975年4月5日病逝，從蔣經國組閣至蔣介石過世，所有閣員合計21位，他們與蔣介石總統的淵源關係參見表三。

---

218 李登輝，1999，《臺灣的主張》，頁316-323，臺北：遠流出版公司。

219 1999年4月6日，《聯合報》。前臺共地下黨成員吳克泰親口證實介紹李登輝於1947年加入共產黨，兩人於2002年初在臺灣再度相逢，他對李登輝美化日本殖民臺灣的歷史覺得很奇怪。見2002年11月7日，《聯合報》，14版。

220 王景弘，前揭書，頁437-438。

編號	職稱	姓名	血親	同鄉	同學友朋	師生	直接部屬	官邸近侍	黨中常委	技術專家	政黨或地域代表
1	行政院長	蔣經國	✓	✓			✓		✓	✓	
2	副院長	徐慶鐘					✓		✓	✓	✓
3	祕書長	費驊								✓	
4	內政部長	林金生					✓			✓	✓
5	外交部長	沈昌煥					✓	✓	✓	✓	
6	國防部長	陳大慶				✓	✓		✓	✓	
7	國防部長	高魁元				✓	✓		✓	✓	
8	財政部長	李國鼎					✓		✓	✓	
9	教育部長	蔣彥士		✓			✓		✓	✓	
10	司法行政部長	王任遠					✓			✓	
11	經濟部長	孫運璿					✓		✓	✓	
12	交通部長	高玉樹					✓			✓	✓
13	蒙藏委員長	崔垂言					✓				✓
14	僑務委員長	毛松年					✓				✓
15	政務委員	葉公超					✓			✓	
16	政務委員	李連春								✓	✓
17	政務委員	連震東					✓				✓
18	政務委員	俞國華		✓	✓		✓	✓		✓	
19	政務委員	周書楷					✓			✓	
20	政務委員	李登輝								✓	✓
21	政務委員	郭澄					✓		✓	✓	
比例			5%	14%	5%	10%	86%	10%	48%	90%	38%

計算方式：該項人數／總人數（總人數：21人）

　　以蔣介石總統在世時的蔣經國內閣（1972年6月～1975年4月5日）成員分析，在總計21位的內閣成員中，以技術專家身分入閣的有19位，占90％；這些成員或因其學歷、工作上經歷等而得以入閣，唯獨蒙藏委員崔垂言、僑務委員長毛松年2人，沒有任何處理相關事務的經驗，當局應該是考量兩人的籍貫（分別是吉林及廣東省）而入選。

　　其次，內閣成員中有18位與蔣介石總統有直接共事淵源，以本省籍內閣成員

來說，連震東出身中央改造委員，徐慶鐘是嚴內閣的內政部長，與林金生都曾經擔任中央黨部副祕書長，因此3人都有與層峰在黨職或行政上共事的淵源。高玉樹長期擔任臺北市長，尤其被任命為改制後的院轄市長，並被蔣總統要求參加每個月所舉行的反共抗俄總動員會報（重要會議限黨員參加，高乃無黨籍）；而陳大慶（時任省主席）曾在雷震案之後告訴高玉樹，因其市政建設傑出才未被找麻煩[221]。李連春、李登輝、費驊3人則未列入該選項，李連春雖然有20餘年糧食局經歷，但那是省屬單位而非中央層級；費驊亦不具備該條件。因此，在21位閣員中有18位與層峰有直接的部屬淵源，占86%，占所有選項中排名第二位。

21位內閣成員中，有10位閣員兼具中常委的身分，占內閣成員的48%，占選項中排名第三位。在嚴內閣時期，具有中常委身分的閣員占全體內閣的36%，也是在全部選項中排名第三位。排名第四位的選項則是政黨或地域性的代表，占38%，合計有臺籍的徐慶鐘、林金生、高玉樹、李連春、連震東、李登輝等6人，蒙藏及僑務委員長分別代表邊疆（崔垂言——吉林省）及海外華僑（毛松年——粵籍），此外，高玉樹是以無黨籍的身分入主交通部。

與蔣總統具有浙江同鄉淵源的有蔣經國、蔣彥士、俞國華等3人，占全體閣員中的14%，排名第五位。俞國華的父親俞作屏曾經擔任黃埔軍校英文祕書，叔父俞飛鵬曾任黃埔軍校軍需部的副主任，堂兄俞濟時也長期擔任蔣介石的侍衛長，由此可見俞國華與蔣介石的特殊淵源[222]。

至於在選項中的官邸近侍及師生兩項，同樣都有兩位閣員具備上述淵源，占所有閣員中10%，排名第六位。俞國華本人出身侍從祕書之外，其弟俞國斌也在大學畢業後服務於官邸[223]。沈昌煥在官邸中原本屬於「夫人派」，曾先後兩度出任外交部長

221 1989年8月21日，《聯合報》。

222 青時宇，1987，〈層峰的親信與助手——探討總統府內大事〉，《總統府內幕》，頁97-99，臺北：洞察出版。曾任總統府機要室主任的周宏濤，後在第七屆中央委員會出任中央黨部的副祕書長，其祖父周駿彥是蔣介石浙江奉化鄉親，也曾任黃埔軍校軍需部主任，故周宏濤當年以30餘歲之齡即可登黨內高職。這些人事安排說明，當事人除具備忠誠及能力外，鄉親情誼往往也是得意政壇的一個重要背景。俞國華、王駿，1999，《財經巨擘——俞國華生涯行腳》，頁44-46，臺北：商智出版。

223 青時宇，前引文，頁98。

224。具備師生關係的則是前後兩任國防部長陳大慶及高魁元，也是占10％。血親關係的只有蔣經國一位，占全體閣員的5％，排名第七。至於同學友朋選項之中只有俞國華具備此層關係。因此，根據以上統計分析，所列與蔣介石總統淵源的9個選項中，技術專家所占的比例仍然最高，排名第一。其次的排名分別是直接部屬、中常委、政黨或地域代表、同鄉、官邸近侍、師生及血親關係，比率分析請參見圖三。

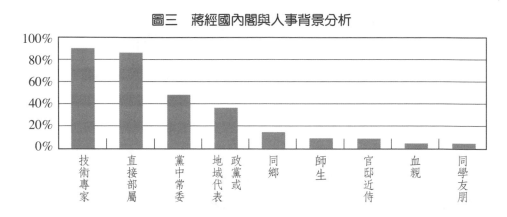

圖三　蔣經國內閣與人事背景分析

在所有內閣成員中，擁有5個選項的是蔣經國和俞國華二人。擁有4個選項的是徐慶鐘、陳大慶、高魁元、沈昌煥、蔣彥士等5人。徐慶鐘亦與國民黨淵源甚深，他在第8屆中央委員會繼連震東出任中央黨部副祕書長（1961～1966年）、中央常務委員（第10屆三中全會）等重要黨職**225**，並且歷經嚴內閣內政部長。而沈昌煥及俞國華兩人出身官邸，與蔣介石及其家族都有甚深淵源，同樣蒙受蔣氏父子重用**226**。

具有三層淵源關係的閣員有林金生、連震東、李國鼎、王任遠、孫運璿、高玉

---

224 童瑞傑，〈總統府的「大內總管」歷任祕書長的背景〉，《總統府內幕》，前揭書，頁41-43。沈昌煥出身侍從室交際祕書，另外擔任過外交大員的沈錡及邵毓麟都出身侍從室。俞國華、王駿，前揭書，頁86。

225 李雲漢，《中國國民黨職名錄》，前揭書，頁298、313、335。

226 漆高儒，前揭書，頁97。曾任軍聞社長的漆高儒憶及在1952年接到蔣經國（時任總政治部主任）的電話，趕赴官邸的一處祕密辦公室，接到一份「國軍主管任期制度」的新聞稿，要求發稿。當時除蔣經國之外，室內還有谷正綱、黃少谷、沈昌煥等人，由此可見這批人與官邸之間的親密關係，至於當時的閣揆陳誠是否了解蔣經國或所謂「官邸派」的一些活動，就不得而知了。

樹、郭澄等7人，二層淵源有崔垂言、毛松年、葉公超、李連春、周書楷、李登輝等6人。其中葉公超及周書楷曾任外交部長。毛松年雖是蔣夫人親信，但因其並未有任職官邸侍從或祕書的經歷，故未將他列入官邸派[227]。至於曾任職糧食局20餘年的李連春，在其任內糧食生產量即高過日據時期最高紀錄，對於提供充裕軍糧、維持糧價合理穩定、安定民生有功，屢蒙蔣總統召見而備受肯定[228]，但因其為省級官員而不列入與總統直接共事淵源。在所有閣員中，只有費驊具備一項淵源，他是經合會的技術專家，曾兼任主委蔣經國的祕書長，是蔣經國拔擢的財經人才。1978年蔣經國接任總統，任命廣受民間好評的孫運璿組閣。

1984年2月24日凌晨，孫運璿因腦溢血突發而中風，這是中華民國政府遷臺以來第一位在任內重病而無法視事的閣揆，不但打亂了蔣經國的人事布局，也象徵中華民國從此走上多事之秋的局面。爾後，由俞國華接任行政院長，李登輝轉而成為蔣經國的接班人[229]。

在蔣經國成功剷除黨內政敵，並開始重用臺籍青年才俊之際，相對的也引起非國民黨的臺籍菁英之疑慮和猜忌。美國駐臺北大使館副館長來天惠，在1972年7月12日向美國務院提出報告指出，他與12位臺灣知識分子聚會，發現他們對蔣經國的任命及

---

227 吳戈卿，〈追述蔣公行誼〉，《總統府內幕》，前揭書，頁123。曾任蔣介石在臺灣時期中英文祕書的有沈昌煥、曹聖芬、秦孝儀、沈劍虹、楚崧秋、錢復、周應龍、宋楚瑜等，而且歷任中文祕書幾乎都是湖南人。楚崧秋分析，此一現象或許與蔣介石生平最景仰湖南先賢曾國藩有關。另外這些祕書還有一個特色，那就是在大陸時期的都出自中央政治學校。而這些中英文（紀錄）祕書，後來紛紛出任國民黨文化事業主管。俞國華、王駿，前揭書，頁86-87。

228 胡煜嘉，〈從絢爛歸於平靜的國士——總統府國策顧問素描〉，《蔣夫人與元老派》，前揭書，頁107-108。

229 王作榮認為李登輝之能走上總統之路，除了蔣經國的不次拔擢其刻意栽培之外，尚得力於嚴家淦、黃少谷、孫運璿這三位蔣經國最敬重也最信任的人士同意；尤其以孫運璿最積極推薦支持。此外，還有余紀忠、宋楚瑜、蔣彥士和他本人。不過郝柏村、蔣孝勇都曾公開表示李登輝並不是蔣經國所選的繼承人，李登輝自己也曾和司馬遼太郎說經國先生並未明言李登輝是他的繼承人。王作榮相信李登輝是總統但不一定是蔣經國心目中國民黨的接班人。王作榮，1999年3月，《壯志未酬》，頁425-426，臺北：天下文化出版。郝柏村雖持不同意見，但他認為孫運璿及黃少谷兩人是蔣經國最倚重的幕僚，兩人都同意李登輝擔任副總統一職。王力行，1993年10月，《無愧——郝柏村的政治之旅》，頁40-42，臺北：天下文化出版。

手法並不贊同，「他們認為人事任命目的在使蔣經國的權力伸到臺灣統治機構的根。同時以很技巧的方法，表面上對臺灣人要求更大的權力表示同意[230]，大部分獲任的臺灣人都是半山，或早已是成為國民黨爪牙的人。但不幸的是大部分的臺灣人被蔣經國所惑，如此結果可能造成邁向改革及臺灣人有意義之參與政治的時機被延遲[231]」。此外，這12位知識分子對蔣經國的統治表示關切，又擔心「上海公報」可能會結束臺灣與大陸的分裂，而走上統一。來天惠指出，這12名包括學界、商界及國民黨幹部的臺灣人年輕一代，「坦白表明他們反對蔣經國全面鞏固其權力，及他們決心組織一個對應的力量，以有朝一日從國民黨——外省人集團奪取主導臺灣的權力」。

1972年9月8日，來天惠向國務院發出另一份政情分析〈診斷臺灣的一些參數〉，他認為臺灣在當時遭遇的國際挫折，反而有助於內部穩定，而未造成因族群或相關問題為主之政治異議的威脅，因為「外省人及臺灣人對於政治穩定的期望高於一切……蔣經國被認為是唯一有足夠權力可以使社會團結，使臺灣各方面邁向獲益的領袖[232]」。

來天惠訪問過一些人，包括臺北、高雄及嘉義的市長、省議員們，如謝東閔、蔡鴻文、洪樵榕、郭雨新、高育仁，交通部長高玉樹及林金生等臺灣人，也包括李煥、黃少谷、蔣彥士等外省人。他宣稱這些結論也包含其他反對外省人繼續支配臺灣政治活動之人士的意見。綜合這些意見，反映出臺灣大部分人民認為政府是統治者，而不是被統治者的事，此外這些改革最好是由最強力的政府來達成，且不一定要用最民主的辦法。另外，他們體會到彭明敏的出走，對他們並沒有帶來可見的益處，及中華民國國際地位的急劇改變[233]。

在革新保臺的呼聲中，國會改選終於在1972年底舉行，國民大會選出53名新代

---

230 王景弘，前揭書，頁439。這些人士有勞工法教授陳繼盛、臺大法律系主任王澤鑑、張德銘、張俊宏、林連輝、姚嘉文、張政順、賴浩敏、洪明宏等人。
231 同上，頁429-440。
232 同上，頁441。
233 同上，頁442-443。

表，立法院選出36名新委員，國民黨大勝。而臺灣省第5屆省議員、第7屆縣市長選舉舉行投票，結果國民黨囊括20席縣市長、55席省議員[234]。這次選舉，根據美國大使館分析，國民黨以年齡門檻作為淘汰老一輩臺灣政治人物的手段。凡是超過61歲者便不能再競選縣市長的規定，把高玉樹、楊金虎和許世賢分別從臺北市、高雄市、嘉義市長職位移走，而這一批人是臺籍政治人物中對228事件有參與或記憶者，也是擁有資源和高曝光率的地方行政首長[235]。

國民黨也藉此次選舉，把老一代的臺灣省議會議員淘汰，年過60歲者只有少數幾人獲提名，結果使省議會空出70％的位子給國民黨所提拔的新人。蔣經國的目的，是希望國民黨不再依賴傳統的派系領袖來填補地方公職。根據陳明通對第5屆省議員選舉的分析，將參選人背景區分及當、落選統計參見表四[236]。

---

234 薛化元，《臺灣歷史年表——終戰篇II》，前揭書，頁190。

235 王景弘，前揭書，頁445-446。在1972年12月的縣市長選舉上，蔣經國及李煥（1960年上半年任省黨部部主委，後調任中央黨部組工會主任）聯手實現「超越派系」的理念，尤其針對派系鬥爭最激烈的臺中縣、基隆市、臺南縣、臺東縣等分別提名陳孟鈴、陳正雄、楊寶發、黃鏡峰等人而順利當選。林蔭庭，前揭書，頁141-145。

236 陳明通，1991，〈臺灣省議員研究〉，頁449-450，臺北：國立臺灣大學政治研究所博士論文。

表四　政治群體屬性與省（參）議員當選的關聯分析

政治群體屬性＼選舉	選舉結果	反日本殖民政權運動集團		三青團救國團系統		地方派系		光復後反對運動集團		省(參)議員候選人數		未有政治集團身分者		中央大陸統治菁英集團		半山集團		阿海派		日本	
屆別	選舉結果	人數	百分比	人數	百分比	人數	百分比	人數	百分比	人數	百分比	人數	百分比	人數	百分比	人數	百分比	人數	百分比	人數	百分比
省議會 1946	當選	6	0.5%	5	0.4%	0	0.0%	0	0.0%	30	2.6%	1	0.1%	0	0.0%	5	0.4%	0	0.0%	13	1.1%
省議會 1946	落選	64	5.4%	11	0.9%	0	0.0%	0	0.0%	1146	97.4%	639	54.3%	0	0.0%	3	0.3%	0	0.0%	429	36.5%
臨一屆 1951	當選	0	0.0%	0	0.0%	0	0.0%	2	1.4%	55	39.3%	5	3.6%	0	0.0%	48	34.3%	0	0.0%	0	0.0%
臨一屆 1951	落選	7	5.0%	0	0.0%	2	1.4%	1	0.7%	85	60.7%	43	30.7%	1	0.7%	2	1.4%	3	2.1%	26	18.6%
臨二屆 1954	當選	0	0.0%	2	1.8%	23	20.9%	2	1.8%	57	51.8%	9	8.2%	1	0.9%	13	11.8%	1	0.9%	6	5.5%
臨二屆 1954	落選	0	0.0%	0	0.0%	6	5.5%	2	1.8%	53	48.2%	25	22.7%	4	3.6%	6	5.5%	0	0.0%	10	9.1%
第一屆 1957	當選	0	0.0%	1	0.8%	33	28.0%	5	4.2%	66	55.9%	13	11.0%	6	5.1%	5	4.2%	0	0.0%	3	2.5%
第一屆 1957	落選	1	0.8%	0	0.0%	6	5.1%	8	6.8%	52	44.1%	28	23.7%	1	0.8%	0	0.0%	0	0.0%	8	6.8%
第二屆 1960	當選	1	0.8%	3	2.4%	34	27.0%	10	7.9%	73	57.9%	11	8.7%	5	4.0%	7	5.6%	0	0.0%	2	1.6%
第二屆 1960	落選	0	0.0%	1	0.8%	6	4.8%	19	15.1%	53	42.1%	19	15.1%	2	1.6%	0	0.0%	0	0.0%	6	4.8%
第三屆 1963	當選	1	0.7%	7	5.1%	37	27.0%	7	5.1%	74	54.0%	12	8.8%	6	4.4%	3	2.2%	0	0.0%	1	0.7%
第三屆 1963	落選	0	0.0%	0	0.0%	11	8.0%	20	14.6%	63	46.0%	25	18.2%	2	1.5%	0	0.0%	0	0.0%	5	3.6%
第四屆 1968	當選	0	0.0%	9	7.0%	37	28.7%	6	4.7%	71	55.0%	11	8.5%	4	3.1%	2	1.6%	0	0.0%	2	1.6%
第四屆 1968	落選	0	0.0%	0	0.0%	5	3.9%	7	5.4%	58	45.0%	42	32.6%	0	0.0%	0	0.0%	0	0.0%	4	3.1%
第五屆 1972	當選	0	0.0%	14	11.6%	39	32.2%	1	0.8%	73	60.3%	17	14.0%	2	1.7%	0	0.0%	0	0.0%	0	0.0%
第五屆 1972	落選	0	0.0%	3	2.5%	3	2.5%	7	5.8%	48	39.7%	32	26.4%	0	0.0%	0	0.0%	0	0.0%	3	2.5%

統計數字顯示，半山集團、阿海派[237]、日本殖民政權協力者、反日本殖民政權運動集團都無人當選，而光復後反對運動集團勢力則呈現明顯的滑落；但蔣經國最厭惡的地方派系，仍然是影響省議員當選最重要的因素[238]。

　　美國大使館認為「國民黨決定爭取臺灣人及年輕一代的支持，反映領導層有一項共識，即這些人的忠誠對長期的穩定是必要的。為改善其形象，國民黨精明的宣傳臺灣人在內閣人數的增加，及大量淘汰老人，以便增加新血的措施[239]」。另一方面，逐漸吸收臺灣人進入行政及黨務系統，以穩定國民黨在臺灣的永續經營，這是蔣經國在組閣之初所思考的方向，而行動上也逐漸落實他的理想；但是一批另有企圖心和野心的臺籍知識分子、政客等，對蔣經國逐漸本土化的措施則顯得憂心忡忡。因此，如何在本省籍群眾中生根、如何接納臺籍知識分子、對臺籍政客如何釋出更多的權力及利益，是當時蔣經國必須嚴肅思考的政治課題[240]。

　　1988年1月13日，蔣經國總統猝逝[241]。下午6點50分，國民黨中央黨部召開臨時中常會，主席俞國華宣布蔣經國的死訊，由副總統李登輝繼任。8點8分，在司法院長林洋港的監督下，李登輝依憲法宣誓接任中華民國第七任總統。而這時僅距蔣經國逝

---

237 阿海泛指1945年之前其祖先從大陸遷臺墾殖的先民子孫，其祖籍大部分為閩南及客家。1945年之後才由大陸各省來臺的人士，泛稱為阿山（阿山係指唐山）。

238 根據陳明通的統計顯示，在1972年省議員選舉中，地方派系當選人仍然占有32.2％；光復後反對運動集團則只有0.8％。但是爾後省議員選舉中，反對運動集團大致維持成長的趨勢，地方派系雖有比例下滑的趨勢，卻仍然占有相當的實力。可見派系問題一直是國民黨的沉重包袱。

239 王景弘，前揭書，頁446。

240 國民黨籍的臺籍政客對外省人長期壟斷政治資源心生不滿，也會產生對外省人爭權的企圖心。1963年省教育廳長，與許水德有師生之誼的吳兆棠曾對許水德說：「將來本省人一定會慢慢起來的。地方教育行政單位、省立中學都會重用本省人，因為本省人才愈來愈多了。」這番話使許水德大受鼓舞，並兼任高雄市教育局主任督學，最後走上從政之途。林蔭庭，前揭書，頁123-124。李遠哲則分析李登輝在臺灣光復後，由於大陸國民黨痛恨日本文化及受日本教育的臺籍知識分子，所以李登輝自覺一直備受壓迫和排斥，而產生國中後段班的心態，從而導致他一直認為國民黨是外來政權的看法。1990年8月25日，《聯合報》。因此，這些國民黨籍的新生代菁英其實與在野的臺籍菁英有一個共同企圖心，就是「當家做主」。

241 郝柏村，《無愧——郝柏村的政治之旅》，頁22。

世約4個小時。數日後，一位老榮民在中正紀念堂的臺階上呢喃著：「沒什麼好擔心的，有憲法做我們的根本」[242]。

李登輝推崇蔣經國是臺灣「民主改革的先驅者」，尤其肯定蔣晚年推動本土化，落實臺灣民主改革的決心。他自暴內幕說，當年接獲民進黨組黨成立的訊息時，立刻打電話向人在七海官邸的蔣經國報告。蔣聽完報告後，只跟他指示兩點，「老百姓第一，國家安定第一，其他的你都不用再多說[243]。」

蔣經國的行政團隊成員中，尤其是財經技術專家大多承襲他父親時代的行政菁英，如費驊、李國鼎、孫運璿、俞國華、周宏濤、張繼正等人，形成蔣經國主政時期最堅強的財經幕僚群。王作榮列舉日據時代與光復後重要農工產品產量比較表（參見表五），證明臺灣早在老蔣總統任內，經濟就已經起飛了[244]。爾後更多的財經官員在孫運璿和俞國華內閣嶄露頭角，使得對岸大為驚羨[245]。而優秀的技術專家的基礎在於高等教育，自中華民國遷臺以來，重視留學生及高教人才是兩蔣時代行政團隊的另一特色[246]。

---

242 同上，頁45。

243 2002年12月21日，《中國時報》，第4版。

244 王作榮，《壯志未酬》，頁345-346。蕭萬長認為孫運璿、李國鼎、俞國華三人在臺灣第一次能源危機，政府逐漸無法管制物價時提出油價一次漲足，並說服時任副院長的蔣經國不要再管制物價，結果民間預期心理消失，物價恢復平穩。蕭萬長認為李國鼎前瞻、孫運璿宏觀、俞國華認真，三人聯手締造了臺灣的經濟奇蹟。李功勤，2010年3月，《百年大業》，頁220，臺北：幼獅文化。

245 2007年臺灣媒體訪問中共統戰部副部長胡德平（胡耀邦兒子）時，他最關心的是「蔣經國對臺灣的貢獻怎麼樣？」「臺灣公共建設BOT的程序是什麼？」「李國鼎、趙耀東這些技術官僚都令我很感動啊！」見2007年3月11日，《中國時報》，A13版。

246 李功勤，〈蔣介石臺灣時代的政治菁英（1950年～1975年）〉；李功勤，《中華民國發展史》。

表五　日據時代與光復後重要農工產品產量比較表

項目	單位	日據時代最高產量	1946年	1949年	1952年	1976年
米	千公噸	1,420	894	1,215	1,570	2,713
糖	千公噸	1,374	86	647	528	779
漁	千公噸	120	51	80	122	810
豬	千頭	1,873	678	1,362	2,099	3,676
電	百萬度	1,195	472	854	1,420	26,877
媒	千噸	2,854	1,049	1,614	2,286	3,236
棉紗	噸	539	410	1,805	13,576	147,477
棉布	千公尺	2,682	2,558	29,805	87,639	811,233
紙	千噸	26	3	10	28	500
肥料	千噸	34	5	46	130	1,634
水泥	千噸	303	99	291	446	8,749
鋼條	千噸	18	3	111	18	1,309
一般機械	噸	8,200	980	3,666	6,155	317,741

※糖產量較日據時代為少，係政府政策結果。資料來源：根據各種官方資料編製。王作榮，《壯志未酬》，頁346。

以俞國華為例，他和閻振興是清華大學的同屆同學，俞讀政治系，閻讀水力工程系。在嚴家淦內閣中，兩人同時出任閣員。此外，孫運璿組閣時，出任經濟部長的張光世也是低俞國華一屆的清華校友；而曾經擔任過外交部長和駐美大使的葉公超，曾經是俞國華政治系英文教師[247]。臺灣不論是外省或本省人的家庭，都鼓勵大學畢業的子女前往美國深造，這個風氣長期下來對臺灣人的生活產生深遠的影響。在1954～1989年間，臺灣共有11萬5千人到美國求學，居全世界第一位。此時已有少數留學生學成歸國，其中有部分投入政府公職。李登輝是美國康乃爾大學的農學博士，早在蔣經國第一次組閣時便被延攬入閣，爾後成為第一位本省籍總統[248]。

---

[247] 俞國華口述，王駿執筆，1999年，《財經巨擘——俞國華生涯行腳》，頁52-59，臺北：商智文化。當時錢學森、錢三強、姚依林、喬冠華、吳晗等人都是同時期同學，而吳晗在爾後成為文化大革命的的導火線。

[248] 陶涵（Jay Tayior），2010年3月，《蔣介石與現代中國的奮鬥》下冊，頁650，臺北：時報出版社。

在蔣經國的行政團隊中，有無黨籍的閣員高玉樹、郭南宏；但在蔣經國去世之前，孫運璿內閣曾經嘗試延攬女性入閣而未果[249]。在行政團隊中，也有出身侍從室的所謂「官邸派」，俞國華、周宏濤先後擔任蔣介石的官邸機要祕書，沈昌煥則擔任過交際祕書。周宏濤在機要祕書任期內兼跨大陸與臺灣時期，任期最長；俞國華則曾親身歷經「西安事變」，而兩人不但是小學同窗也都是蔣介石同鄉[250]，在行政團隊的領袖淵源中，被歸納為最內圈成員。不過在蔣經國主政時期，出身官邸機要祕書且為蔣氏族親的王正誼，在人事行政局長任內因涉貪，被蔣經國下令嚴辦並遭到司法重判[251]，可見其端正官僚風氣的用心。

在蔣經國的財經智庫中，1972年首次組閣後就成立「行政院財經五人小組」，將經合會縮編改制為「經濟建設委員會」，由張繼正擔任主任委員，兩位副主任委員則由臺大教授郭婉容、孫震出任，這也是兩人踏入官場的濫觴[252]。而五人小組除了當時任中央銀行總裁的俞國華之外[253]，其他四名成員為時任財經部長李國鼎、經濟部長孫運璿、主計長周宏濤、行政院祕書長費驊。1976年7月上任後，財政部長換成費驊，行政院祕書長換成張繼正，其他三人未變。直到1977年11月，經設會改組為經建會，五人小組決策功能併入經建會，五人小組才正式取消。

---

249 孫運璿在組閣後欲延攬本省籍女性閣員，曾與時任國民黨祕書長張寶樹共商選臺大中文系教授，也就是連震東外甥女林文月，但遭婉拒，直到10年後由郭婉容拔得頭籌。楊艾俐，1989年，《孫運璿傳》，頁181，臺北：天下雜誌。

250 俞國華口述，王駿執筆，《財經巨擘——俞國華生涯行腳》，頁70-86、164。

251 陶涵（Jay Tayior），《蔣介石與現代中國的奮鬥》下冊，頁85。另在陶涵的書中就分析蔣氏父子清廉及肅貪，當時族親王正誼貪汙被判處無期徒刑。見前引書，頁611-612、672、717-718。

252 郭婉容在1988年夏天於央行副總裁任內出任財政部長，為政府遷臺後第一位女性部長，並在5月率團赴北京出席亞銀年會。俞國華認為，這象徵我今後在國際會議中，派員參加而不再顧忌中共。俞國華口述，王駿執筆，《財經巨擘——俞國華生涯行腳》，頁376-377。相較於臺灣，中共第4屆國務院（1975～1978年），產生首位女性副總理即吳桂賢，第5屆國務院（1978～1983年）則有女性陳慕華擔任副總理。

253 研究蔣氏父子的行政菁英，中央銀行總裁人選是兩蔣親自決定的重要人選，主要是通貨膨脹導致大陸失守重要因素。在蔣經國時代，曾出身央行總裁或副總裁的閣揆或財經部長的人有俞國華、張繼正。蔣經國逝世後，郭婉容與錢純曾分別在俞內閣擔任財政部長，其中尤以錢純被俞國華視為「財經王牌」。俞國華口述，王駿執筆，《財經巨擘——俞國華生涯行腳》，頁255-256。

1981年，孫運璿內閣改組，任命趙耀東、徐立德分掌經濟、財政兩部，趙耀東曾開過紡織廠、鋼鐵廠，首創以企業家入閣之先例。在蔣經國主政時期，個性孤直而與強人在政策上頂撞衝突辭職的首推李國鼎[254]。趙耀東則以耿言著稱，「趙鐵頭」之名不脛而走[255]。然而，俞國華接任閣揆之後，任內發生「江南案」、「十信弊案」，不但造成內閣中財政和經濟部長的去職，也顯示國民黨強人體制控制力鬆動。

　　蔣經國主政時期（1972年～1988年1月）的內閣團隊，承襲中華民國政府遷臺以來的幾項特色：

　　一、高學歷技術專家。大學畢業占34.6％，擁有碩、博士學歷占60.3％，留學背景占67.9％。

　　二、本土化。內閣成員中本省籍占28.3％，以臺北與臺南人居多數；其中李登輝在1984年當選中華民國第七任副總統，1988年蔣經國去世後，繼任並當選為第八、九任總統。

　　三、行政院長、行政院副院長以及國防部長一定兼任國民黨中常委，而兼任中常委比例依序為經濟部長、財政部長、教育部長、內政部長、外交部長、交通部長，司法部長。

　　四、學而優則仕。施啟揚、徐慶鐘、李煥、陳奇祿、朱匯森、李登輝、張光世、郭南宏、郭為藩、董樹藩等10人都是由學界轉任政務官的代表。

　　分析蔣經國主政時期的內閣特色後，顯示高學歷及政治歷練是內閣職務甄補的必備條件，但拔擢本土菁英則是刻意的政治手段；以中華民國從一個外來流徙政權，在經過「臺灣化」之後，成功的與本土社會緊密聯結。早在1970年代，全臺灣26萬名公務員當中，已有16萬人為本省人，而本籍本省人士進入軍校人數也穩定上升，本省籍校官開始擔起領導大任[256]。蔣經國主政後，1974年就決定由當時37歲的吳伯雄接任公

254　陳誠生前一直反對李國鼎入閣，認為他行事衝動易得罪人；但蔣介石卻最器重他，在經濟部長4年半任內共被總統單獨召見79次。但在蔣經國組閣後，主要反對蔣經國執著「穩定物價」政策，尤其因鹽稅及糧價問題而辭去財政部長一職。康綠島，2001年，《李國鼎口述歷史》，頁171-172、211-218，臺北：卓越出版公司。
255　楊艾俐，1989年，《孫運璿傳》，頁245，臺北：天下雜誌。
256　陶涵（Jay Tayior），《蔣介石與現代中國的奮鬥》下冊，頁660。

賣局長，36歲的趙守博出任臺灣省政府新聞處長，42歲的臺南縣長高育仁出任內政部常務次長[257]。至於內閣成員中，除了李登輝升為副總統之外，如孫運璿內閣出任交通部長的為年僅45歲的連戰、俞國華內閣中有57歲的副院長林洋港，以及45歲入閣擔任內政部長的吳伯雄等人，都是臺籍內閣菁英的中生代代表。蔣經國過世後他們對臺灣政壇都產生重要的影響力。

東亞國家早期推動經濟發展時，會採取出口導向政策，主因缺乏資源，國內市場狹小，拓展出口可突破國內市場限制，並產生多重功能，加速經濟發展。因為出口的發展，可提高生產設備利用率，不只降低成本、增加利潤、提高投資能力；還可刺激投資，創造就業機會；更能調升工資，提高所得與消費水準。同時，由於出口擴大，外匯收入增加，可降低或解除進口管制，提升進口能力；不僅企業得以採購先進資本設備，提升生產力與調整產業結構；消費者亦可選擇更便宜和多樣化的進口商品與服務。因此，拓展出口，是創造就業機會和加速經濟成長的原動力。

1946年臺灣光復後，自貧窮落後轉變成繁榮富裕，創造舉世矚目的「臺灣經濟奇蹟」。臺灣社會也快速的由傳統的農業社會轉變成現代化社會，由於成功溫和的土地改革、循序漸進的經濟發展計畫、國民教育普及、經濟機會均等、所得分配平均，因此在兩蔣時代，出口平均每年成長19.7％，將臺灣占全球出口總額的比率，從1960年的0.13％拉升至1987年的2.13％，不僅位居亞洲四小龍首位，且為全球第11大出口國；此亦刺激國內投資每年成長11.8％，促進每年就業人數增加3.2％，以美元計的每人所得（GNP）更每年提升14％，帶動民間消費每年成長9.6％。因此，該時期每年經濟成長率高達9.4％，被譽為開發中國家經濟發展奇蹟，顯示出積極推展出口對臺灣經濟成長的卓越貢獻。

在1970～1980年代的兩蔣時期，世界曾先後發生過兩次石油危機和一次國際金融危機，受上述危機的影響，臺灣經濟也曾陷入衰退，物價連續上漲。在1972年12月～1974年2月的一年多時間內，全島經濟成長率只有1.1％，但由於政府採取的措施得力，臺灣經濟在短時間內就得到了恢復和發展。

257　俞國華口述，王駿執筆，《財經巨擘——俞國華生涯行腳》，頁300。

著名經濟學家王作榮先生曾對1949年國民黨到臺灣初期時的臺灣經濟情況，描述如下：「人口激增、生產設備毀壞、物資奇缺、人民窮困、物價高漲、財政赤字、外匯枯竭，整個經濟已到了崩潰邊緣」。由於兩蔣時代採取一切措施穩定經濟，經過1949～1952年的努力，國民黨政權站穩了腳跟，並於1953～1960年實行了兩個四年經濟建設計畫，為臺灣經濟的高速發展奠定了良好基礎。1961～1987年，臺灣經濟起飛、繁榮，並進入轉型階段，這二十多年被人們稱為臺灣經濟的「黃金時代」。從此可以看出，兩蔣時代的經濟建設與發展，除了穩定當時國民政府撤遷來臺所造成的經濟動盪之外，更進行不少建設，奠定了臺灣在接下來的數十年中，成為世界經濟重要的一員。

　　在兩蔣時期，先後培養和使用了一批知識菁英。比如：上海聖約翰大學畢業的嚴家淦、曾任職美國西屋公司的電機工程師尹仲容、哈爾濱工業大學畢業的孫運璿、中央大學畢業的李國鼎和王作榮、倫敦政治學院畢業的蔣碩傑和化工專家嚴演存等。專業與技術菁英的任用，使得臺灣在行政效率與經濟表現上，展現了高度的成就。

　　兩蔣時代創造了令人驚豔的經濟成就，在亞洲地區，臺灣與香港、新加波、南韓並稱「亞洲四小龍」，並為「亞洲四小龍」之首。與亞洲其他三小龍相較，臺灣在兩蔣時代所創造的經濟成就毫不遜色。從平均每年經濟成長率來看；臺灣在「兩蔣時代」高達9.4％。如與亞洲其他三小龍比較，「兩蔣時代」臺灣經濟成長率高居第一，香港9.0％居第二位，新加坡8.3％居第三位，韓國8.2％殿後。當時各國每年經濟成長率都高達8.0％以上，而臺灣最高，故為四小龍之首[258]。

　　其次，就各時代平均每年出口增加率來看，臺灣在「兩蔣時代」高達24.9％，與其他三小龍比較，在「兩蔣時代」韓國出口增加率更高達32.2％，居第一，臺灣排第二[259]。

　　第三，以兩蔣時代最後一年的每人GDP比較，在「兩蔣時代」最後一年的1987年

---

258 「歷任總統對臺灣經濟的功與過」，經濟日報，http://www.moneyq.org/forum/lofiversion/index.php/t11971.html，瀏覽日：2011年10月18日。

259 「歷任總統對臺灣經濟的功與過」，經濟日報，http://www.moneyq.org/forum/lofiversion/index.php/t11971.html，瀏覽日：2011年10月18日。

臺灣每人GDP為5,291美元,較香港與新加坡低,高於韓國排第三名[260]。

至於出口金額,在「兩蔣時代」最後一年的1987年,臺灣出口537億美元,超過其他三小龍,高居四小龍之首。

在「兩蔣時代」,臺灣的經濟成長率及出口金額,均居四小龍第一名,出口增加率居第二,每人GDP居第三,四項合計,高居四小龍之首[261]。

技術官僚是創造臺灣奇蹟的重要力量,為臺灣經濟發展制定一系列具前瞻性的計畫,自1951年開始每四年一期的中程經濟發展計畫,引領臺灣經濟與社會的發展方向。如臺灣工業化之初,資金短缺,政府先從勞力密集工業著手,發展第一階段進口替代產業,如民生必需品。60年代起臺灣的紡織品、塑膠製品、橡膠製品、合版及木材製品,以及家電用品等迅速展開外銷,臺灣政府推出各種鼓勵出口擴展措施。1973年石油危機,1970～80年代,臺灣陸續完成十大建設,包括石化、鋼鐵、造船、核能以及基礎公共建設(如高速公路、鐵路電氣化等);並進一步發展技術密集工業,如電子、資訊、電機與機械工業。政府引導產業結構轉型與技術提升,發展政策如「獎勵投資條例」在1970年為配合鼓勵資本密集與技術密集工業,特別是創業投資,而作修正。1979年成立工業技術研究院,從事關鍵性技術研究,並將成果移轉民間。另外類似機構如資訊工業策進會、生物技術開發中心、食品工業發展研究所等。1980年設立新竹科學工業園區,該園區目前是臺灣高科技工業中心,占臺灣製造業出口的三分之一。90年代在經濟全球化自由化的浪潮下,臺灣政府積極推動經濟自由化,包含外匯、貿易與金融自由化[262]。

---

260 「歷任總統對臺灣經濟的功與過」,經濟日報,http://www.moneyq.org/forum/lofiversion/index.php/t11971.html,瀏覽日:2011年10月18日。

261 「歷任總統對臺灣經濟的功與過」,經濟日報,http://www.moneyq.org/forum/lofiversion/index.php/t11971.html,瀏覽日:2011年10月18日。

262 江啟臣,「新區域主義浪潮下臺灣亞太區域經濟戰略之研析」,發表於2008年4月18日第四次戰略學術研討會。

兩蔣時代，臺灣的華人終於享受自辛亥革命以來最安穩的一段歲月，從經濟繁榮到解除戒嚴，為落實民主自由奠定了基礎，達成孫中山先生在當年推翻滿清，創建民國時所揭櫫的理想。

曾經傳聞擔任兩案密使的曹聚仁在1948年出版的《蔣經國論》中，對蔣有如下描述：「經國是哈姆雷特型的人物。他是熱情的，卻又是冷酷的；他是剛毅有決斷的，卻又是猶豫不決；他是開朗的黎明氣息，卻又是憂鬱的黃昏情調。他是一個悲劇性格的人，他是他父親的兒子，又是他父親的叛徒[263]！」曹聚仁在兩岸之間扮演密使角色，後來由1998年，中共中央文獻室出版的《周恩來年譜》得到權威的佐證。根據年譜記載，周回答曹詢問臺灣回歸後，將如何安排蔣介石。周說：「蔣介石當然不要做地方官，將來總要在中央安排。臺灣還是他們管。陳誠如願到中央，職位不在傅作義之下。」但直到曹聚仁暮年，終於留下「經國不願當李後主」的話語[264]。

在臺灣民眾心目中，對臺灣貢獻最大的總統首推蔣經國。根據民間交叉分析發現，民眾對蔣經國的評價不分黨派族群一致肯定，泛綠支持者也有四成八肯定蔣經國對臺灣功大於過[265]。這位在臺灣生活近40年的蔣介石長子，為臺灣奠定良好的經濟及民主基礎[266]。然而在兩岸關係上，雖然開啟了新思維，但爾後真正承先啟後的並不是他的副總統，而是身邊的那位出身哈佛法學博士，年輕的英文祕書在20年後實踐。

---

263 大陸人民出版社在北京重新出版上市的《蔣經國論》，是1948年上海版、1953年香港版和1997年臺灣版的綜合體。參見2009年5月8日，《中國時報》，A16版。

264 有關曹聚仁密使傳聞，請參見2009年5月8日，《中國時報》，A16版。

265 2007年12月11日，《聯合報》，A1版。

266 蔣經國總統在位期間（1978～987年）的年經濟成長率為8.7％，李登輝（1988～1999年）為6.8％，陳水扁（2000～2007年）4.1％。三位總統執政最後一年失業率比較：蔣經國（1987年）2％，李登輝（1999年）2.9％，陳水扁（2007年）3.9％。

第五章　本土政權

第一節　李登輝政權

臺灣在70年代受到美國與中共和解政策影響，及相繼經歷退出聯合國、與美國斷交等重大外交挫折，因此蔣經國轉而專注國內政治發展，加速民主化，以尋求政權合法性、穩固本土基礎，而十大建設所累積的經濟實力，亦使臺灣國力增強。在對大陸的政策上，一方面固然因為臺商赴大陸投資趨勢莫之能禦，由更高一層的宏觀角度觀之，80年代世界已經由冷戰的兩極對峙體系進入多極體系，分裂國家已經無法再憑藉核子傘保護，必須依賴雙方交流來處理共同事務，而兩岸分裂又迥異於德、韓背景，美、蘇並不具足以左右兩岸分合的實力。另一方面，由於臺灣80年代在國際社會上的處境非常孤立，導致國內民意不滿，「反中國」的本土化運動即於此時開始。

相對於此，經國先生期望藉雙方的交流來緩和兩岸的敵意，甚至作為一種對付中共的「和平演變[1]」，當時的外交部長錢復就曾經宣稱：「現階段我政府的政策，大陸政策位階高於外交政策。」經國先生辭世後，李登輝繼任總統，論者曾分析李的就職在當時廣受支持的原因：島內本省人支持他，因為這是第一位臺灣人總統；失去蔣家庇蔭的外省人也支持他，因為他是國民黨的臺灣人；獨派支持他，因為他是長老教會教友，具有強烈的臺灣意識；統派也支持他，因為他曾是50年代「白色恐怖」的同志，有情有義；在國際上，因其教育背景，故美、日，甚至北京當局都極為支持[2]。

1988年1月13日蔣經國去世，副總統李登輝繼任總統職位將於1990年5月屆滿，國民大會預定在3月選出第八任總統，由倪文亞等中常委組成的中央研究小組通過決議，決定推薦李登輝為中華民國第八任總統，副總統由總統提名[3]，李登輝提名李元

1　張讚合，1996，《兩岸關係變遷史》，臺北：周知出版。
2　社論，1997，《海峽評論》，第38期，臺北：海峽評論雜誌社。李登輝自己承認在大四時曾組成「新民主學會」，其後被共產黨吸收，不久他與4位同學都被逮捕。見2013年6月4日，《聯合報》，A12版。
3　1990年1月17日，《自由時報》，第1版。

簇為副總統。另外，資深國代滕傑與李煥、陳履安、郝柏村、蔣宋美齡等人公開支持林洋港、蔣緯國候選正、副總統，此時國民黨內部對立分裂成「主流派」與「非主流派」。李登輝與黨國大老陳立夫、謝東閔、黃少谷、袁守謙、倪文亞、李國鼎、蔣彥士、辜振甫等人會談，決定勸退林、蔣[4]，林洋港宣布退選；另一方面，國民大會議題審查預備會議一開始，「萬年國代」就提出每年召開國民大會、大幅提高會議出席費等議案，引發輿論與地方議會批評[5]。

　　3月14日，臺灣大學的50多名學生到國民黨中央黨部前抗議，爆發「野百合學運」。李登輝結合民進黨與主流民意，成功促使國大代表退出歷史舞臺。5月20日，李登輝就任中國民國第八任總統。1996年3月23日，第一次總統直選，李登輝當選第九任總統，是中華民國自1947年開始行憲後，首位民選的總統，也是第一位出生於臺灣本土的總統。

一、野百合學運

　　1990年3月的「野百合學運」是1980年代以降，參與學生最多、維持抗爭時間最長、引起社會關注最高的一場學生運動，並且對臺灣社會的自由民主發展與憲政改革產生了關鍵性的影響力[6]。

　　事件爆發的原因為國民大會於1990年3月13日通過「臨時條款修正案」，將1986年所選出的增額代表任期延長為9年，此項決議引起全國各界強烈批判與不滿，並展開抗議行動。16日，9名臺灣大學的學生到中正紀念堂前靜坐抗議，拉出寫著「我們怎能再容忍700個皇帝的壓榨」的白布條，為「三月學運」揭開了序幕[7]。

　　當時的大專院校學生串聯組織「民主學生聯盟」，提出了〈不要讓我們成為民主殿堂的缺席者〉聲明，訴求四大要點：

　　（一）暫時凍結中華民國憲法，解散國民大會，廢除臨時條款。

4　1990年3月4日，《中國時報》，第1版。

5　若林正丈，1998，《蔣經國與李登輝》，臺北：遠流出版。

6　林孟潔，2009年6月，《臺灣解嚴後校園內外環境與野百合學運成形之關聯》，國立臺中女子高級中學97學年度人文暨社會科學實驗班專題研究成果。

7　林美娜編，1990，《憤怒的野百合：三一六中正堂學生靜坐記實》，臺北：前衛出版。

（二）迅速建立臺灣第二共和，還政於民，重建憲政。

（三）李登輝立即提出政經改革時間表。

（四）盼望全島學生、教師、市民，不分男女、不分黨派、不分省籍，共同參與中正紀念堂前的學生靜坐運動[8]。

靜坐學生人數從一開始3月16日傍晚的一、二十人持續成長直至3月19日傍晚超過3千人[9]。

靜坐學生提出直接與李登輝總統進行對話的要求，並提出四項改革議題：

（一）解散國民大會，重建一元化的國民大會制度。

（二）廢除臨時條款，重建新的憲法秩序。

（三）召開國是會議，全民共謀體制危機的解決。

（四）提出改革時間表，呼應民意的潮流[10]。

四點訴求中最主要的核心意義即為反對國民大會過於集中的權限[11]，18日，民進黨又在中正紀念堂舉行「除老賊，救國難」活動，透過政黨的動員力量使現場的民眾多達兩、三萬人。三月學運的領導部門盡力使學運本身與民進黨的群眾大會保持距離，首先向廣場宣布保持隔離的決議，並表示以「自主、隔離、和平、秩序」為四大原則。在民進黨的聚眾活動進行之前，學生便已做好如此的準備，而此四項原則也成為日後三月學運的最高綱領，直到結束都沒有違反[12]。21日，決策委員會與5人教授顧問團[13]、3人研究生諮詢小組[14]討論整場學運的撤退問題，和平撤退成為與會者的共識，最後決定以見李登輝為抗爭底線，「政治談判」的概念至此進入運動的思考階

8　何金山、官鴻志、張麗伽、郭承啟合著，1990年5月，《臺北學運：1990.3.16～3.22》，時報文化。

9　鄧丕雲，2006年1月，《80年代臺灣學生運動史》，臺北：前衛出版。

10　同注7。

11　中華民國憲法之父張君勱依據孫中山的理論，批判「國民大會」之設計並非直接民權，而認為應將國民大會無形化，「全國公民直接行使四權，名之曰國民大會」。薛化元，1993，《民主憲政與民族主義的辯證發展——張君勱思想研究》，臺北：稻禾出版社。

12　同注9。

13　即賀德芬、瞿海源、張國龍、鄭春棋、夏鑄九。

14　即曾旭正、吳介民、李建昌。

段。

　　此次和平理性的抗爭，為了凝聚學運力量，學生們以臺灣野百合為象徵，在廣場上設立了大型的野百合塑像，視之為民主最高精神指標，其象徵意義為：

　　（一）自主性：野百合是臺灣固有種，象徵著自主性。

　　（二）草根性：野百合從高山到海邊都看得到，反映了草根性。

　　（三）生命力強：她在惡劣的生長環境下，依舊堅韌地綻放。

　　（四）春天盛開：她在春天盛開，就是這個時刻！

　　（五）純潔：她純潔的白色正如學生們一般。

　　（六）崇高：在魯凱族裡，它是一生最崇高榮耀的象徵[15]。

　　同年3月21日，總統李登輝於晚間在總統府與53位學生代表正式會面，會面後學生們於22日全數撤離中正紀念堂。

　　執政黨中央常會於1990年3月21日，通過李登輝主席召開國是會議的提案，組織籌備委員會。同年6月28日，李登輝於臺北市圓山飯店舉行「國是會議」，最後達成「終止動員戡亂時期」、「回歸憲法」、「廢止《動員戡亂時期臨時條款》」、「修憲採取一機關兩階段方式」、「修憲以《中華民國憲法增修條文》名之」、總統直選、省市長民選等共識，並一一透過法定體制逐一落實。另外，在各方修憲與制憲的爭議中，執政當局以國家安定為由，決定以修憲方式來改革政治的不合理現象。由第一屆國民大會增修憲法條文第1條至第10條，規定第一屆國民大會於1991年12月30日前全體退休。

　　野百合學運所代表的一個重要意義，即是啟迪了在當時所處解嚴數年的臺灣社會底下，藉由學生出面登高一呼，而對臺灣社會情況以及政府政策作為有進一步的關心和了解，並且提出批評和建議，普遍性的興起要求政府改革之呼聲[16]，使學運的浪潮擴及全國，成為臺灣邁向1990年代一個具有指標性意義的重大事件，使臺灣的民主自

---

15 1990年3月19日，文宣組，〈野百合的春天〉傳單。此野百合的象徵可比擬八九民運於天安門廣場上豎立民主女神像。

16 隨著野百合學運的氣勢，隔年10月，由李鎮源、林山田等學者發起的「一〇〇行動聯盟」成立，接續著「反閱兵、廢刑法一百條」運動，促成長達44年的「萬年國會」進入歷史。

由發展有了開創性的進步與革新，也使野百合學運在臺灣學生運動史裡扮演了一個相當重要且無可取代的角色[17]。

二、李、郝鬥爭

90年代，李登輝政權開始遭到內部與外部環境的挑戰。首先，李登輝與行政院長郝柏村之間的鬥爭牽引省籍、統獨等敏感問題檯面化、公開化。李登輝上任總統之後，任命蔣經國時期的國民黨祕書長李煥為行政院長，藉以鞏固其政黨地位[18]；之後以當時的國防部長郝柏村取代李煥任行政院長一職來消除郝柏村在軍中的力量，並培養本省籍將領以鞏固自己的勢力，在政權鬥爭中，也醞釀了臺灣社會的省籍衝突。對本省籍人士來說，李登輝代表本省籍人士在地勢力的抬頭。

李登輝利用「省籍矛盾」鬥垮郝柏村、林洋港等人，奪取了黨內的絕對權力，但也引起了另一波的「省籍矛盾」，而與以往的「省籍矛盾」主客易位，並造成臺灣社會的嚴重分裂[19]。在這樣的時空背景下，一群反對李登輝的「國民黨中生代」開始批判李登輝政權並對其政黨方向表達不滿，於1990年8月10日成立新黨[20]。

本土力量與外省力量相互制衡，不僅加深了族群之間的矛盾性，也造成了國民黨內部的不斷分裂。1993年2月1日立法委員161人就任之後，立法院隨即演出「打倒郝政權」的一幕。 2月4日郝柏村終於被逼上下臺之路，提出內閣總辭，國民黨舊勢力全面退出權力核心。爾後李登輝任用連戰為行政院長，真正達到了「政」的掌握。1993

---

17 同注6。野百合學運中有許多重要成員成為日後政治圈與學術圈菁英，政治圈有馬永成、林佳龍、羅文嘉、郭正亮、李昆澤、鄭麗文、段宜康、顏萬進、鄭文燦、林德訓、郭文彬、曾昭明、周亦成、劉建炘、李建昌、李文忠、王雪峰、周威佑、黃偉哲等人，大都屬於民進黨；學術圈有范雲、李易昆、何東洪、林國明等人。

18 前總統府資政徐立德在訪問中指出，1988年國民黨十三全會中央委員選舉時，當時李登輝原本規劃在中央委員選後換下閣揆俞國華，由前央行總裁張繼正接任閣揆，但兩人在中委選舉名次中，俞掉到35名而張排80幾名；隔年由排名第一的李煥接閣揆。2010年9月5日，《聯合報》，A6版。也可參見徐立德，2010年9月，《情義在我心》，頁283，臺北：天下文化公司。

19 社論，1999，《海峽評論》，第97期，臺北：海峽評論雜誌社。

20 新黨發起人為趙少康、李勝峰、郁慕明、王建煊、陳癸淼、李慶華、周荃等7人，其中李勝峰、陳癸淼是本省籍；其餘為外省第二代。新黨在某種程度上代表外省人與都會中產階級勢力。

年3月，「黨」由許水德、「政」由連戰、「軍」由劉和謙、「特」由宋心濂等人掌控，李登輝則成為掌握國民黨政權「四頭馬車」的駕馭者，而「李登輝體制」終於備齊[21]。

在族群關係日漸緊張與矛盾的政治氛圍下，1994年李登輝與日本作家司馬遼太郎的一席談話中，表露出對中國歷史的輕鄙、外來政權的嫌惡和媚日情緒，使外省族群感到困惑及疏離。隨之而起的，在藉選舉以鞏固政權的情況下，使黑道、黑金結合，導致社會風氣為之丕變。1992年底立法院全面改選後，朝野兩大黨基於民粹（民意）和意識型態，達成加入聯合國的共識。因此，執政黨對國內政治現實的考慮開始超越了國際政治現實，對以「國家統一綱領」為基本精神的大陸政策與進入聯合國為最高目標的外交政策產生了衝擊。

三、兩岸關係變遷

1988年，兩岸都面臨政治上嚴峻的挑戰，臺灣方面，李登輝在蔣經國總統猝死後，於倉促之間繼任總統；而大陸方面，則歷經「六四天安門事件」（又稱八九民運），陷入內政動盪及國際外交受到孤立。因此，雙方對於舒緩兩岸對峙局面，以爭取時機鞏固權力並應付反對勢力的挑戰，存在共同的期盼。

1988年10月，中共國務院成立「臺灣事務辦公室」，1991年12月16日，大陸「海峽兩岸關係協會」於北京正式成立，兩岸並且在1993年及1998年進行新加坡與北京的兩次會談，海基會董事長辜振甫於1998年在北京分別會晤國家主席江澤民與錢其琛[22]。可是早在1990年12月31日，李登輝密使蘇志誠（總統府祕書室主任）就已赴港密會中共國家主席楊尚昆的代表楊斯德（中共中央對臺工作小組辦公室主任），其後，臺灣方面陸續有鄭淑敏（中國電視公司董事長）、尹衍樑（潤泰集團董事長）加入[23]。大陸方面則分別有賈亦斌（民革副主席，曾為蔣經國部下，後投共）、許鳴真

---

21 阮銘、林若雩、祝政邦、呂佳陵，2006，《民主在臺灣》，臺北：遠流出版。

22 早在1990年9月11日，大陸國臺辦交流局副局長樂美珍、紅十字會祕書長韓長林等五人搭漁船抵金門，與我紅十字會祕書長陳長文等就遣返刑事犯、打擊犯罪達成共識後簽屬「金門協議」。9月19日，雙方紅十字會於同時公布協議。請參見2010年9月11日，《聯合報》，A23版。

23 《商業周刊》，第661期，頁66。

（曾任東北哈軍工校長，國防科工委副主任，早年為中共陳庚大將祕書，楊尚昆知交）、汪道涵（海協會會長）等人參與會談。雙方從1990年到1992年6月16日，在香港共進行了8次密談[24]。

而第9次密談，則由許鳴真以探親名義於8月應邀密訪臺灣。許鳴真會見了李登輝，至於雙方究竟達成哪些共識則無從得知，但從上述報導可知，雙方針對臺灣加入世貿組織、簽訂和平協議等項議題進行討論；不過臺灣方面不能同意「一國兩制」等問題，導致這9次協商並無具體結論。隨後，兩岸正式開啟「辜、汪會談」，並在「一個中國，各自表述」的默契下，兩岸關係逐漸進入平和時期[25]。

李登輝接任總統後，臺灣也承受解嚴後反對黨所激發的民粹主義，再加上開放選舉後，為了確保勝選，以致黑道與黑金結合、氾濫，這些都使得社會本質惡化[26]。1996年3月23日，中華民國進行首次總統直接選舉，李登輝以54%的得票率當選行憲

---

24 所有密談紀錄皆由關鍵中間人南懷瑾口述，商業周刊記者魏承恩撰文，請參閱《商業周刊》，第661期，頁60-82，臺北：商周出版。

25 根據王銘義撰寫的《對話與對抗：臺灣與中國的政治較量》（時報出版）一書透露，除了90年代初期在香港進行的高層對話之外，另有兩岸國安核心幕僚所組成的密使小組，也曾奉命進行具有授權的祕密對話，而「李辦」的蘇志誠與「江辦」的曾慶紅，是兩岸密使聯繫的「核心樞紐」，臺灣方面負責實際執行的密使小組成員有曾永賢（總統府國統委員）、張榮豐（國統會研究員）、張榮恭（國民黨大陸事務部主任）等人，大陸方面則由中共解放軍總政聯絡部長葉選寧（葉劍英元帥之子）負責協調聯繫。直到1999年8月間，「兩國論」餘波盪漾，張榮恭再度奉命密訪香港中聯辦臺灣事務部部長的邢魁山，探詢北京動向。以上報導請參閱1995年1月16日，《中國時報》，A4版。

26 1994年12月13日，黑道出身的屏東縣議長鄭太吉，為了追討賭場規費，帶著手下直衝兒時玩伴鍾源峰的家，不顧其母親的苦苦哀求，對著鍾源峰連開17槍斃命，鍾母立刻向警方報案，但因鄭太吉掌控議會預算，等於挾持了警察機關，使得警方不敢登門查案，而得知消息的媒體頂多只敢報導鍾源峰被殺，至於殺人的新聞處理也只寫「疑似與屏東一位政壇人士有關」，至16日，此案由立委蔡式淵在立法院國是壇上第一次公開點名屏東縣縣議長鄭太吉涉嫌殺人，鄭太吉才遭到收押，但卻仍受國民黨高層庇護而權勢滔天，全案經屏東地檢署依殺人罪起訴，歷經高等法院4次更審，歷時5年，於2000年7月14日以殺人罪判決鄭太吉死刑定讞。而李登輝本人也於2011年遭特偵組以涉嫌挪用國安祕帳公款799萬多美元，透過洗錢漂白，向潤泰集團購買臺綜院（臺灣綜合研究院）辦公室及支付開銷，特偵組將李登輝和前國民黨大掌櫃劉泰英（另私吞其中44萬美元）依貪汙、洗錢罪名起訴兩人。見2011年7月1日臺灣各大報相關新聞及《聯合報》A2～A6各版，起訴摘要見A15版。

後第九任總統。大選落幕後，最大的贏家是臺灣人民，這段期間也因為中共頻頻對臺文攻武嚇，造成臺海飛彈危機，反而大大提高了各國政治觀察家和新聞記者的訪臺熱情。臺灣2,100萬人的真實民意、選民的政治成熟度，以及民主程序的運作狀況，透過國內外的傳播媒體看得一清二楚。

然而大選之後，臺灣還是必須面對國際社會的參與和中共的壓力，並採取更健全的政策。我國國際形象獲得大幅提升，與民主政治的轉型成功大有關聯，但周煦教授認為總統直選雖然會獲得國際上的讚賞與認同，惟我國國際形象早已因政治轉型成功而大幅改善，故此次大選的效果只是錦上添花，而非突破。換言之，不承認我國的國家仍不接納我國參與北京反對的國際組織。例如，美國不會改變其「一個中國」的政策而與我國復交；聯合國之門不會立即為我國而開；臺灣為中國一部分的地位仍難更動。在國際大環境沒有重大改變前，我國在外交上頗為孤立的局面亦不致出現結構性的突破，因為大選只是國內之事，與外國現實利益考量並無直接關聯[27]。

由於國際地位受到孤立，引發民意日益的不耐與不滿，因此中華民國外交政策的位階逐漸超越了大陸政策，對執政者而言，加入聯合國已成為「中華民國在臺灣」、「主權強化」的一種符號迷思。對民進黨而言，加入聯合國有助於「臺灣主權」的實現。這兩個原本背道而馳的看法，卻在「強化主權」上找到了共通點。針對臺灣的刺激，也基於所謂「安全困境」，中共於1993年8月發表《臺灣問題與中國的統一》白皮書，即反應其「強化主權」的立場。面對中共強硬的立場，更激化我方積極尋求加入聯合國之道，遂使兩岸關係日漸緊張。

在政府當局的心態下，也使得負責兩岸技術性協商和民間交流的海基會與主管大陸事務的陸委會之間產生矛盾與衝突。海基會前任祕書長陳榮傑認為：「兩會高層聯繫會報，完全是欺騙社會大眾的幌子，陸委會根本不願藉此直接溝通、解決兩會之間的問題。」另一位前祕書長邱進益則認為兩會間的衝突，根本原因不在制度，而在心態與作法[28]。從兩位前祕書長的談話中，暴露兩會衝突中制度性的結構因素。當時陸

---

27 1996年3月23日，《聯合報》，第6版。
28 有關政府與大陸進行文教等民間交流、海陸兩會間的諸多問題，請參考龔鵬程，1996，《人文與管理》，南投：佛光大學南華管理學院。

委會主委,亦是當局愛將的黃昆輝難辭其咎。如以艾利森(Allison)的決策模式作分析,或許海陸兩會在所謂「官僚組織模式」中,容易形成本位主義和討價還價的結果。但如果用「理性決策模式」:「政策目標界定——涉及層面——方案及評估」選擇最佳政策來作程序分析,陸委會內部的高級官員即針對黃昆輝的官僚虛矯習性,以及不尊重成員專業水準的作為提出了嚴厲批判。

1993年1月22日,時任陸委會文教處長的龔鵬程教授於《自立晚報》撰文主張「政治需要真情真義」,指出當今大陸政策的盲點之一,在於過度專注「人」的身分,反而耽擱許多實際上應由雙方政府共同來處理的事情,像是兩岸文物、醫事等交流,由於官方不接觸,兩岸無法有效解決,凡此等等卻均委諸海基會,但是海基會職權有限,不但功能不彰,且雙方時生摩擦。

1995年李登輝的「康乃爾之行」,不但換來1996年3月臺海危機,也使美國重新檢討對華政策。1997年甫上任的亞太事務助理國務卿陸士達便明言,李登輝訪美是錯誤的。錢復也由於當局的外交政策和訪美行動,辭卸外交部長職務。錢復的辭職代表在李登輝主導之下,外交政策位階不但超越大陸政策,也代表一種思想和文化對峙時代的來臨。

臺獨或本土化意識在90年代影響國內政策發展甚深,並導致兩岸關係惡化,而主政者心態則更為重要,陳履安先生就曾批評當局對大陸人沒有愛。在兩岸分隔近50年的歲月中,經國先生開放大陸探親,不論是基於人道立場抑或和平演變,都清楚的指出兩岸鬥爭的是制度、主義、兩黨恩怨,但絕非中國人民間的對峙。然而,李登輝時代許多自稱「本土派」的人士,有著錯誤的「中國=中共=中國人=敵人」觀念,因而在島內製造省籍間的矛盾和疏離。這種義和團式的民粹多少影響了內政和外交政策的取向,並製造兩岸(甚至人民)的猜忌與仇恨,這是當年在兩岸交流過程中,所潛藏的一個重要隱憂。

臺灣島內民意轉變的趨勢,有相當大的因素是由於在後冷戰時代,臺灣經濟實力已發展到一個階段,自然會在國際社會上尋求相對的政治地位。因此,90年代在李登輝主導的「務實外交」下,爭取以生存為前提的外交政策位階遂超過兩岸政策的位階,而積極參與聯合國這種彰顯我為「主權國家」的策略,反迫使中共無從迴避。能

否進聯合國，無關名稱，事涉主權，因此中共在90年代對臺灣進行一連串文攻武嚇，尤以1996年3月的飛彈危機為甚。中共的壓迫，反使臺灣民意主張統一的比率遞減，這對中共而言，自然是個警訊。臺灣民眾對大陸的疏離，除了時空距離之外，對共產制度的嫌惡與不安也是重要因素[29]。

大陸在文化大革命之後，黨和領導人的權威性、道德性與純潔性為之破產，經過不斷的政治鬥爭，也使暴力的使用合法化。由於權威解體，孕育出人民「自己動手」的民粹主義。同時，為了鞏固領導者的法統，必須格外依賴民族主義，因此，中共領導人遂藉民族主義將內在矛盾外在化。如此一來，在臺灣訴諸本土化的政治運動和大陸近年也日益高漲的民族主義對峙下，兩岸關係的改善和交流顯得相當困難。

中共在1997年9月12日所召開的「十五大」對臺談話中，仍重申「和平統一、一國兩制」，並強調「一個中國原則」為談判的前提。而臺灣方面的反應，首先是陸委會表示不接受「一國兩制」，並強調應在「面對分治」的基礎上進行務實交流和協商。李登輝接著於13日在薩爾瓦多所舉行的中外記者會回應江澤民的談話，強調兩岸敵對狀態結束的談判，最重要的就是必須先承認中華民國是一個主權獨立的國家，兩岸是在「一個中國」下分治的狀態，若忽略這個現實狀況，根本沒有辦法談。此外，他在12日於薩爾瓦多國會演講時，嚴詞批判中共的霸權心態，是造成兩岸關係進展的最大阻礙[30]。

---

[29] 前臺灣軍情報局六處副處長龐大為曾接受日本《g2》政論雜誌訪問，指出1996年臺海危機時，中共解放軍少將劉連昆如何幫臺灣取得軍事情報，讓李登輝得以公開表明「那是空包彈」，而贏得總統選舉，而後劉連昆（臺灣代號為「少康2號」）及退役大校邵正忠等人被捕處決。劉連昆是目前已知臺灣在共軍內部吸收層級最高的間諜，也是首度打入中共中央軍委的層級。該篇報導也提到，中共在美國的壓力下，修改了這項行動方針，採「三不原則」，即：一、飛彈不會飛越臺灣本島上空；二、海軍、空軍不會超越臺海中線；三、即使舉行登陸演習，也不會實際占領臺灣的島嶼。相關報導請參閱2010年9月5日，《聯合報》，A5版。

[30] 李登輝的「太平之旅」外交效益雖仍猶如空中樓閣，卻已再度成為當局挾外制內的政治籌碼，也就是為當局製造個人民粹資本，以補充內鬥彈藥，對外諸多援外許諾，也觸動渾沌不明的憲政權責機制。因此，此次「太平之旅」有人視為外交盛事，有人卻擔心會引發憲政後遺症。見1997年9月18日，〈太平之旅：外交盛事與內政警訊〉，《聯合報》，第2版。

中共在「十五大」中再度確立「一個中國原則」、「和平統一、一國兩制」基調的同時，臺北方面顯然也已經逐漸凝聚並擺脫一個中國的糾葛，確定兩岸分治現狀的政策。冷戰時代的兩位蔣總統在美國核子保護傘下，所強調的是中華民國的法統與正當性；但在中美斷交等連串外交風暴下，隨著國際地位日益孤立、人民對共產制度的嫌惡，以及重返國際社會的期盼，使「本土化」的呼聲逐漸成為一種趨勢，政府的「務實外交」遂順應此民意而強調兩岸分裂分治的現勢，並積極開拓外交空間，以作為生存的最高目標。在「十五大」中，江澤民不再強調「寄望於臺灣當局」，更放棄「十四大」政治報告中只以國民黨為談判接觸的對象，同時警告臺灣不管由誰執政，臺獨皆是一條不能接觸的底線。這也意味中共將面對國民黨不是執政黨後的一項政治考量[31]。

李登輝在總統任期內，對兩岸關係發展影響最大的是1999年所主張的「兩岸關係定位在國家與國家，至少是特殊的國與國的關係」。李前總統在接受「德國之聲」專訪時指出：「我國在1991年修憲，將憲法的地域效力縮減在臺灣，並承認中華人民共和國在大陸統治權的合法性。1992年的憲改更進一步規定總統、副總統由臺灣人民直接選舉，使所選出來的國家機關只代表臺灣人民，國家權力統治的正當性也只有來自臺灣人民的授權，與中國大陸人民完全無關[32]。」

李登輝的談話，道出了存在已久的狀態，但也昭告國家的內涵改變了。從動員戡

---

31 中共十五大於1997年9月18日落幕，論者認為這是中共在文革後第三次思想解放，前兩次分別是鄧小平主導的1978年中共第11屆三中全會，解決實踐和理論關係的「兩個凡是」問題，由此開創改革局面；第二次是1992年鄧小平南巡及中共十四大，解決姓「社」和姓「資」問題，做改革最後攻堅，達成所有制上與市場接軌。而在政治體制上，仍小心謹慎以「繼續推進」定調，不敢有重大進展，這種政治保守和經濟改革將會造成兩者體制間矛盾，而政治上墨守成規所反映出來的現象，就是派系妥協及利益交換。請參閱1997年9月19日，〈中共十五大後的變與不變〉，《聯合報》，第2版。在十五大之後，完成了江澤民的接班合法化，也持續推動國有企業私有化，而最顯著的改變是揚棄了階級鬥爭及農民起義的歷史，改而採行保守民族文化主義。

32 1999年7月10日，《聯合報》，第1版。

亂時期終止以來，臺灣的官方立場變成「一國兩政治實權」，但李登輝的談話中可知，他主導的國民黨從1991年開始，有意識的把主權限縮到臺灣來，「中華民國」已經悄然從中國大陸完全撤退。由於李登輝提出「兩國論」，大陸取消海協會會長汪道涵的訪臺，造成兩岸關係持續僵化且無突破。李登輝的「兩國論」提出後，兩岸政治定位名稱的演變及大陸負面的反應，請參考表一與表二。

表一　兩岸政治定位名稱演變

1991.4.30	李登輝宣布終止動員戡亂時期，將中共從「叛亂組織」重新定位為「中共當局」、「大陸當局」。兩岸互為對等政治實體
1993.4.27	新加坡辜汪會談，昭告國際，兩岸已展開對等政治實體的對話
1993.11	西雅圖亞太經合會議，我方代表江丙坤提出「以一個中國為指向的階段性兩個中國政策」，回應中共提出的「一個中國」
1995.5	李登輝赴美國康乃爾大學演講，以「當局」互稱兩岸政治，並強調中華民國仍存在，未來中國統一是兩岸必須面對的問題
1996.3	總統大選後李登輝接受《亞洲華爾街日報》專訪指出，中華民國的主權與治權僅及於臺澎金馬，臺灣是主權獨立的國家
1997.2	新聞局在當局授命下發出「一個分治的中國」說帖，以反制中共的「一個中國，一國兩制」
1997.9	李登輝在「太平之旅」中，再三於國際場合強調「中華民國在臺灣是主權獨立國家」
1997.11	李登輝接受《華盛頓郵報》及《泰晤士報》專訪指出，臺灣早就獨立，是主權獨立國家。臺灣就是臺灣，而非中華人民共和國一省
1998.9	李登輝接見外賓指出，在臺灣的中華民國是主權獨立的國家實體，是成立已久的國家，而非內戰的分裂團體
1998.10	海基會董事長辜振甫銜命赴北京與中共高層對話，與江澤民、錢其琛會晤時指出，中華民國仍存在，兩岸是兩個政治實體、兩個政府，要進行政治談判前，必須面對此一事實。海基會副董事長兼祕書長許惠祐並在國際記者會中表示，一個中國就是中華民國，兩岸是分治中國下的兩個政府：中華民國與中華人民共和國。正式將兩岸關係從對等政治實體，推向兩個政府
1999.4	國統會後，我方在國際宣傳上即一致使用中華民國與中華人民共和國互稱，漸少使用對等政治實體
1999.7	李登輝接受德國媒體專訪指出，兩岸間是特殊的國與國關係

資料來源：1999年7月11日，《聯合報》，第13版。

表二　大陸對「兩國論」的重要評論

1999.7.9	李登輝接受「德國之聲」專訪，指兩岸關係是特殊的國與國關係
1999.7.15	中共中央臺辦、國臺辦主任陳雲林指李登輝嚴重破壞兩岸關係，使海協會、海基會在一個中國原則下進行接觸、交流的對話基礎已不復存在
1999.7.17	中共首度公開向外界宣示，掌握有製造中子彈的技術，一般認為是恫嚇臺灣提出的「兩國論」
1999.9.1	新華社發表評論員文章，強烈抨擊國民黨把「兩國論」列入決議案，同時點名李登輝「使國民黨背負沉重罪責」
1999.9.7	中共國防部長遲浩田批評「兩國論」是製造兩個中國，重申中共對臺「和平統一、一國兩制」方針，但絕不承諾放棄使用武力
1999.9.9	江澤民提出汪道涵訪臺兩前提收回「兩國論」、李登輝以黨主席身分會見
1999.9.13	中共外長唐家璇指劉泰英說臺灣應與日、韓加入戰區飛彈防禦系統，及「比中共晚1秒鐘」加入世貿組織是「謬論」
1999.9.24	唐家璇以罕見嚴厲語氣，批判李登輝推動「兩國論」是「靈魂深處要搞臺獨的最大暴露」
1999.10.1	江澤民指中共將繼續堅持和平統一、一國兩制的方針，最終完成臺灣與大陸的統一。實現中國的完全統一，是全體中國人民不可動搖的堅強意志
1999.12.21	江澤民指一國兩制是解決臺灣問題最好的方式
2000.1.28	錢其琛稱在堅持一個中國原則下，中共將盡最大努力、盡一切可能，爭取以和平方式解決臺灣問題。但臺獨意味兩岸將發生戰爭
2000.2.21	中共發表「一個中國的原則與臺灣問題」白皮書，提出「如果臺灣宣布獨立」、「如果外國勢力介入」、「如果臺灣無限期拒絕談判」等3個對臺灣動武條件
2000.2.29	錢其琛指中共對臺「和平統一、一國兩制」方針及「江8點」都無改變。唐家璇則重申：中共可能在解決與臺灣統一的紛爭中使用武力
2000.3.5	中共總理朱鎔基的政府報告重申對臺和平統一、一國兩制方針，並強調對「兩國論」和臺獨絕不會坐視不管
2000.3.8	江澤民指兩岸目前沒有「烽火連三月」。總統候選人有意訪北京，凡是堅持一個中國，任何時期都歡迎，同時表示他也願意訪問臺灣
2000.3.15	朱鎔基記者會稱臺灣選舉是地方性選舉，誰要是搞臺灣獨立，誰就沒有好下場，中國人要以鮮血和生命捍衛統一
2000.3.16	唐樹備指臺灣新領導人如堅持臺獨，任何人都幫不了忙。假如臺獨的主張形成政策，兩岸經貿交流將成泡影

中華民國在蔣氏父子時代似乎逐漸擺脫中國歷史上分裂國家的陷阱，尤其在蔣經國總統的「臺灣化」政策推行之後，對國家菁英人才全面化的培育、族群融合等方面都已見成效，其政績至今令大多數國人懷念。李登輝總統在歷史上的光輝原本可更盛於蔣經國，他所繼承的是已經具有良好基礎的國家權力，他的日本世代臺灣人背景及第一位臺灣人總統的血緣光環，在政壇上可以發揮舉足輕重的功能，但他錯失歷史上的良機，利用族群間不同的歷史背景和文化差異，以分裂省籍的方式尋求選舉上的最大功效，其結果是臺灣主體意識上升，但相對的以「異類標籤」及「外來政權餘孽」等語句，逼使反對者傾向政治上的另一端光譜，臺灣社會的內耗也就伴隨著各類選舉而日益加深[33]。而他在政治上的合夥人，也繼承這種操弄而不見改善。

有評論指出，李登輝這麼一位被日本學者形容體內流著「日本人、美國人、臺灣人、中國人」血液的複雜領袖，當他離開國民黨之後，一位親近幕僚不帶感情的說：「反正國民黨是向別人借來的，現在完成了改革，當然是還給別人的時候。」或許李登輝拿捏不定總統、黨主席與臺灣人、中國人之間的角色，因此其間矛盾製造了反李、擁李的紛亂[34]。他在國民黨內用盡資源、享盡權力之後「用完即棄」，造成國民黨失去領導的正當性，李登輝將這個正當性的光環戴在他新成立的政黨頭上，並在總

---

[33] 民進黨大老張俊宏認為「民進黨像李登輝的免洗餐具，可是忍不住要幫他，即使被他利用也甘願，因為李登輝像哲學家皇帝」。他也引述日本《文藝春秋》一群文人說法：「最偉大的日本人在海外，一個在祕魯（指藤森），一個在臺灣（指李登輝）。」見2000年5月16日，《聯合報》，第8版。李登輝這種日本情結在接受日本《產經新聞》專訪時表達：「日為侵華持續道歉太過分。」「臺灣也有親大陸的少數派，就南京事件（大屠殺）舉行對日抗議集會，但只聚集特定極少數人。」見1997年12月21日，《聯合報》，第9版。李登輝在這段時期的反華、去中國化政策，隨他在臺灣權力鞏固而日益明顯，對曾經遭受日本人侵略及迫害的兩岸人民而言，其個人引發的爭議及影響是明顯的族群傷害。

[34] 2000年5月16日，《聯合報》，第8版。

統大選時加持於陳水扁的選票，成為陳水扁獲勝的重要因素。

　　臺灣在李登輝執政時代，兩岸關係由開放探親而轉向緩和的態勢又逐漸緊張對峙，中共領導人對臺灣的文攻武嚇，是否「逼迫」李登輝傾向「臺獨」的天平，是值得研究的課題；而中共總理朱鎔基在臺灣即將舉行總統大選的前夕，發表強硬警告臺獨的談話，咸被視為傷害臺灣人民的感情，在激發本土強烈意識下反而幫助民進黨獲勝的弄巧成拙之舉，這也正可反映大陸在江澤民時代，其對臺統戰手腕之粗糙及缺乏了解臺灣意識和輿情反應。

　　反觀臺灣社會內部，於李登輝執政十餘年期間，逐漸加深了省籍矛盾與「去中國化」思維，例如1988年國學大師錢穆居住的素書樓，被民進黨籍臺北市議員陳水扁、周伯倫等人指為霸占公產，要求錢穆遷出，錢穆在含冤搬出素書樓3個月後即抑鬱而終[35]。1992年，在李登輝的主導下，指控《聯合報》是中共同路人，從而發起了「退報運動」。後來，李登輝與臺獨社團對媒體的壓制愈演愈烈，發動企業主成立了「廣告主協會」，用廣告箝制「異議」，而總統女婿賴國洲則擔任新聞評議會的祕書長[36]。凡此種種，都象徵李登輝是臺灣從威權時代過渡到民主時代的一個轉型期領袖，他無法阻擋；但卻利用民主潮流並結合民進黨，打擊及消除黨內反對者，成為另一位

[35] 1966年中共「文化大革命」，蔣介石總統命蔣經國拜訪由港返臺的錢穆夫婦，並由政府規劃位於外雙溪的「素書樓」以為一代宿儒的居所，1988年周伯倫議員指責錢穆未與市府簽租約是「非法」，導致1989年錢穆投書媒體，表明「生平惟服膺儒家所論士大夫出處進退辭受之道」，公開宣布遷出素書樓，3個月後與世長辭。2002年，素書樓紀念館重新開館時，時任臺北市長的馬英九公開澄清錢穆未霸占公產，還其清白。20年後，馬英九總統在錢穆逝世20周年追思會，再度向錢穆家屬致歉。相關報導請參閱錢胡美琦，〈百感交集二十年〉，《聯合報》，2010年8月27日，第3版及《自由時報》，2010年8月31日。

[36] 所謂的「退報運動」是指1992年10月29日，中共政治局常委李瑞環發表不惜以流血來阻止臺獨的談話，隔天，臺灣媒體都如實刊載這個消息。11月11日，李登輝在會見若干臺獨元老時又論及《聯合報》說：「我已經不看那個報紙了，你們還看嗎？」於是在「退報運動」風潮下，有些超商不容《聯合報》上架，某家航空公司在班機上撤去《聯合報》，企業被脅迫不可在《聯合報》上刊登廣告。詳情可參閱2010年8月18日《聯合報》社論〈從李瑞環到李亞飛：回視十八年前的「總統退報運動」〉。當年我個人即曾見證臺大林山田教授等人在某些學生社團邀請下，巡迴校園演講、呼應李登輝談話，也在搭乘長榮航空班機時，索閱《聯合報》不成，座艙長在我詢問下坦承不提供該報的無奈。

強勢總統；但也留下臺灣社會省籍衝突與國家認同矛盾的大傷口。而隨著2000年的政黨輪替，李登輝主政時期所留下的兩岸關係緊張及內部社會矛盾，將在往後8年中持續惡化[37]。

第二節　陳水扁政權

1998年臺北市長選舉，國民黨籍的馬英九、新黨籍的王建煊與現任市長陳水扁競爭，馬英九最後以51.1％的選票入主市政府，陳水扁以45.9％的高票落選[38]，調查指出，馬英九勝選的關鍵，主要是吸收了新黨支持者的票源。投票支持新黨立委候選人的選民，在市長候選人方面，有將近八成的受訪者表示將選票轉投給馬英九；換句話說，王建煊的票源幾乎完全轉移到馬英九身上，由於泛藍選民的團結，才造成馬英九擊敗聲望甚高的陳水扁。陳水扁的市長連任之路雖然失敗，卻在宋楚瑜被「凍省」而出走，造成國民黨又一次分裂下而贏得下一場選戰。

2000年總統大選，民進黨籍候選人陳水扁以39.3％的得票率勝過國民黨提名之連戰的23.1％及獨立候選人宋楚瑜的36.84％，當選第10任總統[39]，成為臺灣史上第一次政黨輪替，也宣示李登輝時代的終結。選戰失敗後的宋楚瑜成立親民黨，而李登輝也出走成立台聯黨。隨後，民進黨修改黨章，陳水扁正式以總統身分兼任黨主席，也開啟了民進黨黨政一元化的強勢領導風格。

一、兩岸關係

1975年，美國國防部部長斯勒辛格（James Schlesinger）所發表的國防白皮書中，首次將臺灣、琉球劃出美國在東亞的防禦線，由日本直接跳到菲律賓，臺灣在麥帥口

---

37 前總統府資政徐立德認為在連串的政治鬥爭後，李登輝對「外省人」日益增加戒心與不信任感，也同意李登輝時代的劉泰英權傾一時，足與行政院長抗衡，其任內「黑金政治」達到極致。李登輝1996年提出的「戒急用忍」政策不但無限期拖延了連戰內閣規劃的「亞太營運中心」，在其《臺灣的主張》書中論述的臺灣路線及對連戰身邊的外省籍幕僚之不滿，而連戰在大選前所出版的《連戰風雲》與李書主張的許多國政有差異，都引發李登輝極大不悅，最後在媒體與民進黨和李、宋心結的影響下產生「棄保效應」，導致2000年總統大選由陳水扁勝出。請參閱徐立德，《情義在我心》，頁286、287、342、394-398。

38 〈馬英九七年大事記〉，《中時電子報》。

39 2000年3月18日，《中時電子報》。

中「不沉的航空母艦」，頓時由冷戰陣營的最前線、堅強的反共盟友，跌為中國大陸版塊中有待處理的一塊小殘角，在戰略價值上僅是用來牽制中共的一顆棋子。二次大戰結束以來，美國兩大噩夢：與蘇聯作戰以及與中共作戰，一直是美國刻意避免的。從《季辛吉祕錄》以及金曼根據解密資料撰寫的《轉向》二書中得知，「臺灣是結束越戰的交換品」[40]。

2003年，美國總統小布希在與中共國家領導人胡錦濤及總理溫家寶的3次會談中，強調美國政府將繼續堅持一個中國的政策，並遵守美中3個聯合公報，及反對臺獨。中共方面則重申「和平統一、一國兩制」的基調與反對臺獨的立場[41]。換言之，臺灣獨立是美國及中國大陸所不能接受的。

臺灣在冷戰時期是美國重要盟邦，從2004年7月中共外交部公布50年前的外交檔案，揭露了蔣介石總統於1955年與美國情報單位合作，計畫將中共總理周恩來率領代表團參加第三世界國家號召的萬隆會議所搭乘的專機「喀什米爾公主號」炸毀。雖然周恩來出發前臨時獲邀到緬甸洽商國務，不在機上而逃過一劫，但這也顯示當時的「盟邦」關係，以及國、共鬥爭的慘烈[42]。蔣氏父子在冷戰時期維持中華民國臺灣地區的建設與安定，實不能以今日一句「白色恐怖」簡化之。

事隔50年後，美國布希總統對陳水扁總統在處理兩岸問題上的態度日益不滿，真正的導火線是「一邊一國」論，發展到2003年的「公投制憲」，布希更公開斥責阿扁搞公投的話題。美國在臺協會（簡稱AIT）創始理事主席丁大衛將布希之怒解釋為「臺灣嚴重的挫折」[43]。中華民國駐美代表程建人在2003年返臺述職時，首度於立法院表示，臺美關係處於史無前例的狀況，他並認為美國總統布希的相關談話「用詞之強，前所少見」[44]。

---

40 1999年1月12日，《中國時報》社論，第3版。

41 2003年12月11日，《聯合報》。

42 2004年7月20日，《聯合報》，A13版。中共在檔案中指出這一事件是由臺灣保密局偵防組組長谷正文主謀的案子，臺灣以60萬港幣買通清潔工裝置定時炸彈。事後香港政府在中共壓力下，逮捕上千臺灣情報人員，破獲並解散多個特工組織。

43 2003年12月13日，《中國時報》，A13版。

44 2003年12月30日，《聯合報》，A2版。

東吳大學劉必榮教授則分析民進黨政府在外交上戰略匱乏，是以街頭運動模式處理外交問題，即打游擊戰及「短線操作」，一旦有了突破就是加分，若未能突破，則可將責任推給中共[45]。我認為民進黨在處理外交上採取雙面刃手段，不論攻擊或承受反彈（美國或中共）壓力，都可藉此訴諸臺灣人的悲情，喚起國族意識和塑造悲劇英雄光芒，成功拓展政黨的選票基礎。這種試圖改變現狀，以內在矛盾外在化的手段，卻與希望維持現狀的中共及美國背道而馳，其結果反而造成美國政府逐漸向中共平臺傾斜，而對臺灣不利[46]。

2004年3月，陳水扁當選第11任中華民國總統，新加坡副總理李顯龍於2004年7月訪問臺灣之後指出，他發現臺灣無論朝野或媒體都太專注於內部的政治問題，而忽略國際上急劇的變化，將引致對新加坡及區域發生影響嚴重的誤判及失誤[47]。另一方面，臺灣在80年代因為勞力高度密集和中小型企業占多數等工業建設特色，當面臨工資及土地價格巨幅上升，及東南亞與大陸新興工業國家興起時，造成競爭力大幅下降，因而開始轉型為高科技資訊產業及其他產業，與進行傳統產業的大規模化、現代化。

著名經濟學者王作榮認為非仰賴「現在及未來的大陸」這個巨大經濟載體不可，在經濟上要三通，還要合流整合成一體，必須仿效香港：總部設在臺灣，工廠設在大陸——而奇美實業的許文龍與長榮集團的張榮發即是例證。王作榮認為經濟轉型是臺灣當前經濟問題的最大來源，也最難解決[48]。而投資大陸以求降低成本的策略，是否

---

45 《商業週刊》，第853期，頁125。

46 中共過去一向反對「維持現狀」，江澤民主政時期，「祖國統一」列為中共20世紀三大使命之一；但中共新任總理溫家寶卻在接受美國「有線新聞網」（CNN）訪問時，以與美國相同的語調指責臺灣「破壞現狀」。見2003年12月13日，《中國時報》。

47 2004年7月17日，《中國時報》，A13版。李顯龍發現2004年3月總統大選後，綠營專注於立院選舉，相信更多人會支持臺灣獨立；藍營方面則專注於質疑總統選舉合法性、「319槍擊事件」調查、選舉無效訴訟等。他也注意到臺灣人有更強的臺灣認同意識，大多數臺灣人相信中國不會採取攻擊手段，而且美國會在臺灣遭受攻擊時挺身相助。李顯龍對這個現象感到頗為不安。

48 請參閱王作榮，2001年5月29日，〈臺灣的經濟問題與經濟轉型〉，《中國時報》，第4版。

會造成臺灣出口商品和大陸產品的差異程度變小，容易被替代？因此減輕被替代程度也是臺灣當局所應思考及規範的當務之急[49]。

陳水扁任內的臺灣經濟，由於國際經濟環境變化，加上中國大陸經濟躍升，對臺灣造成半世紀以來最大的衝擊。2001年，經濟衰退超過-2％，失業率超過6％，由於社會經濟惡化，暴力犯罪也由2000年的1萬1千件增至2001年的1萬4千件。2002年，臺北「美僑商會」發表《企業信心調查報告》，將「明確的經濟政策」、「政治穩定性」、「穩定的兩岸關係」列為攸關臺灣企業前途的三大要目，並強烈主張三通[50]。

論者以為，陳水扁執政兩年期間，已成功的讓一切批判的聲音消失，這種「批判的空窗期」，遂使得新政府反而能在執政後的次年（2001年）立委選舉中獲勝；而在外部、西方，尤其是美國的官方與媒體，由於對臺灣有獨特的雙重標準，對新政府的任何作為也都保持緘默，使得新政府成立兩週年，拜「批判的空窗期」所賜，儘管政績堪疑，但支持率仍能成長，實在是歷史盲點所造成的幸運[51]。

國內學者所組成的澄社[52]，於2002年6月17日與陳水扁總統舉行座談會。會中，澄社代表向當局提出許多一針見血的批評，指民進黨政府「格局不大、腳步凌亂、政策矛盾」，並標舉四大興革訴求，例如政府不應過度討好資本家，應與財團保持距離，澄社也指出多項引起爭議的人事案會嚴重影響政府公信力，惟陳總統皆否認由其主導。論者認為澄社是「社會良知」的傳承者，在國民黨時代，不少監督主政者的「在野黨」知識人，隨著政治轉移，卻變成現今主政者的「政治啦啦隊」。其所產生的副

---

49 請參閱林向愷，2004年7月19日，〈四小龍與中國的競合〉，《中國時報》，B1版。

50 南方朔，2002年5月20日，〈困境與超越〉，《中國時報》，第2版。

51 同上。

52 澄社成立於90年代，由胡佛、楊國樞、李鴻禧等20多位自由派學者成立，以「提供第三種聲音」供民眾判斷兩黨說詞是否得當的參考。澄社標榜「論政而不參政」，沿續《自由中國》以來的理想，以社會批判促進自由民主體制的實現；另一方面則要求社員不得出任任何黨政職務。但意識型態及統獨立場始終困擾澄社，從「回歸憲法／制定基本法」到「內閣制／總統制」等爭議，胡、李二人情誼完全破裂。民族意識與自由主義兩者間如何安頓，是現今臺灣自由主義的一大難題。見江宜樺，2001，《自由民主的理路》，頁303-305，臺北：聯經出版公司。

作用之一，就是知識界既然以主政者的「自己人」自居，以護航為能事，主政者自然也就不能聽到真正有益的批評[53]。

　　許倬雲教授也指出，70年代由於國內外的華人知識分子不約而同掀起臺灣民主化運動，一時波瀾壯闊，終於在不到10年之間，開了黨禁，換了國會，使中華民國的民主化過程，為世界樹立了傲人的紀錄[54]。近年來，臺灣社會內部由於統獨及族群分離意識嚴重對立，使知識分子的社會公信力和說服力遭到質疑、挑戰，在短時間之內，似乎難以發揮70年代使臺灣轉型的力量。

　　2004年，陳水扁在槍擊事件真相未明下，以些微票數連任成功。澄社學者在7月11日發表2萬5千字的「檢驗民進黨執政4年成效報告」中指出，扁政府過去在教育、金融、媒體、憲政、社福、兩岸經貿、生態環境保護等七大項改革上「都交了白卷」，執政利益思維超過改革動機。澄社指出，民進黨政府操控臺視、華視人事，在選舉接近時，更縱容臺視、民視開關帶狀政治節目從事「單面政治宣傳」，作風比起過去國民黨戒嚴時期掌控三臺有過之而無不及，而這種操控媒體的情形選後亦不見改善[55]。

　　澄社所列的七大項，包含了憲政民主的道德面與實踐面，只見扁政府炒作「制憲」、「修憲」的選舉議題，而不思整個憲政權責體制的徹底革新。澄社在扁政府任內兩度提出建言，但批判中所吐露的無力感卻也印證中華民國政府在臺灣由盛而衰的過程。2004年大選後的中華民國，內部已經實質分裂為「一邊一國」，泛藍與泛綠政黨的南北區隔日益明顯，其意義不在省籍的差異，而在國家認同的分裂。中國歷史上的流徙或分裂政權，例如三國時期的蜀漢、東吳，以及東晉、南宋等，在考量政權的穩定及永續發展等因素後，有些採取諸如「土斷」等政策，成功促成內部團結；但有些如蜀漢及東吳政權，將國家菁英局限在某個族群或集團內，從而喪失競爭的優勢[56]。

---

53 2002年6月18日，《聯合報》，第2版。

54 許倬雲，2002年7月1日，〈論國會亂象〉，《中國時報》，第2版。

55 2004年7月12日，《聯合報》，A4版。

56 請參考李功勤，2001年7月，《蔣介石臺灣時代的政治菁英》，國立中正大學：歷史研究所博士論文。

二、 族群鬥爭

毛澤東嘗言：「階級鬥爭一挑就靈。」民進黨則是族群動員的實踐者和獲利者。針對這種臺灣社會因歷史選舉而分裂，彼此仇恨的隱憂，前民進黨主席許信良認為民進黨只要一個族群民族主義的價值，一個大閩南主義的價值[57]。民進黨立法委員沈富雄則提出，臺灣在總統大選後，應有「愛臺灣不該被量化」、「本土化不代表去中國化」等「愛臺灣」的認知，他並認為「愛臺灣」不該成為任何大選的主軸或搶票手段[58]。當陳水扁總統在選後與青年學生座談時，有學生質問陳總統：「為什麼常常說人家不愛臺灣？[59]」

陳水扁在選後曾重批連、宋，要他們閉嘴，之後又謙卑的拜訪聖嚴法師，對法師給他的開示：「感謝反對者」津津樂道。過了沒幾天，在臺南兩場感恩晚會又高分貝批連、宋；4月12日在臺北紅樓與學生座談時又低頭表示要反省自己[60]。這種時而傲慢、時而謙卑，看對象演出的兩手策略，似乎應證了民進黨「務實、柔軟」的身段，但從閩南籍人口占臺灣人口75％的比例上觀察，族群操弄仍會是往後大選中不斷上演的戲碼及議題。

民進黨除了上述兩種特質之外，它以「派系共治」創造了集體領導的穩定性，也使歷任代表不同派系的黨主席如施明德、許信良因理念不合陸續離開民進黨後，並未

---

57 見2004年5月24日，《聯合報》，A11版。許信良認為這種大閩南主義，危害了國家認同。「本土論述是臺灣歷史發展上，一個最多餘、最沒有意義的論述。」客家籍的許信良如是說。以研究白色恐怖著名的客籍作家藍博洲也曾對我表示，當年與民進黨一起打拚時，大閩南主義使他產生強烈的排斥和疏離感。

58 見2004年4月17日，《聯合報》，A2版。沈富雄也分析過去50年以來，本省人對外省人有許多負面印象。第一點就是白色恐怖，許多本省人被迫害，至今遺恨猶存；第二點是外省人在當年高考可加分，或因社經環境使然，外省人念大學比率較高；第三點是外省人來臺後，「少數強勢文化」控制「多數弱勢文化」，民進黨人在執政後有了報復心態；第四點是因外省人的血緣，以及對中國的情感深淺，讓本省人懷疑「敵人跟外省人有關係」，因此產生疑慮。見2004年4月26日，《聯合報》專訪，A4版。

59 見《中國時報》、《聯合報》等在2004年4月13日的新聞稿。

60 2004年4月13日，《聯合報》，A3版。

造成民進黨分裂和資源分散[61]。1998年2月，民進黨舉辦中國政策研討會，當時美麗島系領袖許信良的「大膽西進論」和新潮流龍頭邱義仁的「強本漸進論」產生激辯，最後得出「強本西進」的結論，這也成為該時期民進黨對兩岸經貿政策的一致共識。2004年總統大選後，由於呂秀蓮先後懷疑槍擊案的真相及敏督利颱風救災不力的爭議，引起扁、呂之間的緊張[62]，但民進黨總會在一段磨合時間之後，府院黨改而口徑一致，並且巧妙的將衝突點轉嫁給泛藍陣營。換另一個角度來看，內鬥不斷，反而為民進黨聚集源源不絕的競爭能量。至於派系共治、由下而上的決策模式，也跟國民黨的少數核心人士密室政治截然不同，民進黨呈現的是集體風險、共同承擔的決策模式。

泛綠的選民特質正反映了民進黨的文化，那就是團結、死忠，在投票行為上絕對服從黨意，並具有濃厚的草根文化；相對於泛藍選民的自主性高、習慣以高標準、高道德檢視他們的政治領導人，泛藍陣營在對外氣勢上，往往先被內部菁英之間的意見衝突消磨一半，在面對都會中產階級型態的選民結構特性，常不能產生泛綠陣營所展現的革命激情和團結一致的特性，而這些特質卻正是民進黨崛起的關鍵所在[63]。

三、 紅衫軍運動

「反貪腐倒扁運動」自2006年9月9日正式集結，歷經三次動員高潮（9月9日、9月29日與10月10日）[64]，運動的開端起因於陳水扁領導的民進黨政府爆發許多疑似貪汙

---

61 民進黨的主要派系有正義連線（陳水扁、陳其邁）、福利國連線（謝長廷、蘇貞昌）、美麗島系（張俊宏、許榮淑）、新潮流（洪奇昌、陳菊），這些都是民進黨2004年黨中常會的成員及其所屬派系。2004年7月18日召開的全代會選出新的10席中常委，除了新潮流依舊健在外，正義連線僅保住1席，福利國連線則分裂為蔡同榮、謝長廷及蘇貞昌三股勢力，其他還有舊美麗島系的綠色友誼連線及內閣行政系統。派系基本結構未變，陳水扁強勢主導解散派系失敗，只通過「派系中立」條款。

62 參見2004年7月11日，《聯合報》，A4版。另據2004年7月5日，《聯合報》，A2版報導，呂秀蓮懷疑槍擊目標是自己，對陳水扁身邊人本就不太信任，使原本十分抗拒成立「319槍擊真相調閱委員會」的總統府終於轉變立場，這項轉變的內部壓力正是呂秀蓮副總統。

63 曾經擔任馬英九市府副市長的金溥聰及勞工局長鄭村棋，在總統大選前籌組「廢票聯盟」，對這次大選的結果和30餘萬張的廢票，引發了很大的爭議。

64 2006年9月9日開始於凱達格蘭大道上靜坐，持續至15日倒扁總部發動「螢光圍城」；9月29日發起「環島遍地開花行動」；10月10日發起「天下圍攻」活動。

的事證，導致臺灣社會的議論與抗爭，由施明德發起街頭運動，並成立指揮中心[65]，帶領大眾進行靜坐、遊行等和平示威，並穿著紅色服裝以作為統一，故又稱「紅衫軍運動」。

　　根據《中時電子報》電話訪問結果發現：知道凱達格蘭大道靜坐活動的受訪民眾中，64.6％對此活動抱持正面的看法，30.6％對此活動持負面的看法。持正面看法的年齡層主要集中於30～59歲的受訪群眾（30～39歲66.3％、40～49歲65％、50～59歲69％）；持負面看法的年齡層偏向年紀最小（20～29歲37.9％）和最大（60歲以上34.1％）者[66]。

　　紅衫軍運動被視為一種社會正義，參與遊行的群眾不分男女老幼，沒有年齡限制，甚至不分區域黨派，唯一的訴求是還人民一個清廉的政府。相較於過往嚴肅悲憤的群眾運動氣氛，現場呈現有如嘉年華般的氛圍，民眾各自展現創意方式呼籲阿扁下臺[67]。從事演藝事業的藝人紛紛響應，上臺唱歌陪伴倒扁群眾，也有越來越多的年輕學生現身凱達格蘭大道[68]，倒扁總部並設置發言臺讓民眾能上臺發表倒扁心聲[69]。參與人數超過百萬，創下臺灣群眾運動有史以來人數最多的一次。這場運動不僅淡化過往累積的省籍情結，也將過去把「血統論」視為認同的標準轉向為和平理性的反貪

---

65 指揮中心的核心成員大多是出自曾為綠營或親綠人士，總指揮施明德、副總指揮簡錫堦、總部總幹事魏耀乾、新聞總監張富忠、發言人范可欽、賀德芬、律師魏千峰、沈智慧、李新、王麗萍、盛治仁、郭素春、鄭龍水、李永萍、姚立明、林正杰、羅淑蕾、劉坤鱧，其中包括律師、醫生、廣告人、民意代表等。

66 2005年9月18日，《中時電子報》。

67 倒扁現場有人裝扮成電影《星際大戰》裡的黑武士，有人在場邊發送倒扁氣球，還有原住民在現場唸起祝禱文倒扁，大受民眾歡迎。

68 首先帶動學生上臺嗆扁風潮的是建中學生謝宜峰，他在11日率先大膽站上舞臺，帶領群眾大喊23次「阿扁下臺」，還要陳水扁認清連學生都知道的禮義廉恥，引起外界熱烈討論，甚至有老師在公民課上主動以他為題材，教學生如何正確表達自己的政治立場。2006年9月13日，《中國評論新聞網》。

69 在現場較為特殊的發言民眾包含一名3歲女娃，在父母的陪同下，踏上倒扁現場的發言臺，一口氣背誦了《四書》中的第一篇文章〈大學之道〉；另還有一名小學六年級生自創詩句上臺倒扁；北一女中有5名學生身著綠色校服，激情諷扁，為倒扁現場掀起高潮。相關報導請參閱2006年9月13日，《中時電子報》。

腐，這是臺灣自主公民力量的空前展現[70]。

臺灣社會在政黨輪替前，政治性的社會運動大多以激進的方式進行，且多以要求政府更民主開放為訴求；政黨輪替後，民主已不是主要訴求，反貪腐運動能獲得廣大的迴響，是因其訴求的價值與社會的價值相呼應。在政治介入司法與體制無法防範的情況下，臺灣民眾對政府貪腐的不滿只有透過體制外來表達，這在民主社會也是很普遍的方式。臺灣的社會運動，從針對政府威權所引發的社會運動已漸漸轉變為對政府政策反應的社會運動居多[71]，而過往島內的政治運動，基本上跳不出藍綠、族群對立的格局，運動的結果往往使得藍綠與族群更加對立，社會更加分化。跳出藍綠與族群紛爭，高舉能被主流社會所接受的道德訴求，正是反貪腐運動能贏得廣大民眾，尤其是中產階級支持的重要原因[72]。

此次運動的可貴之處，在於能夠和平理性的收場，其所表現的自制、理性與平和，已經足以向世人展現臺灣民主運動的成熟度，因此不少學者將其定位為「新公民運動」，稱頌為「自主公民進場」，正是因為公民群體站出來，清楚的拒絕政府與政客「獨占」公共決策。政府、政黨、政治人物，乃至各種法定程序，都不能完全替代公民的直接發聲。即便在運動內部，也看到群眾擺脫了以往許多街頭活動中單純「跟著走」或「被帶領」的風格，轉而時時質疑並修正「領導集團」的建議。公民對領導者的無情與質疑，正是這個運動的價值[73]。

反貪腐運動所帶來的另一影響，是開始了體制內的改革推動，各黨相繼推動反貪腐「陽光法案」，民進黨提出「陽光九法」[74]、國民黨提出「陽光四法」[75]，主要是

---

70 2006年9月17日，《聯合報》。

71 楊雅文，2008年6月，《反貪腐運動之探究──以天下圍攻事件為例》，國立成功大學政治經濟學研究所碩士論文。

72 2006年10月11日，《文匯報》社評。

73 2006年10月2日，《聯合報》。

74 即法務部廉政局組織法、遊說法、立法委員行為法、公職人員財產申報法、公職人員選舉罷免法、公職人員利益衝突迴避法、政治獻金法、政黨法，以及政黨不當取得財產處理條例等修法與立法工作。

75 即政黨法、遊說法、公職人員財產申報法，以及政治獻金法。

希望透過法治面的改革加強對貪腐的防治與懲罰[76]，而隨著陽光法案陸續通過[77]，社會對反貪腐及建立清廉政府也有了一定的共識。

陳水扁卸任總統職務後，2008年11月12日被臺北地方法院以涉嫌貪汙、洗錢等重罪為由收押禁見，成為中華民國歷史上首位遭收押的卸任總統。2010年11月11日，陳水扁因龍潭購地弊案遭最高法院三審定讞，判處有期徒刑17年6月。2011年11月13日，臺灣高等法院以二次金改弊案，二審判決陳水扁有期徒刑18年[78]。

第三節　馬英九政權

一、馬英九的勝選

2008年3月22日，國民黨的正副總統候選人馬英九、蕭萬長以765萬餘票的得票數，大幅超過民進黨候選人謝長廷、蘇貞昌的544萬餘票，在第十二任中華民國總統大選中獲得勝利。同時根據中選會的資料顯示，馬英九的得票率58.4%，也超過1996年首次民選總統時李登輝的得票率54%，成為臺灣總統直選史上最有民意基礎的領導人。

在得票的地域分布方面，全臺25個縣市，「馬蕭配」於20個縣市中獲得高票，其中有2個縣市是由民進黨執政（即臺南市與高雄市）；而「謝蘇配」僅在5個由民進黨執政的縣市中獲得高票。顯見民進黨長期執政失敗，使得民心逐漸流失，也因此讓國民黨有再次執政的機會。

國民黨這次囊括了全臺近六成的選票，在新竹縣、苗栗縣、臺東縣、花蓮縣、及外島金門、連江兩縣皆有七成以上的得票率，外島兩縣得票率更是高達95%。其次在臺北縣市、基隆市、桃園縣、新竹市、臺中市、南投縣等地，也有六成以上的得票率。在宜蘭縣、臺中縣、彰化縣、嘉義市、臺南市、高雄市、澎湖縣，皆有五成以上

---

76 楊雅文，2008年6月，《反貪腐運動之探究──以天下圍攻事件為例》，國立成功大學政治經濟學研究所碩士論文。

77 即財產申報法、利益衝突迴避法、政治獻金法、遊說法，詳情請參考《中華民國監察院陽光法案主題網》。

78 2011年10月13日，《中央社》。

的得票率。至於票數輸給民進黨的雲林縣、嘉義縣、臺南縣、高雄縣、屏東縣，也都有四成以上的得票率。原本南部地區向來是民進黨的大票倉，但經此選舉後，昔日以本土牌及族群訴求而無往不利的優勢已不復見。

　　中選會所製作的第十二任總統選舉候選人得票數（率），請參見表三。經由這分表格，以作為本次選舉兩黨在全臺各地得票之參考。

表三　第十二任總統、副總統選舉候選人得票數（率）

行政區別	候選人總得票數	(1)謝長廷、蘇貞昌		(2)馬英九、蕭萬長	
		得票數	得票率	得票數	得票率
總　計	13103963	5444949	41.5519	7659014	58.4481
臺北市	1604802	593256	36.9676	1011546	63.0324
高雄市	909619	440367	48.4122	469252	51.5878
臺北縣	2226334	866915	38.9391	1359419	61.0609
宜蘭縣	254651	123700	48.5763	130951	51.4237
桃園縣	1073018	379416	35.3597	693602	64.6403
新竹縣	281623	73178	25.9844	208445	74.0156
苗栗縣	319864	92795	29.0108	227069	70.9892
臺中縣	859404	353706	41.1571	505698	58.8429
彰化縣	728834	309134	42.4149	419700	57.5851
南投縣	289585	109955	37.9699	179630	62.0301
雲林縣	387263	199558	51.5304	187705	48.4696
嘉義縣	306436	166833	54.443	139603	45.557
臺南縣	631160	354409	56.152	276751	43.848
高雄縣	727233	373900	51.4141	353333	48.5859
屏東縣	497100	249795	50.2505	247305	49.7495
臺東縣	111382	29714	26.6776	81668	73.3224
花蓮縣	177607	40003	22.5233	137604	77.4767
澎湖縣	43218	18181	42.0681	25037	57.9319
基隆市	224889	72562	32.2657	152327	67.7343
新竹市	225564	79634	35.3044	145930	64.6956
臺中市	592730	226751	38.2554	365979	61.7446
嘉義市	152155	72442	47.6107	79713	52.3893
臺南市	439849	216815	49.2931	223034	50.7069
金門縣	35094	1710	4.8726	33384	95.1274
連江縣	4549	220	4.8362	4329	95.1638

資料來源：中央選舉委員會網站 http://www.cec.gov.tw/

5月20日，馬英九在臺北小巨蛋宣誓就職，同時發表以「人民奮起，臺灣新生」為題的就職演說，內容除了對於臺灣內部的期許，更令人關注的是兩岸關係政策的走向。在演說的第二部分「新時代的任務」，對於兩岸問題，馬英九指出：

（一）以「不獨、不統、不武」的主流理念，在中華民國憲法架構下，維持臺灣海峽的現狀。

（二）1992年，兩岸曾經達成「一中各表」的共識，後將繼續在「九二共識」的基礎上，盡早恢復協商。

（三）將與大陸就臺灣國際空間與兩岸和平協議進行協商。唯有臺灣在國際上不被孤立，兩岸關係才能夠向前發展[79]。

同時，馬英九也認為，胡錦濤在同年有過三次與兩岸關係相關的言論，包括與美國總統布希談「九二共識」、在博鰲論壇提出「四個繼續」，以及4月29日主張兩岸要「建立互信、擱置爭議、求同存異、共創雙贏」，這些觀點都與他的理念相當的一致。他表示，「兩岸問題最終解決的關鍵不在主權爭議，而在生活方式與核心價值」。

馬英九的這番就職演說內容，因提到以「九二共識」為基礎，並言及自己與胡錦濤理念相近，又多次提起中華民族和中華文化，與以往陳水扁和李登輝有很大不同，因此中共國臺辦給予高度肯定[80]。中共國臺辦主任陳雲林於5月22日正式就此演說回應，不但表示對馬英九演說抱持正面及肯定的態度，也對即將重啟兩岸協商，推動兩岸關係，共創兩岸新局面，抱持極高期待[81]。

---

79 此三點原文出自〈中華民國第12任總統馬英九先生就職演說〉，見總統府網站，http://www.president.gov.tw/php-bin/prez/shownews.php4?Rid=14000。以下關於本次就職演說的內容出處皆為此處。

80 《聯合報》，2008年5月21日，A1版。

81 《聯合晚報》，2008年5月22日，A1版。

二、扁家弊案

相對於馬英九勝選，前任總統陳水扁在5月20日當天，甫卸任便成為貪瀆案被告，日後甚至家人多遭起訴，自己也身為階下之囚。昔日為人稱道、甚至譽為「臺灣之子」的陳水扁，經過8年執政，竟落得如此狼狽的下場。

時間倒推至1999年，當初還是總統候選人的陳水扁，以「告別黑金」為訴求，力圖當選，甚至指另外兩位總統候選人連戰及宋楚瑜為「黑金雙胞胎」，希望人民了解他才是真正沒有包袱的改革者[82]。又強調「國民黨是世界上最富有的政黨，國民黨黨產是靠內線交易、黨營事業、金融特權、貪汙等，掙得這些不明不白的錢」[83]。就任後，他仍誓言掃黑，又言尹清楓案即使「動搖國本」也要辦。當他就任將屆週年時，民調顯示有五成七的民眾滿意他的表現，更有六成二的民眾肯定民進黨執政後「掃除黑金」的情況[84]。初期執政甚至一度考慮效法香港，設立「廉政公署」，頗受民眾肯定。

然而自陳水扁於2004年尋求連任乃至再度當選總統後，圍繞扁家的醜聞接二連三傳出。競選期間，另一候選人連戰便指稱陳水扁是「貪汙、抽頭」總統，當時總統夫人吳淑珍認為這種嚴重汙辱和汙衊，比殺了她還嚴重，故按鈴控告連戰「意圖使人不當選」[85]。選舉期間，前東帝士集團董事陳由豪，稱1998年與2000年時，他曾親赴扁家，「以現金方式奉上獻金」，指扁反黑金根本是諷刺[86]。連任前後，又曾爆出以國安情報津貼來僱用管家羅太太，羅太太甚至搭公務車、差遣國安局特勤中心司機至其家中打掃。

此後，與陳水扁親近的人士接連弊案纏身，扁家醜聞也逐漸曝光。2006年，總統夫人吳淑珍被指收受大量SOGO百貨公司禮券，介入金控人事，並與總統親信陳哲男、馬永成皆涉及黑金炒股。不久，總統女婿趙建銘亦被立法委員邱毅指出有炒股行為，以內線交易的方式，賺得3、4億元。消息一出，引起全臺民眾譁然。

82　《聯合晚報》，1999年12月14日，2版。
83　《聯合晚報》，1999年12月19日，2版。
84　《聯合報》，2001年4月30日，4版。
85　《聯合報》，2004年1月5日，2版。
86　《聯合報》，2004年2月2日，1版。

趙建銘為陳水扁女兒陳幸妤之夫，本是骨科醫師，卻以「總統女婿」身分涉及台開股票內線交易，事情爆發後檢調旋即偵辦。後來更傳出已由國小校長職位退休的趙父趙玉柱，竟因兒子的關係，四處兼職企業顧問，獲取龐大顧問費用。2006年5月25日，趙建銘遭收押禁見，其罪名除了涉及台開內線交易，還包括違法聯貸、賣官，及向藥商索回扣等弊端。期間趙建銘堅不認罪，對於不利事證一律以「不知」或要求檢方去問父親趙玉柱來卸責。7月10日，檢方認定趙建銘涉及炒股，求刑8年，此外趙玉柱除內線交易外又涉侵占，求刑10年，父子各併科罰金新臺幣3千萬元，同日趙建銘以1千萬交保。12月28日，一審宣判趙建銘有期徒刑6年、趙玉柱8年4個月，併科罰金3千萬元。2007年6月26日，二審判趙建銘7年、趙玉柱9年6個月，併科罰金3千萬元。2008年11月13日更一審宣判，除趙玉柱刑期改為9年，其他維持原判。此時弊案風波已如滾雪球般，逐漸捲向陳水扁夫婦。

　　就在總統女婿涉台開案之際，早先總統夫人吳淑珍的SOGO禮券案也出現案外案。台灣紅創意設計公司負責人李慧分爆料她的堂姊、杏林製藥董事長李碧君，常以吳淑珍名義向君悅飯店索取發票，因此牽扯出總統府內以搜集他人發票核銷國務機要費的案件。一年高達5千萬的國務機要費，竟以報假帳的方式成為總統的私房錢。而調查過程中，總統府又屢有不配合之行為。陳水扁甚至多次轉移焦點，或編造祕密外交工作「南線專案」，或指前總統李登輝也如此使用國務機要費，四處放話，民心漸失。再加以女婿趙建銘的不法情事，使總統一家聲望一落千丈，民間也開始醞釀一股「倒扁」風氣。2006年8月，民進黨前主席施明德發起「倒扁」活動，要全體人民站出來。此活動一出，旋即得到絕大多數民眾支持，紛紛挺身而出。9月15日，倒扁總部發起「圍城之夜」活動，數十萬人走上街頭，使倒扁活動達到高潮[87]。

　　第一家庭弊案連連，國會也出現罷免總統聲浪。自總統女婿涉貪以來，便有立委開始連署罷免總統。立委在2006年6月、10月、11月曾三度提案罷免總統，但因綠營

---

87 陳水扁在獄中完成第2本書《關不住的聲音——阿扁坐監ㄟ50張批》，痛批謝長廷兩次選舉都拿他的錢，但在紅衫軍倒扁期間，卻對他說：「總統下臺，也不是大不了的事」。在書中也不滿葉菊蘭（時任總統府祕書長及競選總幹事）選前隱瞞民調，同時也表達對新潮流系強烈的不滿。參見《中國時報》，2009年3月26日。

立委杯葛，皆未過關，而陳水扁也表達不會下臺的意願。

2006年10月3日，SOGO案偵結，吳淑珍因未介入經營權而予以不起訴處分，群眾譁然。然而一個月後的11月3日，國務機要費弊案偵結，吳淑珍以偽造文書及貪汙治罪條例遭起訴，陳水扁因仍是總統，待卸任後再追訴他的貪汙行為。12月15日，國務機要費首次開庭，吳淑珍出庭不久即體力不支昏倒，此後長達一年多未曾出庭，再者因陳水扁向法院聲請返還證物，使案件審理擱置許久。

由於弊案纏身，施政失利，陳水扁的支持度於2000年剛上任時的超過七成，到2008年即將卸任時低到僅剩13%，甚至有69%的民眾不認同他的政績，71%的民眾認為臺灣在他執政的8年間開倒車[88]。8年前信誓旦旦要掃除黑金並行清廉政治的陳水扁，卸任時反而成為臺灣史上一家人貪汙最嚴重的總統，相當諷刺。

卸任後的陳水扁，旋即成為貪汙案被告。2008年6月，立委邱毅爆料指扁婿趙建銘在英屬維京群島開設一家資本額2百萬美金（約合6千4百萬新臺幣）的一人公司，且前第一家庭成員所擁有的海外帳戶或境外公司還不知有多少。以趙建銘行醫所得，不可能有如此龐大資金開設海外公司，疑是利用不法所得在海外洗錢。而在吳淑珍起訴及趙建銘一審判刑後，此公司便由趙建銘聲請解散[89]。至8月13日時，《壹週刊》爆料陳水扁與吳淑珍在國務機要費案及台開案爆發後，結清所有帳戶，將所有資金透過媳婦黃睿靚和黃家人的戶頭，匯往美國近3億元；此外，檢調單位並掌握，另有匯往海外的可疑資金，金額可能直逼10億元。對此，陳水扁駁斥《壹週刊》的說法，認為是有心人杜撰編造[90]。然而隔日（8月14日）他召開記者會，坦承曾經「做了法律所不許可的事」，將北市長、總統4次選舉結餘部分款匯往海外，但把責任都推給妻子吳淑珍，說這些都是在他不知情狀況下所為。但他仍宣稱自己清白，並指親民黨主席宋楚瑜當年的「興票案」，及前總統李登輝的「新瑞都案」，均有匯錢到國外，國民黨榮譽主席連戰在國外有投資置產眾人皆知[91]。

88　《聯合晚報》，2008年5月16日，A2版。

89　《聯合報》，2008年6月24日，A8版。

90　參見《聯合晚報》，2008年8月13日，A2版、《自由時報》，2008年8月14日，A5版。

91　《蘋果日報》，2008年8月15日，A1版、《自由時報》，2008年8月15日，A1版。

2008年8月15日，陳水扁與夫人吳淑珍公布退黨聲明，聲明中刻意提及10次「民主進步黨」，並向同志致歉。陳水扁坦承，「我讓大家失望、蒙羞」，對黨造成無法彌補的傷害，這絕非他的本意，但他犯了錯，做了不該做的事，他深感愧疚與自責[92]。

　　扁家洗錢案爆發，檢調開始積極偵辦，發現調查局早在年初時便兩度接獲扁家洗錢情報，前調查局長葉盛茂為向陳水扁輸誠，將洗錢情資交給陳水扁，使此一犯罪情事遭到隱匿。此一洗錢案不但涉及陳水扁夫妻、陳致中夫妻，甚至吳淑珍之兄吳景茂也參與其中，扁家僅有女兒陳幸妤不曾涉案。然而陳幸妤面對媒體追問時，怒指謝長廷、蘇貞昌以及高雄市長陳菊皆拿過扁家的競選結餘款，甚至認為有人要鬥死他們一家[93]。而自案件爆發以來始終滯美不歸的陳致中、黃睿靚夫婦，也在8月24日返臺，並表示他們都只是人頭，一切都是吳淑珍在幕後指使。

　　陳水扁雖在事發時開記者會坦承家中有不法之事，但隨著案件偵辦，案情逐漸明朗，許多案外案不斷被揭發，主流媒體一面倒的質疑他時，他開始四處至綠營執政地區進行「取暖」活動，試圖召喚死忠扁迷，然而他的光環也已落魄到只剩下少數深綠市場[94]。他以民粹式的激情言論，聲稱自己是遭到國民黨迫害，也批馬英九施政無能。甚至在各地進行「取暖之旅」時，仍不斷爆料放話，如「收受國民黨榮譽主席連戰1億元支票」、「總統馬英九匯款1500萬元」，但特偵組認為大部分的說法，並不值得理會；但亦有可能可信者，如指前總統李登輝也以隨扈為人頭帳戶匯款海外[95]。10月25日，民進黨舉行「反黑心，顧臺灣」遊行，黨主席蔡英文雖曾表示遊行「不准表達反扁或挺扁」，現場卻出現不少白底綠字「捍衛臺灣、阿扁加油」的旗子，還有民眾舉著「司法不公、逼民造反」的海報，指揮車上也不時傳出「阿扁加油」的

---

92 《聯合報》，2008年8月16日，A1版。

93 陳幸妤投書媒體，指謝長廷在代表民進黨參選期間曾經「小中風」。陳幸妤還批謝，若非當時一己之私，讓給蘇貞昌參選，「民進黨雖敗，也不至於一敗塗地。」謝昨天回應，陳幸妤講的「不是事實」，而且她是受害者變成加害人。見《聯合報》，2009年1月22日。

94 《聯合報》，2008年9月6日，A4版。

95 《聯合報》，2008年10月16日，A2版。此外李登輝隨扈被認為涉及洗錢而遭境管，事見《自由時報》2008年10月16日A4版、2008年10月17日A10版。

呼喊聲[96]。至此，民進黨還是無法與這位貪腐弊案的前總統完全切割，仍有「挺扁情結」。

在案情偵辦的部分，9月25日，前總統府出納陳鎮慧遭到羈押。由於她作帳一向詳細，特偵組將其帳目檔案解密後獲得許多重要事證，顯示扁家許多生活支出確實是來自國務機要費。此後，被稱為是「總統夫人助理」的蔡銘哲、陳水扁辦公室主任林德訓、吳淑珍胞兄吳景茂、前調查局長葉盛茂、前總統府副祕書長馬永成陸續遭到收押，案情逐漸明朗。此後檢方也開始對疑似涉入洗錢案的企業界進行調查，發現有財團贈予扁家鉅款，還牽扯出購地弊案。11月12日，臺北地院合議庭以陳水扁涉嫌貪汙罪行重大、且有勾串共犯和湮滅證據之虞，正式裁定收押禁見，創下卸任元首遭收押偵辦的首例，然而陳水扁仍疾呼此為政治迫害，並一度絕食抗議。

12月12日，扁家弊案首波偵結，陳水扁、吳淑珍、陳致中、黃睿靚等14人遭到起訴，其中陳水扁被求處「最嚴厲之刑」，吳淑珍、陳致中、黃睿靚則是「從重量刑」。不久，陳水扁被裁定當庭釋放，但「不得挾群眾力量拒不到庭」，特偵組為此抗告。12月19日，臺北地院仍維持無保釋放，又追加「不得對本案證人及偵審公務員或其配偶直系血親等相關親屬恐嚇或危害」的條件。12月25日，臺北地院投票決議將扁案移由審理國務機要費案的蔡守訓合議庭審理。12月30日，陳水扁再次遭到羈押，其後抗告亦遭駁回。身處看守所的陳水扁對自己以貪汙罪名遭起訴憤憤不平，自比「王莽」，感慨司法被操弄，指媒體與名嘴是「紅衛兵」[97]。

扁案開庭審理後，2009年1月21日，陳致中、黃睿靚當庭認罪。緊接著在2月3日，被認為是弊案中洗錢白手套的蔡銘杰、蔡銘哲兄弟亦認罪。2月5日，涉及南港展覽館弊案行賄扁家的力拓營造負責人郭銓慶，以及吳淑珍的大嫂陳俊英，在法庭上雙雙認罪。2月19日，扁家大帳房陳鎮慧不但認罪，並供出其中內情。即使如此，陳水扁仍堅稱自己無辜，而吳淑珍也僅認錯但不認罪。5月5日，特偵組追加起訴陳水扁和吳淑珍收賄、圖利及違反政治獻金法，因他們藉總統職權收受前101董事長陳敏薰1千萬元，並向中信金前副董事長辜仲諒要求3億元。5月11日，臺北地院裁定陳水扁將繼

---

96 《自由時報》，2008年10月26日，A4版。

97 《聯合報》，2009年1月7日，A4版。

續延押2個月，他再次試圖絕食，猶作困獸之鬥。而在民進黨舉行的「517大遊行」過後，也仍有許多支持者前往土城看守所聲援陳水扁[98]，2013年4月移監臺中培德病監執刑中。

第四節　兩岸新局

一、破冰之旅

前總統李登輝在執政末期，多有爭議性言論，尤其表示兩岸關係是「特殊的國與國關係」，被認為顯露出他臺獨的傾向，並受到民進黨的肯定，卻造成兩岸之間關係緊張。即使在2000年總統大選期間李登輝支持連戰，卻仍有許多人認為陳水扁才是最接近「李登輝路線」（本土改革派）的候選人，而並非連戰[99]。

陳水扁勝選後，在接受日本《產經新聞》專訪時表示「臺灣海峽的和平、國家的安全，以及如何在安定中的改革，國旗、國歌都不是問題」，希望和北京能相互有誠意與善意[100]。在總統就職演說上又對兩岸關係發表了「四不一沒有」的言論，他表示「保證在任期之內，不會宣布獨立，不會更改國號，不會推動兩國論入憲，不會推動改變現狀的統獨公投，也沒有廢除國統綱領與國統會的問題」[101]。素來被貼上「臺

---

98 民進黨內部也有批判陳水扁的聲音，前新潮流系立委林濁水在新書《歷史劇場：痛苦執政八年》發表會中，形容他自己「用整本書跟陳水扁抬槓」，並直指前總統陳水扁是「民主大罪人」與「臺獨大罪人」。應邀與林濁水對談的政大臺灣文學研究所所長陳芳明（前民進黨文宣部主任）則表示，以「獨立建國」就可掩蓋醜聞，反而得到民意、就被原諒，這才是對臺獨最大的傷害。林濁水並預言，陳水扁的影響力很快就會結束。相關報導可參見《聯合報》，2009年2月13日，A2版。

99 例如當時奇美公司董事長許文龍公開表示支持接近「李登輝路線」的陳水扁，支持陳水扁成為李登輝的繼任人選，見劉淑婉〈許文龍挺扁：支持繼承李登輝路線的人〉，《聯合晚報》，2000年3月13日，2版。其後，高壽103歲的前總統夫人蔣宋美齡發表書面聲明，期勉連戰未來能「師法先總統蔣介石五十年前改造國民黨的決心」，略過李登輝而希望連戰直承蔣介石，將國民黨菁英分子號召回來重新奮鬥，見傅依傑〈宋美齡聲明挺連 期連效法蔣介石〉，《聯合晚報》，2000年3月14日，4版。

100 《聯合報》，2000年4月16日，1版。

101 中華民國第十任總統就職演說內文，見陸委會網站，http://www.mac.gov.tw/big5/mlpolicy/mp9112/mp01.htm。

獨」標籤的陳水扁，就任初期保守低調，但隨時間過去，他真正的立場也日趨明顯。2002年8月，陳水扁發表對兩岸關係的談話，強硬指出和對岸是「一邊一國，要分清楚」[102]，同年北高市長選舉，他仍申明兩岸是一邊一國，指臺灣不能走香港之路，選馬英九為市長即是選臺北特首云云[103]。2004年年底，陳水扁與李登輝一同催生「臺灣新憲法」，鼓吹正名、制憲，結果導致中共著手制訂「反分裂法」。此後，陳水扁的言行更加激烈。起初在2000年尚自認是李登輝的後繼人選，一直以來尊李的他，也對李登輝越來越無敬意，甚至多有批評[104]。

2007年3月，陳水扁提出「四要一沒有」，即「臺灣要獨立、正名、新憲、發展，臺灣沒有左右路線，只有統獨問題」，幾乎推翻從前就職演說時的「四不一沒有」，並主張要以臺灣名義加入聯合國[105]。此後政府積極推動宣導公投入聯活動，並且四處「正名去中」，不但讓兩岸關係極為緊張，甚至引起人民的反感。

在民進黨執政的期間，國民黨則進行了兩次重要的「破冰之旅」。2005年3月28日，國民黨副主席江丙坤率團前往大陸參訪，並於3月30日與中共中央臺辦主任陳雲林會晤，是國民黨政府遷臺56年後首次進行的國共兩黨正式會談。中共有意透過國民黨發表共識，向民進黨及國際社會表示在制定反分裂法後仍致力推動兩岸關係發展、和平解決兩岸問題。國共兩黨並達成10項共識，包括：

（一）關於兩岸節日包機常態化，以及貨運包機便捷化，大陸持積極態度推動國民黨將繼續派團磋商。

（二）大陸願幫助臺灣農產品銷往大陸，國民黨將繼續派團磋商。

（三）有關兩岸農業合作，大陸願協助臺灣農民到大陸發展，並保障臺灣農民權益；國民黨願促成兩岸農業合作。

---

102 《聯合晚報》，2002年8月3日，1版。

103 《聯合報》，2002年10月27日，5版。

104 陳水扁與歐洲議會議員進行視訊會議時表示，要把臺灣國名改為臺灣共和國，他任期內做不到就是做不到，前總統李登輝過去12年沒有做到，即使現在總統讓李登輝做，也一樣做不到。見《聯合報》，2005年3月2日，A1版。

105 《聯合報》，2007年3月5日，A1版。

（四）大陸同意跟臺灣簽署臺商權益保障協議。

（五）大陸願為開放大陸民眾赴臺旅遊做準備。

（六）大陸正面回應，願進一步研究開放臺灣保險金融醫療運輸業問題，以及信息產業標準化問題的研究及制定。

（七）大陸願促成兩岸媒體互派常駐。

（八）關於大陸對臺漁工輸出勞務問題，就漁工保險工資休息場所等，與臺灣民間行業進行磋商。

（九）兩岸民間可進行縣市鄉鎮間交流。

（十）大陸願對臺灣學生在大陸求學收取與大陸學生相同學費標準，並設獎學金。

此外，大陸並提出共同打擊犯罪議題及便利臺胞往來大陸措施[106]。但陸委會副主委邱太三隨即對江丙坤強烈譴責，指國民黨不與執政的民進黨商談，反至對岸與非民主政黨商談，是一大倒退，而兩岸關係條例第五條之一明確規定，任何法人團體非經授權不得與對岸簽署涉及公權力與政治議題的協議，暗指江丙坤此行已然觸法（即兩岸人民條例）[107]，而民進黨政府的高層官員也認為江丙坤所簽10點共識「身分不當、時機不宜、氣氛不對」[108]。民進黨黨團更警告國民黨，私下與中共達成協議或訂約已觸犯刑法「私與外國定約罪」[109]，要將江丙坤移送法辦。即使如此，國民黨黨主席連戰仍決定在4月底訪問大陸，美國國務院為此表達肯定態度，認為以對話解決兩岸緊張的方式是「正面的步驟」[110]。

2005年4月26日，連戰夫妻啟程前往大陸訪問，藍綠兩方支持者卻在桃園中正機場發生嚴重的流血暴力衝突。4月29日，連戰與中共總書記胡錦濤會面，兩方會後發

---

106 《聯合報》，2005年3月31日，A1版。
107 《聯合晚報》，2005年3月31日，1版。
108 《聯合晚報》，2005年3月31日，2版。
109 《聯合報》，2005年3月31日，A3版。
110 《聯合晚報》，2005年4月21日，2版。

布「兩岸和平發展共同願景」新聞公報，涵蓋促進恢復兩岸談判、達成和平協議、建立兩岸軍事互信機制、促進經濟全面交流、以及建立國共兩黨溝通平臺等多項共識[111]。不久，中共官方也提出胡錦濤的四點主張，第一須建立政治上的互信，相互尊重，求同存異；第二，加強經濟上的交流合作，互利互惠，共同發展；第三，開展平等協商，加強溝通，擴大共識；第四，鼓勵兩岸民眾加強交往，增進了解，融合親情[112]。在「連胡會」後，據《聯合報》所做民調，有五成六民眾肯定連戰大陸行有助兩岸和平發展，即便是民進黨支持者，雖多不贊成連戰前往大陸，卻也有三成三的民眾肯定他的表現。此外，連胡會為兩岸局勢帶來破冰氣氛，認為兩岸關係趨於緩和的民眾大幅增加[113]。5月3日，連戰即將離開大陸前，中共又宣布將送給臺灣一對大熊貓，並開放大陸居民赴臺觀光，以及擴大開放臺灣水果進口[114]。

不久後的5月5日，親民黨主席宋楚瑜也前往大陸，並於5月12日與胡錦濤會面，達成多項共識，如加速推動兩岸直航，並同意合作促進兩岸企業雙向直接投資、推動金融、醫療等經濟交流等等[115]。對於宋楚瑜的「搭橋之旅」，四成七民眾肯定其訪問大陸的整體表現，而泛綠支持者雖不認同他前往大陸之舉，卻也有近半支持兩岸直航。經本次出訪，宋楚瑜的個人聲望也有所成長[116]。

儘管多數民眾支持連、宋相繼出訪大陸的行動，但陳水扁在接受英國《經濟學人》雜誌專訪時仍否定他們的成果，並表示連戰和宋楚瑜期望中國願意妥協的想法是「非常天真」，也批評他們訪問中國時未能強調臺灣主權[117]。但無論如何，連、宋的出訪，仍成為日後國民黨重新執政時，重啟兩岸互動的先聲。

二、2008年博鰲論壇

在馬英九、蕭萬長於總統大選獲得勝利後，首度與對岸正式互動的便是2008年的

---

[111] 《聯合報》，2005年4月30日，A1版。
[112] 《經濟日報》，2005年4月30日，A2版。
[113] 《聯合報》，2005年4月30日，A2版。
[114] 《聯合晚報》，2005年5月3日，1版。
[115] 《聯合報》，2005年5月13日，A4版。
[116] 《聯合報》，2005年5月13日，A5版。
[117] 《聯合報》，2005年5月21日，A4版。

博鰲亞洲論壇。博鰲亞洲論壇是大陸在2001年與日本、菲律賓等26個國家共同成立的首個非官方國際組織，是亞洲及世界各國政府、工商界與學術界高層的對話平臺。2004年時，蕭萬長曾出席該年度博鰲論壇，並與胡錦濤會面，但當時蕭萬長並沒有官職，而胡錦濤也尚未全面掌權。至2008年時蕭萬長已是副總統當選人，胡錦濤也已全面掌權，幾乎可以算是1949年後，兩岸最高領導人的第一次會面，因此使得兩方互動成為此次博鰲論壇的焦點[118]。

由於蕭萬長欲藉此次博鰲論壇與胡錦濤會面，引起綠營人士一貫爭議，呼籲蕭萬長不要讓臺灣被矮化，副總統呂秀蓮更是批評馬、蕭還未上任就向北京妥協，是否對北京有所承諾[119]？雖綠營人士多有質疑，但蕭萬長行前召開記者會中，表明此行定位為國際與兩岸經貿交流的平臺，希望藉由這個機會將臺灣的善意與誠意傳達給對岸，以增加雙方互信的基礎[120]。

4月11日，蕭萬長出發抵達海南，並於4月12日與胡錦濤會面。會上蕭萬長提出「四個希望」，包括「兩岸直航、陸客來臺、經貿關係正常化、恢復兩岸協商機制」。而胡錦濤也以「四個繼續」作為回應，包括「繼續推動兩岸經濟文化等各領域交流合作，繼續推動兩岸周末包機和大陸居民赴臺旅遊的磋商，繼續關心臺灣同胞福祉、並切實維護臺灣同胞正當權益，繼續促進恢復兩岸協商談判」[121]。對於這次「蕭胡會」，諸多外國媒體認為是自1949年以來兩岸最高層級的接觸，也是歷史性的重大時刻，雙方均有意改善關係[122]。但民進黨卻批評蕭萬長拿臺胞證，不顧國格和尊嚴，雙方所談內容也不出當年「連胡會」的共識，毫無新意，陸委會更稱兩岸互動與經貿往來不應私下協商[123]。

儘管民進黨方面不認同這次的「蕭胡會」，但此次會面的影響卻反映在股市上。

---

118 《經濟日報》，2008年4月5日，A8版。

119 《自由時報》，2008年4月8日，A3版。

120 《經濟日報》，2008年4月8日，A2版。

121 《聯合報》，2008年4月13日，A1版。

122 《聯合報》，2008年4月13日，A4版。

123 《自由時報》，2008年4月13日，A3版。

由於雙方提出四個希望、四個繼續，國臺辦亦對兩岸直航、觀光等經貿問題有正面回應，一時之間臺股上揚，並使人看好新總統就任後的情勢[124]。

三、第一、二次江陳會談

國民黨重新執政後，海基會進行人事改組，由國民黨副主席江丙坤擔任海基會董事長，不久中共國臺辦主任陳雲林也被推舉為海協會會長[125]。2008年6月11日，江丙坤率團訪問中國大陸，展開兩岸中斷10年的復談。6月12日，兩方在北京會面，簽下包機與旅遊協議。大陸同意先開放北京、上海浦東、廣州、廈門、南京5個周末包機航點，第二批開放成都、重慶、杭州、大連、桂林、深圳。臺灣同意開放桃園、高雄小港、臺中清泉崗、臺北松山、澎湖馬公、花蓮、金門、臺東8航點。此外開放大陸觀光團來臺，但必須團進團出，平均每日3千人次為原則，留臺期間不超過10天[126]。

7月7日，海協會副會長王在希表示陳雲林希望能於秋天來臺[127]。原本擬定10月底成行，卻因民進黨支持者將於10月25日發動遊行抗爭，以及10月21日海協會副會長張銘清在臺南孔廟遭民眾暴力襲擊，以致來臺時程有所更動，最後確定陳雲林於11月3日抵臺。

11月4日，江丙坤與陳雲林在臺北圓山飯店舉行會談，分為三個部分，一是就第一次江陳會達成的兩項協議進行檢討，並提出辦法；二是就下午簽署兩岸空運、海運、郵政、食品安全四項協議最後確認文本；第三就是對未來的兩岸關係情勢及協商交流議題進行交換意見，並且達成初步共識。對於未來兩岸情勢及協商交流部分，雙方達成七個共識：第一是兩岸交流秩序，包括將展開共同打擊犯罪、司法聯繫的協商，擴大食品衛生安全合作、農產品檢疫檢驗；第二是眾所矚目的金融合作，兩岸將進行銀行、證券及期貨的監理合作，雙方銀行相互設處，即相互設立分行、子行等分支機構；三是投資合作，包括協商兩岸投資保障協定、避免雙重課稅協議；四是產業

---

124 《聯合晚報》，2008年4月16日，A4版。

125 中共中央國臺辦主任由前駐日大使、外交部副部長王毅接任。

126 《聯合晚報》，2008年6月13日，A1版、《自由時報》，2008年6月14日，A2版。

127 《聯合晚報》，2008年7月7日，A8版。

合作，包括產業標準與規格；五是漁業合作；六是文教交流合作；七是兩會之間交流合作事宜[128]。

在這次正式的會面後，11月5日，舉行海基會、海協會兩岸金融座談會，會上江丙坤表示下一次的江陳會重點是討論金融議題，包括簽訂金融監理合作備忘錄（MOU）、雙方金融機構到對岸市場等[129]。11月6日，江丙坤與陳雲林共同主持「兩岸珍稀動植物互贈儀式」，大陸送臺灣1對熊貓與17棵珙桐樹苗；臺灣贈大陸長鬃山羊與梅花鹿各1對，象徵兩岸關係「團團圓圓、長長久久」[130]。其後，陳雲林前往臺北賓館與總統馬英九會面，但雙方接觸過程僅10分鐘而已。馬總統致詞時表示，兩岸對於臺灣安全與國際空間存有分歧，希望在「正視現實、互不否認、為民興利、兩岸和平」基礎上，雙方積極處理、擴大合作，也希望強化高層互訪與交流[131]。

然而在陳雲林訪臺的數日中，不斷出現抗議人士。除了民進黨支持者外，另有藏獨人士、法輪功支持者等進行活動。在諸多抗議事件中，11月5日，國民黨主席吳伯雄在臺北晶華酒店宴請陳雲林，抗議民眾包圍酒店並發生暴力衝突，使陳雲林一行人至深夜才得以離去[132]。11月6日，馬英九與陳雲林會面後，民進黨發起「圍城」活動，號召群眾走上街頭「嗆馬圍陳」，最後包圍陳雲林下榻的圓山飯店，再次發生嚴重的暴力流血衝突，直到11月7日凌晨被驅離[133]。

這一次由陳雲林的大陸代表團，是兩岸分治以來大陸訪臺官員的最高層級，創下首例，國際媒體多有報導。而中國駐美大使周文重6日在華府表示，海協會長陳雲林的臺灣行成功簽署直航等文件，是互利雙贏的結果，兩岸目前「最重要的是要保持這個勢頭」，雙方可以繼續溝通臺灣參與世界衛生大會（WHA）的問題[134]。

根據民調，五成二的民眾認為這次江陳會談的成果利大於弊，也有四成九的民眾希望能維持現狀，而非急統或急獨。然而對於馬陳會面的情形，有四成六的民眾覺得

128　《聯合晚報》，2008年11月4日，A1版。

129　《經濟日報》，2008年11月6日，A4版。

130　《聯合報》，2008年11月7日，A6版、《自由時報》，2008年11月7日，A8版。

131　《聯合報》，2008年11月7日，A3版、《自由時報》，2008年11月7日，A2版。

132　《自由時報》，2008年11月6日，A2版、《聯合晚報》，2008年11月6日，A4版。

133　《聯合報》，2008年11月7日，A2版、《自由時報》，2008年11月7日，A6版。

134　《聯合晚報》，2008年11月7日，A2版。

不存在自我矮化的問題，卻也有三成六的民眾持有疑慮。在兩岸未來關係部分，有四成二民眾認為兩岸關係將趨向緩和，一成五感覺會更緊張，二成一認為不會有重大變化。調查也顯示民進黨的「嗆馬圍陳」活動，有五成三的民眾為此對蔡英文感到不滿[135]。

　　雖然自從馬政府上臺後，對於兩岸、外交事務，與前政府有明顯不同的作為。然而成為在野黨的民進黨雖言明是要抗議江陳會，但其中群眾暴動，卻仍不外是為了臺獨走向而號召進行，非但對人民福祉毫無幫助，也讓原本陳雲林來訪的行程失焦，使新聞關注所在再次移向民進黨的街頭暴動。

四、2008年亞洲太平洋經濟合作會議（APEC）

　　2008年的亞太經合會（APEC）於11月22至23日在祕魯舉行。早在7月時，便已傳出可能由前副總統連戰代表馬英九總統出席。由於往年對岸打壓臺灣，故往往要視對岸而在派遣人選上做更動。即便當時總統陳水扁指派的是國民黨籍前副總統李元簇，也因主辦國是大陸，而不被對岸允許，索性不派代表。此後2006、2007年，陳水扁皆派企業界人士參與，而非政府官員。故連戰是否能順利成行，被視為檢視對岸是否對馬政府外交休兵呼籲善意回應的重要指標[136]。

　　10月29日，總統府正式敲定由連戰出席APEC，創下我國歷來領袖代表層級最高紀錄。為了淡化政治敏感度，總統府宣布連戰出使APEC身分是「國家政策研究基金會董事長」[137]。對此，綠營批連戰是北京首選，不是馬英九總統首選，連戰顯然不適任，這只是北京「拉連制馬」的策略[138]。美國國務院則表示，期待代表「中華臺北」的連戰參加APEC[139]。

　　11月21日，連戰與胡錦濤在祕魯會面，連戰表示除雙邊自由貿易協定（FTA）要繼續努力推動外，在APEC架構下的多邊自由貿易體系發展也很重要，不管是新加坡

---

135 《聯合報》，2008年11月7日，A1版。
136 《經濟日報》，2008年7月21日，A2版。
137 《經濟日報》，2008年10月30日，A11版。
138 《自由時報》，2008年10月30日，A1版。
139 《聯合報》，2008年11月1日，A4版。

等四國的經濟戰略伙伴協定（P4）、亞太自由貿易區（FTAAP），還是亞太共同體倡議，都有助於自由貿易體系的建立，臺灣都樂見其成，也希望能成為其中一員。胡錦濤則指出，不久前，海協會會長陳雲林到臺灣，與海基會簽訂四個協議，為兩岸同胞謀實質性利益，標示兩岸關係發展又掀開新的一頁，也表明兩岸加強交流合作，是人心所向，大勢所趨。他希望雙方抓住這個難得的歷史機遇，為兩岸同胞做好事、做實事，為兩岸謀福祉、謀和平。至於臺灣參與世界衛生組織（WHO）一事，胡錦濤也回應說，兩岸三通之後就可以積極去做[140]。

此次會議，連戰獲得白宮高度評價，國安會亞洲事務資深主任韋德寧表示，這在八年前是難以想像的事，他並形容連戰此次與會，是「真正的開放與真正的改變，也是真正的降低緊張」[141]。

五、2009年博鰲論壇

2009年的博鰲亞洲論壇於4月17～19日在海南博鰲舉行，代表我方出席者為曾任蔣經國與李登輝總統時代外交部長、前監察院長錢復，錢復以「國泰慈善基金會董事長」的民間身分受邀參加，並與中共總理溫家寶會面。出訪前，總統馬英九明確指示就兩岸經濟合作架構協議（ECFA）與對岸接觸，傳達我方「對雙邊有利應先協商」的立場，藉此創造兩岸雙贏的局面，並傳播「同舟共濟、相互扶持、深化合作、開創未來」的兩岸基本理念[142]。不過錢復表示他是以民間個人身分出席，沒有任何官方授權，所以不會幫馬總統「傳話」談ECFA話題[143]。國臺辦主任王毅表示，如果臺灣希望在江陳會談三次會，就兩岸經濟合作架構協議（ECFA）交換意見，大陸方面願意進行「初步探討」，啟動兩岸經濟合作的進程。這是大陸官方首度公開表態，同意在第三次江陳會談時討論ECFA[144]。

4月18日，錢復與溫家寶正式會面，溫家寶向臺灣代表團提出「面向未來，捐棄

---

140 《經濟日報》，2008年11月23日，A4版。

141 《經濟日報》，2008年11月23日，A4版、《自由時報》，2008年11月24日，A6版。

142 《自由時報》，2009年4月16日，A3版、《聯合報》，2009年4月16日，A10版。

143 《經濟日報》，2009年4月17日，A9版。

144 《經濟日報》，2009年4月18日，A2版。

前嫌，密切合作，攜手並進」16字方針，呼籲兩岸牢牢把握當前難得的和平機遇，共創光明前景，是為回應馬英九總統之前提出的「同舟共濟、相互扶持、深化合作、開創未來」。他並針對全面加強兩岸經濟合作，共抗金融危機，提下一步大陸五點努力：一、推動大陸企業赴臺投資；二、擴大對臺產品採購；三、鼓勵臺資企業到大陸開拓市場；四、增加大陸遊客赴臺旅遊；五、協商建立符合兩岸經濟發展需要、具兩岸特色的經濟合作機制。希望兩岸繼續和平發展，經濟共同繁榮。在堅持「一個中國」原則的前提下，務實探討和解決政治和軍事問題。雙方的對話中，完全沒有談到ECFA與臺灣加入東協「十加三」的問題[145]。

六、第四次江陳會談

臺灣海基會董事長江丙坤與中國海協會會長陳雲林於2009年12月22日在臺中舉行第四次江陳會，其會談內容擬簽訂四項協議，分別為兩岸標準檢測及認驗證合作協議、兩岸農產品檢疫檢驗合作協議、兩岸漁船船員勞務合作協議與兩岸避免雙重課稅和稅務合作協議，其中兩岸避免雙重課稅和稅務合作協議因技術問題暫不簽署。

兩岸標準檢測及認驗證合作協議內容是未來兩岸將就標準、計量、檢驗、驗證認證及消費品安全等五大項目、交流合作、創造經貿雙贏，確保消費者權益。此項協議所帶來的助益是，兩岸公權力能積極介入，建立一個資訊通報聯繫窗口，從源頭加強管理消費品的安全。兩岸農產品檢疫檢驗合作協議內容是，協商解決農產品、飼料貿易中的檢疫檢驗問題，防範動植物有害生物傳播擴散，確保農產品質量安全；雙方同意提供檢疫檢驗規定、標準、程序等訊息查詢，加強農藥及動物用藥殘留等安全衛生標準交流，建立檢疫檢驗證明文件查核及確認機制；及時通報進出口農產品重大疫情、安全衛生事件訊息、定期通報進出口農產品截獲有害生物、檢出有毒有害物質等情況，因此，協議所帶來的最大助益是開啟農產品通關的官方查證管道。

兩岸漁船船員勞務合作協議的內容是維護兩岸漁船船主、船員正當權益，促進兩岸船員勞務合作；保障船員權益，受簽訂契約議定的工資保護、在指定場所休息、整補或回港避險、人身意外及醫療保險、反交通費等，船主履行契約的義務等權益等；

---

[145] 《聯合報》，2009年4月19日，A8版。

保障船主權益，船員體檢及技能培訓應符合規定、船員遵守管理規定，船員接受船主、船長合理的指揮監督、船員應履行契約義務等；各自建立船員、船主申訴制度，建立突發事件處理機制，如遇重大安全事件，及時通報，共同採取措施[146]。

　　針對兩岸農產品檢疫檢驗合作協議與兩岸漁船船員勞務合作協議，引起了一些爭議，雲林縣長蘇治芬指出，臺灣與中國皆是WTO會員國，依據WTO的SPS協定即可解決兩岸農產品檢疫問題，簽訂此協議容易產生檢疫標準放寬的問題，將嚴重影響臺灣的農業，至於兩岸漁船船員勞務合作協議簽訂後，未來需經過兩岸政府指定的仲介機構雇用中國漁工，中國政府可以間接干預漁工的工資水準和勞動品質，影響臺灣船東的經營成本，並可能造成仲介公司壟斷利益等情事，且該協議未見對臺灣漁工就業機會與權益保障，反而是保障中國勞工登臺搶工作的第一步[147]。

　　而兩岸避免雙重課稅和稅務合作協議暫不簽訂的理由眾說紛紜，第一，包括雙方對課稅主權有歧異，原協議若臺灣企業在中國無常設機構，則在中國的營利由居住地課稅，即臺灣；但中國卻突然要求改成「所得來源地」課稅，等於由中國課稅[148]；第二，是中共政治不民主，經常以政逼商，將來他們拿到了臺商財稅資料，搞不好成為其要脅臺商的手段；第三，是溯及既往，想當然耳，這個問題不能有溯及既往的公權力追繳行為，否則兩岸財稅資料互通，反而創造一波新的造假與迴避，完全達不成租稅協議的目的；第四，若干臺商在中國大陸逃了不少稅，他們擔心萬一兩岸租稅資料互通，不但不能因雙方租稅扣抵而少繳稅，反而因為資料透明而要多繳稅[149]。

　　針對此項協議的簽署問題，各界看法不一，其中會計師認為，通常租稅協議的簽訂，有助於簽訂雙方避免雙重課稅，達到降低投資風險，並不會造成太大衝擊；但由於為數眾多在中國的臺商，其中有許多屬於未報備部分，如果兩岸一簽訂租稅協議，所有資料將全部曝光，以中國一向查稅查得凶，風險將大大提高，另外，兩岸租稅協議應是為課稅的公平透明，此透明化必須是互利，不能是中國單方面得利[150]。學者

---

146 2009年12月23日，《聯合報》，A3版。
147 2009年12月23日，《自由時報》，A4版。
148 2009年12月23日，《自由時報》，A3版。
149 2009年12月24日，《中國時報》，A16版。
150 2009年12月23日，《自由時報》，A3版。

表示，此次雙方的臨事慎重，具有正面意義，我國已與17個國家簽署類似協定，主要目的是避免雙重課稅、劃分課稅權，以降低往來兩地企業、個人的租稅負擔，有利確定租稅成本，並促進彼此的投資發展。此外，這樣協議因僅適用於直接投資，亦將引導企業改變投資模式，有助兩岸投資監理的透明化；更重要的是，這可吸引有意進軍大陸市場的跨國企業，評估以臺灣為營運基地，亦是臺灣重啟亞太營運中心大計的關鍵。對執政黨而言，則是給一個已被定型化、制式化的江陳會一個「美麗的意外」，它將「形式對等」轉移至議題折衝的「實質對等」；也讓社會對兩岸協議可以有不同的觀感，它是一種真正的談判，且具有破局的可能，更讓民眾知道，原來政府在兩岸協商中亦可有守有為[151]。

伴隨江陳會而來的是兩岸經濟合作架構協議簽署問題，並計畫在2010年1月中、下旬正式展開第一次協商，其主要內容是讓臺灣商品免關稅進入中國市場，同時臺灣也得大幅開放中國商品登臺。

簽署ECFA的有諸多利弊得失，在利益方面，可使臺商在大陸減免6%～9%的關稅；出口企業能夠取得市場及競爭力；GDP將增加1.83%，效益大約是發放消費卷的3倍；跨國企業營運或研發中心設在臺灣，使得就業機會、勞工薪資增加；廉價大陸貨促使國內物價下降；受陸商威脅，業者加速轉型。相對的，可能的隱憂是造成臺灣經濟過度依賴中國大陸；矮化臺灣主權；衝擊臺灣的弱勢產業，尤其是傳統製造業、成衣服飾業與礦業形成部分產業勞工失業。根據行政院勞委會調查，國內最多將有87,000名勞工失業，而中華經濟研究院評估，受損產業的勞工數預估高達163萬人，是74萬名受益產業勞工的兩倍多，工業局也評估，受衝擊中的產業約3,400多家，10萬5千多人工作受影響；勞工薪資水準向下看齊大陸。

關於ECFA簽署問題，各家學者看法不一，臺灣大學經濟系教授林向愷認為，如果一定要跟中國談ECFA，必須在談判時明文約定，簽署ECFA的前提是：中國大陸不得再阻撓臺灣與其他國家洽簽FTA（自由貿易協定），才能確保臺灣未來生存與發展

---

151 2009年12月23日，《聯合報》，A2版。

的自由選擇權。他也強調,提升臺灣「經貿自主」的「最佳」策略應該是,突破中國封鎖,積極與先進國家洽簽FTA,同時不與中國簽署ECFA,以免中國經濟的磁吸效應繼續擴大[152],若簽署了ECFA,未來勢必掀起國內第二波產業出走潮,且臺灣經濟將被邊緣化[153]。臺大國發所教授辛炳隆強調,如果ECFA簽訂後,可以因為兩岸的貿易障礙降低、貿易量的增加,有著減少國內的結構性失業問題;但如果臺灣產業界在兩岸簽署ECFA後,反而大舉西進中國大陸投資,而取消國內的投資計畫,恐將會使國內的結構性失業現象惡化[154]。

第五節　富強之道

臺灣在蔣經國總統過世之後,民主化進程加快;但也在社會轉型之際出現弊端,為了選舉勝利,以分裂族群及去中國化的訴求已經達到最高點,使臺灣社會從「內地化」與「本土化」論戰,強化到國族認同與政黨惡鬥,一直到2008年馬英九勝選,才顯示臺灣主流民意對政治貪腐、族群仇恨、兩岸對峙、經濟衰退、社會不安等問題的不耐,因而用選票表達他們對臺灣政治穩定與革新的迫切期待。

臺灣在21世紀,必須面對中國大陸快速崛起的事實,不但攸關臺灣內部發展,也影響臺灣在國際社會的參與及生存。2008年歲末,中共總書記胡錦濤發表推動兩岸關係和平發展六點主張:

一、恪守一個中國,增進政治互信;世界上只有一個中國,中國主權和領土完整不容分割。

二、兩岸簽訂綜合性經濟合作協議,探討兩岸經濟共同發展與亞太區域經濟合作機制相銜接的可行途徑。

三、臺灣文化豐富了中華文化的內涵,臺灣同胞愛鄉愛土的臺灣意識,不等於臺獨意識。

四、希望民進黨停止臺獨分裂活動;只要民進黨改變臺獨分裂立場,大陸願正面

---

152 2009年12月28日,《聯合報》,A8版。
153 2010年1月2日,《自由時報》,財經版。
154 2010年1月2日,《聯合報》,AA1版。

回應。

　　五、臺灣參與國際組織活動問題，在不造成兩個中國、一中一臺前提下，通過兩岸務實協商，作出合情合理安排。

　　六、兩岸就軍事問題接觸交流，探討建立軍事安全互信機制；在「一中」原則基礎上，協商正式結束兩岸敵對狀態，達成和平協議[155]。

　　學者指出，胡錦濤的講話對於大陸內部處理兩岸政治關係的協商談判，有若干重要意義。首先，胡錦濤指導性的宣示，可以調整中共政府各部門步調不一致的情形，使得未來大陸在處理兩岸經貿交流以及應對我國在國際參與的落差減少。其次，一旦中央明確定調，中共各部門的辦事速度與動力都會明顯加快[156]。果不其然，在大陸釋放善意的默契下，臺灣在2009年，採用「中華臺北」名義以觀察員身分參與世界衛生組織（WHA），這是中華民國自1972年退出聯合國，在睽違30餘年後，以觀察員身分重新加入的第一個聯合國附屬國際組織。

　　2009年5月18日，臺灣衛生署長葉金川於WHA在日內瓦的開幕式上，與中共衛生部長陳竺見面，創下兩岸衛生首長共同出席聯合國組織正式會議上互動的首例。就在臺灣重返WHA之後，民進黨籍高雄市長陳菊，也於5月21日抵達北京訪問，推銷高雄市運會及觀光等事項。23日，陳菊飛抵上海。在大陸期間，陳菊先後會見北京市長郭金龍、中國奧會主席劉鵬、上海市長韓正等人。

　　對於陳菊的大陸行，臺灣獨派人士反應激烈及震撼。台聯黨主席黃昆輝就說：「甚表錯愕。」民進黨主席蔡英文認為陳菊去北京是應國際組織要求去行銷高雄世運會，與兩岸問題無直接關聯。呂秀蓮則認為，民進黨應調整兩岸關係，不容許停在美麗島時代的舊思維看待中國，或把現在的中國當做六四天安門事件時的中國。呂秀蓮期許朝野兩黨應共同努力縮短兩岸距離，調整兩岸關係。前立委林濁水則主張民進黨應該好好討論中國政策[157]。前立委李文忠則促黨辯論中國政策，他並批評民進黨基本

---

155 2009年1月1日，《聯合報》，A1版。

156 黃介正，2009年1月1日，〈兩岸全方位談判時代來臨〉，《聯合報》，A2版。

157 2009年5月22日，《聯合報》，A2版。

教義派「立場可議」[158]。

　　陳菊的「破冰之旅」，其實正凸顯民進黨中國政策的迷思，其一貫的反中論述，咬死國民黨改善兩岸關係的努力為「賣臺」，但又無法忽略中國崛起的事實以及與中共交往之必要性。民進黨公職人員登陸，早在2000年7月，高雄市長謝長廷就有意願到廈門進行城市交流，卻遭剛上任的陳水扁總統及陸委會主委蔡英文阻擋，而未能成行。9年後，陳水扁因貪汙繫獄，接任黨主席的蔡英文則改變立場支持陳菊登陸。民進黨的困境在於，它以往的反中論述及族群政策，使它的基本群眾深陷中國威脅論的恐懼中，從而無法以理性態度及思維能力來面對中國問題。因此，民進黨要如何調整舊思維及論述，將是它在未來迫切面對的問題。

　　2009年5月26日，國共兩黨在北京舉行最高領導人正式會談。中共總書記胡錦濤再度發表「在新起點上進一步推動兩岸關係向前發展」的六點講話，重申兩岸經濟合作及結束敵對狀態、達成和平協議等事項。胡錦濤在談話中最重要的意義就是引用他2008年底所發表的「胡六點」強調：「我們提出，兩岸可就國家尚未統一的特殊情況下的政治關係問題，建立兩岸軍事安全互信機制問題進行務實探討，表明了我們解決問題的積極思考。」此外，在涉外事務，胡錦濤首次提到「中華臺北」。他說：「中華臺北衛生署應邀出席作為觀察員參加了今年的世界衛生大會，這表明，兩岸中國人有能力有智慧妥善解決臺灣參與國際組織活動問題[159]。」5月28日，中共國臺辦主任王毅在「重慶臺灣周」的開幕式中，具體稱呼「兩岸經濟合作框架協議」，已將兩岸對馬英九總統提出的名稱（簡稱ECFA）「統一」了。

---

158 2009年5月29日，《聯合報》，A2版。

159 2009年5月27日，《中國時報》，A5版。

我認為「吳胡」會，真正重要的意義在於雙方都同意以「九二共識」為基礎[160]，而胡錦濤更明確提出，兩岸是「國家尚未統一的特殊情況下政治關係問題」。首先，在「九二共識」方面，2008年3月26日，美國小布希總統致電中共國家主席胡錦濤。白宮國家顧問哈德利轉述說，胡錦濤提到「九二共識」，也就是承認兩岸只有一個中國，但兩岸也同意彼此對「一個中國」有不同的定義。這也是美中（共）兩國高層首度使用「九二共識」一詞，表達兩岸在1992年討論「一個中國」問題的結論，並且認同當年對「一個中國」的內涵是各自表述[161]。

這也是胡錦濤面對馬英九上任後，兩岸關係的最大障礙，那就是在臺灣沒有市場的「一個中國」即中華人民共和國魔咒的初步解套，其實正反映北京當局開始採用更務實的思維面對美中臺新三解關係，尤其胡錦濤在5月26日談話，似乎更接近當年東西德的相處模式。西德在1972年處理兩德法律定位時發展出的一種論述，西德使用的不是「一德」，而是「整個德國」（Whole Germany），兩國則是「西德」與「東德」，由於雙方都是「整個德國」內部的「部分憲政秩序主體」，雙方關係不同於一般國家在國際法上的「外國關係」，也不是東西德兩個國家內部的「內政關係」，而是「整個德國」的「內部關係」，當時西德總理布朗德稱其為「特殊關係」。「但是東德不同意兩德關係是「一德兩國」。對東德而言，只有兩國，沒有「一德」的存在。為了擱置爭議，雙方在1972年簽署的「基礎條約」中，以agree to disagree（同意歧見）方式處理這個核心問題，這就是我們常用詞「擱置爭議」。學者認為馬總統曾提出的「一德兩國」，若落實在兩岸，可稱為「一中兩國」。意指兩岸都是整個中國

---

160 所謂「九二共識」，是指1992年海基會與海協會人員在香港，針對1993年的辜汪會談所達成的一些共識。在過去兩岸關係和緩時，中共默認「九二共識」為「在一個中國原則下，各自口頭表述」。但1999年李登輝總統的「兩國論」，讓中共不承認「九二共識」，只強調「一個中國原則」，2000年臺灣政權輪替，中共欲重拾「九二共識」，但陳水扁總統不承認有此共識。到了2005年北京的「連胡會」，連戰在正式會談中提出「九二共識，一中各表」，強調要顧及「中華民國在臺灣」，以人民福祉為依歸。胡錦濤說，「九二共識既確認雙方均堅持一個中國的共同立場，又擱置雙方政治分歧」。這可為國共兩黨對「九二共識」奠定一致性見解。見藍孝威，2008年3月29日，〈美背書「九二共識」有共識〉，《聯合報》。

161 2008年3月28日，《聯合報》，A1版。

的一部分，但是各在其領域內享有最高管轄權，彼此無權在國際間代表另一方，但雙方也不是外國關係[162]。

　　針對大陸的新思維處理兩岸關係，臺灣的馬英九在治理國家政策上，正循蔣經國當年政策前進，即強調清廉、打擊貪汙、調和族群矛盾，尤其在大陸政策位階，將高於外交政策。因為馬英九總統深刻了解，臺灣不製造兩岸關係緊張，就可在美國與中國（共）之間，扮演一個舉足輕重的槓桿平衡者角色。馬英九在出訪貝里斯僑宴時就表示，改善兩岸關係與拓展國際關係，兩者是相輔相成，不是相悖的。總統舉例，美國行政部門2008年10月3日通知國會銷售臺灣64億美元武器，11月6日海協會長陳雲林訪臺，前副總統連戰出席APEC，臺灣加入政府採購協議[163]，這些都是過去做不到的。再者，臺灣2009年順利參與世衛大會，再度顯示改善兩岸與擴大國際空間是相輔相成[164]。

　　前副總統呂秀蓮也表示「不能再把中國當六四共產黨」、「胡錦濤與六四無關」，馬英九則同意呂秀蓮談話。馬英九表示，中國大陸現在變大，變得有影響力了，反而更會遵守國際規範，例如對防止核子擴散、反恐，其實大陸很多國際議題的看法與美國一致[165]。

　　李登輝前總統在接受日本《產經新聞》訪問時指出，「中共並非打從心裡支持馬

---

162 張亞中，2008年6月14日，〈一德兩國？一中兩國？〉，《聯合報》，A3版。

163 政府採購協定（The Agreement on Government Procurement, GPA）是世界貿易組織（WTO）底下的一個協定，簽署會員國共40國，包括美、歐、日、韓、星等國，中國大陸與約旦也正在談判。臺灣是以「臺澎金馬個別關稅領域」的名稱加入，成為第41個會員國。此協定是規範簽署國，一定金額以上的政府採購案，要對國外廠商開放。臺灣加入GPA後，對外開放的採購案將設金額門檻，商品勞務採購在新臺幣545萬以上、工程採購則是2億元以上，必須開放國際標。馬英九總統昨簽署世貿組織政府採購協定（GPA），宣告臺灣正式加入跨國際的採購機制。馬總統表示，GPA締約國商機高達9600億美元（約新臺幣31兆元），政府將全力協助廠商拓展商機。經濟部次長鄧振中表示，全球都努力投入公共工程建設以擴大內需，加入GPA之後，臺灣可享有國際條約保障，確保可與各國廠商競爭主要貿易國的政府採購市場，如美國政府今年相關資訊產品的採購預算將達710億美元，臺灣也可加入競標。官員表示，尚難預估臺灣可能爭取到多少商機，不過相關採購至少可以反映臺灣產品在世界貿易所占比重，約1～2%左右。參見2009年6月9日，《聯合報》，A4版。

164 2008年5月29日，《聯合報》，A2版。

165 2009年6月3日，《中國時報》，A17版。

英九，馬英九與美國的關係過於複雜是原因之一，他向來親美，受美國的影響非常大，不會立即提中臺統一的」。李登輝也評價馬英九「正直、孤高、獨善其身，但又很現代化」[166]。而臺灣民眾在《中國時報》民調中，也有五成肯定外交休兵與制度性協商。半數受訪民眾覺得兩岸互動並未傷害臺灣主權。認為兩岸關係友好的民眾比例高達57%，創歷史新高。不過這分民調也看出統獨意識有被激化傾向，有33%民眾傾向獨立，同樣創下歷史新高[167]。

馬英九總統在大陸民眾之間的形象及聲望都很高，是我這幾年帶學生到大陸進行學術文化交流深刻的體驗，尤其大陸知識分子對於臺灣扁政府時期的一些言論，認為簡直有如大陸當年的文化大革命，造成臺灣的優勢不斷喪失，咸表不解與惋惜[168]。而這位在大陸民眾心目中頗孚眾望的臺灣總統，在接受媒體訪問時，也表達對大陸領導人胡錦濤的看法。馬英九認為大陸過去在江澤民主政時代，只強推「一國兩制、和平統一」，但在臺灣的市場非常小，胡錦濤先生上臺後，比較務實、細膩，不再去強調上述論調，主要是防止臺獨，並且對於「愛鄉愛國的臺灣意識，不等於臺獨意識」，都有深入了解。馬英九認為胡錦濤對臺灣民眾釋放出很多善意，也使得臺灣的同胞，感受到他的善意，有助於兩岸邁向和平與繁榮[169]。

中華民國在臺灣已經歷時一個甲子，繼締造經濟奇蹟之後，再創政治民主化的新猷，而長期的安定及富足環境，也逐漸提升一個富而好禮的公民社會素質，相較於對岸曾經飽受各種政治批鬥運動所帶來的傷害，國民政府在60年前的遷徙臺灣，實在是全體臺灣人民的一項恩典。

由於兩岸關係日趨穩定，因而在2010年6月的第五次江陳會預備性磋商會議上，敲定ECFA早收清單內容，中國大陸同意對臺灣539項產品納入早收清單，總金額約為

---

[166] 2008年3月27日，《中國時報》，A8版。

[167] 2009年5月18日，《中國時報》，A1版。

[168] 《經濟學人》雜誌以「文化大革命」為題，報導臺灣民進黨政府在蔣介石去世30多年後，積極推動去蔣化，大舉拆除他的塑像，將許多道路重新命名，甚至更改桃園國際機場的名稱，有將之一連串措施與中共文化大革命相提並論之意涵。請參見2007年3月17日，《聯合報》，A4版。

[169] 《商業周刊》，第1121期，頁44-45。

138.4億美元，而臺灣同意中國大陸降稅的項目有267項，沒有包括農產品，總金額為28.6億美元。ECFA貨品貿易早期收穫計畫已於2011年1月1日生效實施，依ECFA文本附件一貨品貿易早期收穫產品清單及降稅安排，分兩年三階段降稅至零關稅。

2011年元旦ECFA早收清單開始執行後，預期的貿易效益已逐漸顯現。依據海關統計，2011年1～5月不僅我出口大陸（含香港）的金額較去年同期增加11.1％，同期間，臺灣對東協六國的出口亦較去年同期成長29.9％。ECFA為臺灣廠商節省關稅已逾5千萬美元，觀察早期收穫清單貨品在中國大陸市場表現，在工業產品部分，2011年1～6月工具機（19個稅項）中國大陸自臺灣進口總額達3億60萬美元，較去年同期之1億8,570萬美元增加1億1,490萬美元，成長率為61.9％，高於中國大陸自全球進口成長率42.6％，其中拋光機床（HS84609020）成長率高達2,500％，足見工具機之銷售因ECFA之簽署，在大陸市場優勢明顯。另如噴水織機（HS84463040）、塑膠造粒機（HS84772010）2011年1～6月較去年同期分別成長2,300％、1,775％[170]。

在農產品部分，依據農委會資料顯示，兩岸直航及簽署ECFA之後，2011年1～6月早收清單18個稅項貨品外銷中國大陸的出口值較去年同期成長高達345％，其中秋刀魚、石斑魚、甲魚蛋及茶葉之出口值較去年同期分別增加773％、584％、40％及50％[171]。

ECFA簽署之後，相關經濟效益陸續呈現，表達有意與我國商簽經濟協議的國家增加，予我國免簽待遇的國家也增到115個。已有27家跨國廠商與經濟部簽署投資意向書，預定投資新臺幣1,082.5億元，其中又以光電產業投資最受矚目，投資金額達新臺幣941億元，占整體投資金額約八成[172]。

過去僅單方面開放臺商赴中國大陸投資，造成兩岸資金流動呈現失衡，2009年第

170　〈ECFA簽署一周年成效檢驗——落實「三不」承諾　執行效益逐漸擴大〉，行政院大陸委員會，2011年8月3日，http://www.mac.gov.tw/ct.asp?xItem=95954&ctNode=6409&mp=1

171　〈ECFA早期收穫計畫已顯成效〉，經濟部，2011年8月3日，http://www.moea.gov.tw/Mns/populace/news/News.aspx?kind=1&menu_id=40&news_id=22237

172　〈ECFA早期收穫計畫已顯成效〉，經濟部，2011年8月3日，http://www.moea.gov.tw/Mns/populace/news/News.aspx?kind=1&menu_id=40&news_id=22237

三次江陳會談後兩岸達成陸商赴臺投資的共識，經濟部於2009年6月30日正式開放陸商赴臺投資項目，開啟兩岸雙向投資局面。

馬英九政府的第二任期甫展開，即受困於重大爭議性法案，諸如兩岸服務貿易協定、年金改革、12年國教、核四公投等所帶來國人信心危機而引發的民調低迷，其實只要將爭議問題逐漸解決，使社會公平正義落實，反而是馬總統任內重大政績；相較之下，馬總統的「親美、友日、和中」的外交策略已經替臺灣爭取到更大的外交空間，與全世界130餘國，包括美國、歐盟、日本等大國實施免簽證措施；對日本爭執多年的釣魚臺問題上，臺日雙方在2013年4月簽訂新漁業協議，其中雙方擱置爭議，明訂出北緯27度以南的捕魚作業區；和北緯27度以下的三角形區域兩處漁場為我漁船作業不受干擾海域[173]；在兩岸關係方面，馬英九在2013年5月已指派吳伯雄會見中共新任領導人習近平，6月21日兩岸簽署「服務貿易協議」，兩岸兩會互設辦事機構如能落實辦理旅行證件、通報與人道探視以及辦事機構和人員的「保障及便利措施」等項目，其實就已經具備「領事館」功能，對於臺灣主權的「認同」具有重大指標意義。

由於受到兩岸關係友好氛圍影響，我國首度和非邦交國紐西蘭於2013年7月10日正式簽署經濟合作協定（ANZTBC），在翌年生效後，貨品貿易幾乎全面開放，其中鋼鐵、塑膠、自行車業者受惠；但農產品方面則由農委會提供約90億臺幣損害基金以因應開放後所遭受的衝擊[174]。就在馬政府收割外交及兩岸和解所帶來的果實之餘，民進黨在面臨陳水扁弊案及蔡英文總統大選失敗士氣低迷之際[175]，謝長廷終於首開破冰

---

[173] 2013年5月7日，《聯合報》，A11版。

[174] 2013年7月11日，《聯合報》，A1版；另在同天社論中也評論這是我國與已開發及無邦交國所簽署的第一個自由貿易協定（FTA），在兩岸甫簽署服貿協議後臺紐協議順利達陣，緊接著臺星經濟伙伴協議（ASTEP）近期可能簽署，足證馬政府「從中國大陸走向世界」的策略是一條正確可行之路。另方面，美國總統歐巴馬在7月12日簽署支持臺灣以觀察員身分參與「國際民航組織」（ICAO）第151號法案，對我今年爭取入會將是一大利多。詳情參閱《聯合報》，2013年7月14日，A1、A2版。

[175] 前總統陳水扁目前移往臺中監獄附設培德病監，法務部考量他是卸任總統、病人、受刑人三種身分，特別開設醫療專區，這是獄政史上的首創。參見2013年4月20日，《聯合報》，A4版。而目前針對陳水扁再入黨爭議是蘇貞昌主席除了兩岸關係之外最大的罩門。

之旅。

　　2012年10月4日，謝長廷與夫人抵達福建廈門東山縣祭祖，6日與中共國臺辦主任王毅會面提出「憲法各表」，不認為有「九二共識」四個字；但謝長廷說民進黨雖然不承認「九二共識」，但九二年會談的精神，其實就是憲法各表，存有共識[176]。而謝長廷於2013年5月29日在香港向大陸當局喊話，指政黨交流不應局限國共交流，政黨有差異才需溝通，才能降低敵意[177]。2013年6月30日，在中共國臺辦的主導會面中，謝長廷與中共新任國臺辦主任張志軍在廣東深圳會面，開啟紅綠對話重要里程碑。

　　針對謝長廷似乎成為民進黨兩岸關係的代言人之際，民進黨主席蘇貞昌則向新聞界表示，臺灣是主權國家，早已獨立，現在最重要的是建設國家，不是走回頭路搞臺獨。他作為民進黨主席，中國政策立場就是民進黨全代會通過的「臺灣前途決議文」[178]。學者認為民進黨的國家論述，只有過去與未來，卻不斷逃避現在。而現今兩岸對話之所以被國共兩黨壟斷，其實部分原因正是民進黨自身所造成的，因為它的恐共以及長期疏離中華民國體制所致。而中共建國超過60年，未嘗一日有受到中國人民投票的認可。民進黨捨棄現有法理基礎的中華民國，卻自居於中國眼中臺港澳的一環。陳芳明認為這樣的國家論述，距離臺灣人民意志只會越來越遠[179]。

　　民進黨開啟與大陸的對話與交流，將會逐步消弭臺灣內部的統獨對立，並且與國民黨達成兩岸關係基本條件的默契，對社會內部團結將會帶來正面的貢獻；但另方面，當兩個政黨競相爭奪對中國大陸的話語權以爭取選票之際，是否會逐漸落入中共「政治談判」的圈套並且影響臺灣社會的民心士氣？這是一個攸關臺灣人民的嚴肅問題，而中華民國的存在是我們大陸政策最好的憑藉與基石，而這一切就考量政治人物是否能真正落實在「九二共識」與「憲法一中」的架構了。

　　現今兩岸最敏感的棘手問題，還是國家主權，雖然北京基於兩岸和平穩定的大前提之下，默認一個中國、各自表述；但隨著大陸崛起，習近平與李克強在承受保守派

---

176 有關謝長廷兩岸言論，請參閱2012年10月8日，《聯合報》，A3版。

177 2013年6月30日，《聯合報》，A1、A2版相關報導。

178 2013年5月30日，《聯合報》，A4版。

179 陳芳明，2013年6月14日，〈民進黨的國家論述〉，《聯合報》，A4版。

與民族主義強大壓力下，終將面對所謂「統一」的終極議題。而臺灣能否把握目前和平時機，爭取時效以為「大陸臺灣化」來質化中國，就顯得相對迫切。當兩岸都具備同樣的民主體制和生活環境，「統一」才有意義，而這一切都需要時間的磨合及兩岸領導人的宏觀格局，為兩岸人民締造幸福的雙贏局面，在中華民國建國邁入100年的光輝時刻，歷史終將證明它的存在價值，將是華人社會，乃至於世界地球村的永恆瑰寶。

臺灣早期文化與原住民

早期文化

時代	重要發現	備註
舊石器	長濱文化、左鎮人	
新石器	早期：大坌坑文化（7000～2000B.C.）	也許是南島民族祖先型文化
	中期：芝山岩、圓山 牛罵頭、墾丁、鎖港（馬公）（4500～3000B.C.）	圓山文化之特色： ・貝塚 ・信仰
金屬器	晚期：植物園、營埔、大湖、卑南、麒麟（3500～2000B.C.）	卑南文化與東南亞石器文化有關
	北部：十三行 中部：番仔園 南部：蔦松 東部：靜浦	十三行文化與凱達格蘭相關 靜浦文化或許為今日阿美人祖先

平埔族

	族群名稱	地點
平埔族（大部分為母系社會）	西拉雅	臺南
	馬卡道	高雄、屏東
	洪雅	臺中霧峰、新營以北（南投社、諸羅山社）
	貓霧捒	彰化平原、臺中盆地
	巴布拉	臺中清水、大肚臺地
	巴則海	豐原市
	巴布薩	彰化、南投
	道卡斯	大甲、苑裡、通霄、後龍、竹塹等社
	凱達格蘭	臺北盆地
	噶瑪蘭	蘭陽平原
	雷朗	中壢

目前臺灣存在的原住民族群

族名	文化特色
泰雅族 Atayal	・因居於北部山區，而有「北番」之稱 ・臉部刺黥，又稱「黥面番」、「王字番」 ・「紋面番」 ・民族性強悍、男子勇武，屬父系社會 ・有賽德克（Sedeq）亞族，東支自稱「太魯閣」 ・1914年日本總督佐久間佐馬太討伐，屠殺太魯閣原住民
賽夏族 Saisiat	・與泰雅族毗鄰而居，深受其影響 ・有紋面習俗 ・父系社會，愛好和平 ・以矮靈祭聞名，與泰雅族同保有祖靈祭
布農族 Bunun	・Bunun的意義是「人」 ・具強烈的排他性 ・喜山居 ・父系社會，行大家族制。著名祭典有象徵成年的「打耳祭」
鄒族 Tsou	・原「曹族」，今以「鄒族」稱呼，其意義為「人」 ・父系社會，善獵 ・昔日有獵頭習俗
排灣族 Paiwan	・行封建制，家族由男女雙嗣繼承 ・階級觀念濃，分貴族、平民 ・崇拜百步蛇 ・木雕藝術佳
魯凱族 Rukaiu	・自稱「山裡的人」 ・行封建制，階級觀念濃，分貴族、平民 ・喜百合花、百步蛇 ・受排灣族影響深，也採取男女雙嗣繼承
卑南族 Puyuma	・母系社會 ・以農耕維生 ・漢化較深

阿美族 Ami	・Ami意指「北方」，即卑南族之北 ・母系社會 ・居住平地，家屋很大 ・熱愛歌舞，服飾鮮麗，尚紅色，以豐年祭聞名，有捕魚祭典
雅美族 Yami （達悟族）	・半穴居，臺灣高山族唯一生活在外島（蘭嶼）的原住民 ・男性穿丁字褲 ・捕魚，種芋、粟、薯維生 ・船雕優美，有盛大的飛魚祭 ・善舞，音樂優雅
太魯閣族Truku	・視彩虹為神靈橋 ・狩獵、捕魚 ・紋面習俗 ・家人過世時遺體埋葬在床下（表示永遠同在及保護家人）
撒奇萊雅族 Sakizaya	・世居花東縱谷北端 ・母系社會，採入贅婚 ・「長者飼飯」的祝福為此族所特有
邵族Thao	・被漢人稱為「水社化番」或「水沙連化番」 ・「思麻丹社」也是邵族的統稱 ・湖上杵歌 ・祖靈的住所——祖靈籃 ・父系社會
賽德克族Seediq	・紋面文化 ・燒墾游耕 ・堅守一夫一妻制 ・善於編織
噶瑪蘭族 Kabalan	・臺灣平埔族原住民 ・母系社會 ・長女繼承制：長女繼承大部分財產 ・以祖靈崇拜為中心

臺灣地名的舊稱與由來

基隆	凱達格蘭平埔族是大臺北地區的祖先，基隆的舊名「雞籠」傳說就是從「凱達格蘭」翻譯而來的
臺北	臺北，顧名思義是在臺灣的北部，它是由「臺灣」、「北部」所組合而來的
瑞芳	瑞芳舊稱「柑仔瀨」，此處以前是基隆往宜蘭的交通要道，曾有陳登、賴世二人合作經營柑仔店（雜貨店），故俗稱柑仔瀨
汐止	汐止位於基隆河中游河岸，舊名「水返腳」，顧名思義是潮水只漲到此為止，然後就回返了
景美	景美舊稱「梘尾」，梘是指輸水灌溉的木槽管道，以前這裡是「瑠公圳」灌溉水渠的末端，因此而得名
三張犁	臺灣剛開始開墾時，每一個佃戶可分到一張犁，一張犁大約能開墾五甲地，每戶人家分到的犁數不同，因此「二張犁」、「三張犁」成為地名
淡水	淡水原稱「滬尾」，「滬」是捕魚的器具，「尾」則指河流末端的河口地帶。因為位在淡水河口，是設滬捕魚的末端處，故稱之
石牌	位於士林和北投之間的石牌，以前經常有漢人、原住民在此爭奪地域，清廷為確定雙方的界限，故立石於兩者交界處，因此取名為石牌
大稻埕	「大稻埕」位於今日的大同區，從前此地遍種水稻，並有一處公用的大曬穀場，俗稱大稻埕
萬華	萬華原名「艋舺」，此名起源於凱達格蘭平埔族的譯音，是獨木舟的意思
蘆洲	「蘆洲」，原來是淡水河中的沙洲，到處長滿了蘆葦，所以稱為蘆洲
板橋	板橋原名為「枋橋」，墾拓的時候，曾架設木板橋在今日的西門公館溝上，便利行人往返，因此而得名
三峽	早期的三峽居民，在三峽溪注入大漢溪的三角形平原，拓墾建村，且當時的溪水波濤洶湧，舊名「三角湧」，因此而得名
桃園	桃園，初由客家人墾拓，稱為「虎茅莊」，之後有人在此種植桃樹，改稱「桃仔園」，後來才叫桃園
觀音	「觀音」地名的由來，相傳是在清領時期，有一個農民在溪邊撿到一塊類似觀音像的天然石，並築堂奉祀，故取名之
中壢	中壢大部分住客家人，「壢」係客家話，指凹下的低地，且剛好又位於新竹與淡水的中途，故取名為「中壢」

平鎮	昔日的平鎮，地處交通要衝，經常有盜匪出沒搶劫，因此，在路邊設張望寮，叫「張路寮」，後來地方日漸平靜，故稱「安平鎮」，日據時期再改名「平鎮」
大溪	大溪有好多舊名，平埔族語稱「大姑陷」，漢人改為「大姑崁」，後來因為當地的李騰芳中舉人，再改為「大科崁」，日據時期才叫「大溪」
新竹	新竹舊名「竹塹」，原來是道卡斯平埔族竹塹社的領域，因此取其譯音；清領時期改稱「新竹」，意指在竹塹新設立的縣
新豐	新豐舊名「紅毛港」，相傳昔日西班牙人曾在這裡登陸，所以叫紅毛港
新埔	新埔舊稱「吧哩嘓」（道卡斯平埔族將未開墾的荒地稱為吧哩嘓），後來漢人在此墾拓荒埔，形成新的埔地，故稱「新埔」
關西	關西舊稱「鹹菜硼」，相傳是因為三面環山，形狀如裝鹹菜的甕；日據時期才改成相似的日語發音「關西」
竹東	漢人未開墾竹東之前，當地為繁茂的樹林地帶，故名「樹杞林」，後來因為位於新竹市的東邊，改稱「竹東」
苗栗	苗栗的舊名為「貓裡」，是取道卡斯平埔族貓裡社的譯音而來，平埔族語是「平原」的意思
後龍	後龍舊稱「後壠」，當初聚落是建在後面丘壟的地方，因此得名
通霄	通霄舊稱「吞霄」，山自道卡斯平埔族吞霄社的譯音，日據時期因虎頭山突出，高聳入雲霄，故改「通霄」
三義	以前三義境內有三條溪匯流，形成三叉狀，所以稱「三叉河」。後來國民黨政府覺得「叉」字與義的簡字「义」相似，因此更名為「三義」
清水	清水原名「牛罵頭」，乃是出自拍瀑拉平埔族牛罵頭社的譯音，日據時期發現大肚臺地湧出清澈的泉水，改稱為「清水」
霧峰	霧峰舊稱「阿罩霧」，是洪雅平埔族社名的漢字譯音，後來改稱「霧峰」，有人說是因為這附近的山峰在凌晨時容易起霧的關係
南投	南投是臺灣唯一不靠海的縣市，地名是譯自洪雅平埔族南投社的社名
埔里	泰雅族人稱埔里為「星星之屋」，夜晚從高處眺望，萬家燈火猶如天上的星辰閃爍，十分亮麗
鹿谷	鹿谷的舊名為「羌仔寮」，傳說以前曾有獵人為了獵羌仔，在這裡搭工寮，因此而得名
竹山	竹山舊稱「木屺埔」，是為了紀念鄭成功部將林圮在這裡墾拓荒地的功勞，因此而命名
草屯	草屯，昔日為鹿港、埔里間的交通要道，挑夫往返休息換草鞋之處，草鞋堆積如山，故舊名為「草鞋墩」

彰化	彰化舊名為「半線」，原來是巴布薩平埔族半線社的範圍，清領時期改稱「彰化」，取其彰顯皇化之意
和美	早年臺灣墾拓時，各種械鬥事件頻繁，「和美」地名的由來，就是希望大家和睦相處，不要再爭戰了
鹿港	鹿港曾經是臺灣中部的門戶，舊名有「鹿仔港」、「鹿水」、「鹿谿」，相傳以前有許多鹿群聚集在這裡
花壇	花壇舊稱「茄苳腳」，日本人以「茄苳」的福佬話與日語「花壇」讀音相似，故改稱「花壇」
員林	以前的員林原來是樹木叢生之地，後來墾民從四方陸續開墾此地，留下圓形林地，並在這裡建村莊，取名員林
雲林	「斗六門」是雲林的舊名，原來是洪雅平埔族斗六門社的範圍，後來因為東邊的群山環繞，經常雲霧縹緲，所以興起了「雲林」的地名
莿桐	莿桐在當初墾拓時，建聚落於莿桐樹的林蔭巷內，舊名「莿桐巷」由此而來
虎尾	虎尾舊名「五間厝」，據說當時建村之初，只有五棟民房，所以叫五間厝
斗南	斗南為洪雅平埔族的勢力範圍，舊名「他里霧」即是譯自該族他里霧社的社名
北港	北港原稱「笨港」，應是從平埔族語的音譯而來。位於北港溪的北方，昔日由於洪水氾濫以及泉漳的械鬥，因此現在北港的居民大多是泉州人
諸羅	嘉義原稱「諸羅」，以前是洪雅平埔族諸羅山社領域，林爽文之役，清廷為嘉許百姓死守城池的忠義精神，改名嘉義
民雄	民雄舊名「打貓」，原為洪雅平埔族打貓社的範圍，日據時，才改成和日語發音相似的「民雄」
新港	由於北港溪的改道以及漳泉的械鬥，使得「北港」與「新港」被分為兩個城鎮。新港居民大多是漳洲人，為新建立的聚落
布袋	「布袋」為沙洲地形，有許多的鹽田。位於潟湖之內，外圍環繞沙嘴，形狀像布袋而得名
水上	水上的舊名是「水堀頭」，顧名思義，當初建立聚落時，是選在有水渠灌溉的地方，以便利農田灌溉
臺南	臺南地方是臺灣本島最早開發的地方，明鄭時期稱為「承天府」，清領時改為「臺灣府」，後來又稱「臺南府」，從此開始有「臺南」的地名
佳里	佳里舊名稱「蕭壠」，是盤居在臺南地區的西拉雅平埔族的勢力範圍
新市	新市舊名稱「新港」，也是西拉雅平埔族的根據地

白河	由於白水上游有許多石灰岩，以前有灰窯，水大半呈白色，「白河」因此而得名
玉井	玉井的舊名為「噍吧哖」，是著名噍吧哖事件的發生地。後來日本人把「噍吧哖」的福佬話改成相似日語發音的「玉井」
新化	新化舊名「大目降」，原係西拉雅平埔族大目降社的範圍，明鄭領臺後，改名「新化」取意為新歸化社群
高雄	高雄原是馬卡道平埔族打狗社的所在地，舊稱「打狗」，後來日本人把它改成與日語相似發音的「高雄」
鳥松	鳥松舊名「鳥松腳」，鳥松即是赤榕，相傳當時是在赤榕樹下建立村落的
岡山	岡山在未開墾之時，為竿蓁（菅芒之類）叢生之地，所以舊稱「竿蓁林」，後來又相傳有老翁在當地經營店鋪，所以又叫「阿公店」
旗山	旗山的舊名是「番薯寮」，傳說以前居民在這裡築寮開墾時，種植番薯因而得名
美濃	美濃舊名「彌濃」，為典型的客家聚落，開墾之初，有人讚嘆為「美壤膏腴之地」，因此稱為「彌濃」
佳冬	佳冬的舊名為「茄苳腳」，是漢人對馬卡道平埔族的稱呼，後來日本人將它改成口語相似讀音的「佳冬」
恆春	恆春原稱「瑯嶠」，是排灣族語的譯音，指的是車城、海口的海岸地帶，後來因為氣候溫和，四季如春，改名「恆春」
滿州	滿洲舊名為「蚊蟀」，原屬排灣族蚊蟀山頂社域，後來日本人取相近的日語讀音，改稱「滿州」
臺東	臺東的舊名有「寶桑」、「卑南」，從前卑南族的大頭目，曾以「卑南王」的名義統治臺東縱谷平原，縱橫南北，其他族群紛紛稱臣納貢
大武	大武的舊名「巴塱衛」，譯自排灣族的社名，日據時期才改稱「大武」，可能是取自中央山脈南部的最高峰大武山
成功	成功舊名是「麻荖漏」，為阿美族的譯音，是形容草木枯萎的樣子
長濱	長濱為海岸阿美族的範圍，族人曾在這裡搭架瞭望臺對抗清軍，舊名「加走灣」，在阿美族語即是「瞭望之處」的意思
玉里	玉里的舊名「璞石閣」，布農族語意指滿天風沙的坑谷，而阿美族語則是指蕨類叢生之地
瑞穗	瑞穗原為秀姑巒阿美族的範圍，舊名「水尾」，在阿美族語是廣闊原野的意思
豐濱	豐濱原為海岸阿美族的分布地，昔日這裡叢生萬年青，舊名「貓公」即取自阿美族語「萬年青」的譯音

壽豐	壽豐的舊名為「鯉魚尾」，傳說以前聚落建於鯉魚山尖銳尾角的南方，故取名之
宜蘭	宜蘭舊名「蛤仔難」、「噶瑪蘭」，均譯自當地噶瑪蘭平埔族的族名，意思是居住在平原的人
蘇澳	蘇澳最早是由蘇士尾率眾入墾，而且它位於海灣旁邊，因此取名為「蘇澳」
羅東	羅東的舊名為「老懂」，在平埔族語是「猴子」的意思
礁溪	礁溪是有名的溫泉之鄉，顧名思義是指乾涸的河道，附近的溪水除了雨季外，幾乎成沙洲狀態，「礁溪」地名因此而來
頭城	頭城是吳沙入墾宜蘭的第一站，首先以土堡築城來墾殖，因此舊名「頭圍」即是指以築「圍」的方式建立村莊
馬公	澎湖馬公天后宮為全臺第一座媽祖廟，其舊名「媽宮」，即是因為奉祀媽祖而來

附錄三
臺灣人社會運動

分類	組織名稱 （時間）	領導人	備註
成立於東京的組織	啟發會（1918）	林獻堂	廢除「六三法」
	新民會（1920）	留學生	對日本同化主義政策產生爭執
	臺灣議會設置請願運動（1921）	林獻堂	1923年爆發「治警事件」 到1934年共15次請願，從東京到臺灣 林氏曾邀梁啟超訪臺，並辦臺中中學（今日臺中一中）
臺灣島內組織	臺灣文化協會（1921）	林獻堂、楊吉臣、蔣渭水、連溫卿	1927年連溫卿奪權，文協分裂，右派退出 目的在啟迪民智
	臺灣民眾黨（1927）	蔣渭水	大力支持議會請願及地方自治。霧社事件申訴 向國際聯盟抗議鴉片專賣，1931年遭解散
	臺灣地方自治聯盟（1930）	楊肇嘉	
農民運動	二林蔗農組合（1925）	李應章	1925年「二林事件」
	臺灣農民組合（1926）	簡吉	1929年「212事件」，日當局展開大搜捕，1931年結束
勞工運動	臺灣共產黨（1928）	謝雪紅	228事件中曾組27部隊
	臺灣機械工會（1927） 臺灣機械總工會（1928）	連溫卿、王敏川	文協中左派分子領導 1928年高雄鐵工廠罷工事件
	臺灣工友總聯盟（1928）	李友三	1928年淺野水泥會社罷工事件
	臺灣赤色總工會（1930）	臺共領導，並爭奪文化協會、民眾黨、工友總聯盟在工會的領導權	

報刊	臺灣民報（1923） ↓ 臺灣新民報（1932）	1923年由臺灣雜誌社在東京發行，以啟發臺灣文化，由黃呈聰、林呈祿等人發行主編	1927年在臺發行，文藝版有張我軍、賴和、葉榮鐘；學術評論有杜聰明等 1944年被總督府強制合併
半山	蔡培火	參與議會設置請願，創辦《臺灣青年》、《臺灣民報》	1923年「治警事件」中，與蔣渭水入獄
	李友邦	臺灣義勇軍	

附錄四
臺灣近代史重要人物與事件

分類	人物（事件）	事蹟
地點	烏特勒支堡	1635年動工，1640年完工，位於大員西南邊的小丘上，是熱蘭遮城重要的外護城堡
	鹽寮	位於臺北縣貢寮鄉。由於當時日軍使用的地圖十分粗略，因此把登陸的地點「鹽寮」誤會為「澳底」
	芝山岩	明治26年（1893年）元旦，國語傳習所的6位職員欲前往臺北賀年，行經圓山河畔，遭抗日分子襲擊而死，這個事件被稱為「芝山岩事件」
制度、政策	暵社	早期官方對原住民實施的一種管理辦法
	班兵	清代臺灣綠營制度
	土官	清代初期治理臺灣原住民的辦法，主要繼承自鄭氏遺制。是番社中的首腦人物
	編查流寓六部處分則例	康熙22年（1683年），臺灣被納入清朝統治時，島上漢人被視為「流寓之民」，此法為專管臺灣地區人民的法律。規定沒有妻室或產業者必須遣送回大陸原籍地
	減四留六	劉銘傳清賦的目的之一是欲以小租戶為納稅人，並為土地合法的所有人。臺灣北部後來採取「減四留六」的折衷辦法。將原本大租分為10，大租得其6，4分交由小租戶完納正供
機關、組織	五商十行	鄭氏王朝的商業貿易組織。五商十行是指山路五商和海路五商這十家商行
	撫墾局	光緒12年（1866年）設立，以林維源為「幫辦全臺撫墾大臣」，統籌局務
	臺灣慣習研究會	會長是民政長官後勝新平，總幹事定伊能嘉矩，每月出版《臺灣慣習記事》雜誌
	臺灣文藝聯盟	昭和9年（1934年）5月6日，在張深切、賴明弘等人的籌畫下，於臺中市召開文藝大會，正式成立「臺灣文藝聯盟」。昭和11年8月《臺灣文藝》雜誌停刊後，文藝聯盟也跟著銷聲匿跡了

墾號	陳賴章	目前所知第一個向官府申請開墾臺北盆地的人所申請的墾號
	金廣福	墾號名。當年金廣福公館（辦公處所）設於北埔，至今依然保留完整，被指定為一級古蹟
神明、廟宇	廣澤尊王	泉州南安人信仰的神明
	靈安尊王	俗稱「青山王」，是泉州惠安縣的靈嶽神
	保儀尊王	保儀尊王和保儀大夫分別是指唐代人張巡和許遠，最著名的是臺北市景美「集應廟」，農曆4月10日為迎神祭典
	義民廟	供奉義民爺的廟稱為「義民廟」或「褒忠祠」。全臺共有約20座的義民廟，而且幾乎都集中在客家聚落
	臺灣神社	日本時代臺灣首屈一指的神社。位址在臺北劍潭山的山腰上，除了奉祀大國魂命、大己貴命、少彥名命等3位代表國土開發的神明外，還特別奉祀能久親王，成為臺灣最有代表性、位階最高的神社
事件	羅發號事件	同治6年（1867年）3月12日，美國籍船「羅發號」（Rover）行經臺灣南端時，在七星岩觸礁。船員乘舢舨棄船逃生，漂流至龜仔角鼻山登陸，不幸被當地原住民殺害
	鄉土文學論戰	1977年8月17日起連續3天，彭哥在《聯合報》副刊批評鄉土文學。20日余光中發表文章〈狼來了〉，後來連國民黨的機關報《中央日報》和軍方的《青年戰士報》也加入論戰。（「鄉土文學」的主要作家包括被重新評價的吳濁流、鍾理和、王禎和、王拓、楊青矗等人）
	中壢事件	1977年11月，臺灣首次舉辦五項地方公職人員選舉，許信良未獲國民黨提名，自行參選桃園縣長，11月19日桃園縣中壢市第213號投票所選監主任涉嫌舞弊作票，此即「中壢事件」

事件	美麗島事件	1979年12月10日，黨外人士在高雄市舉辦人權大會遊行，憲警封鎖鎮暴，釀成警民大衝突。之後逮捕《美麗島》雜誌社黃信介、張俊宏、姚嘉文、施明德等共37人移送司法機關偵辦 由於此案備受國際矚目，執政當局為表開明，不像以往作太多的限制與操縱，因此各大報皆能以數版的篇幅，充分報導審訊的過程。每一位被告在法庭上的答辯，經由報端披露之後，引起社會大眾對臺灣政治問題的思考，也造成人心更大的震撼 這次的軍事大審，無異帶給臺灣民眾一次印象深刻的「政治教育」，由於有這次的政治教育，使得在翌年的中央民意代表的選戰中，重新出發的黨外候選人多能從挫敗中恢復元氣，重新整合而進入新的階段
雜誌	南音	郭秋生、賴和、葉榮鐘、莊垂勝、周定山、許文達、洪炎秋及陳逢源等人，於昭和6年（1931年）秋天創立文學團體「南音社」，宗旨為啟蒙文藝，寫作上採迂迴手法，避免直接批判當局。《南音》前後總共發行了第1卷第12期後停刊，質量上均比以往來得進步，在臺灣文藝雜誌中起了帶頭的作用
人物	沈光文 （1612～1688年）	倡議組織「東吟詩社」，這是臺灣第一個詩社
	何斌 （生卒年不詳）	提供鄭成功荷人和臺灣方面的情報，對鄭成功攻臺有很大的幫助
	郁永河 （1645年～？）	字滄浪。著有《裨海紀遊》、《鄭氏逸事》、《海上紀略》等書
	杜君英 （1658～1721年）	為客籍首領，朱一貴事件時，杜君英派手下前往結盟，共同對抗官兵
	藍廷珍 （1663～1729年）	平定朱一貴事件，還持續搜捕事件之餘黨
	林秀俊 （1699～1771年）	又號「林成祖」，開鑿大安圳及水豐圳，設置隘寮，防守現今的中和、永和、板橋、土城一帶，保障了拓墾者的安全
	福康安 （？～1796年）	乾隆52年（1787年）率軍平「林爽文事件」，11月25日攻破其根據地大里杙（臺中大里）。林爽文逃入內山，在乾隆53年元月4日在老衢崎（今苗栗縣竹南鎮）被捕

人物	六堆	下淡水地區（今屏東平原）民眾，在朱一貴事件時組成義民，號為「六堆」
	開臺進士	意即臺灣第一位進士。事實上，在鄭用錫之前，臺灣已有陳夢球、王克捷、莊文進等3人考取進士。其中陳夢球就是明鄭參軍陳永華的兒子
	林維源 （1840～1905年）	劉銘傳主政期間的得力助手，不論在撫番、清賦、建築鐵路、港灣等各項新政，林維源都是重要的核心人物
	王得祿 （1770～1841年）	林爽文起事時，王得祿招募地方鄉勇協助清軍，因功升為千總，其後肅清海盜，再升為浙江提督，晉封「太子太保」，為清代臺灣官階最高的人。他的埋葬地也改名「太保」，就是今日的嘉義縣太保市
	林朝棟 （1850～1904年）	臺中霧峰林家人，中法戰爭時率軍北上協防，受劉銘傳重視。回鄉後擔任開山撫番的工作，曾代理埔里社通判、兼辦中路墾務。臺灣民主國成立時，也率勇抗日，待日軍推進到中臺灣時，他從鹿港逃往廈門，終老於廈門
	鳥居龍藏 （1870～1953年）	著名的日本人類學家，著手進行臺灣原住民與中國西南少數民族的比較研究。著有《鳥居龍藏全集》
	長谷川謹介 （1855～1921年）	臺灣總督府鐵道部長，在臺任期雖然只有9年，但是由他一手主導的縱貫鐵路建設，卻深深影響臺灣後來的經濟發展和城鄉關係
	伊能嘉矩 （1867～1925年）	著名歷史學者、人類學者。著有《臺灣文化志》及最早的全島民族誌《臺灣番人事情》
	陳中和 （1853～1930年）	清末、日據時期重要的企業家及富商，其子陳啟川在戰後擔任第四屆、第五屆高雄市長，陳家也是今天高雄市著名的政經家族之一
	張我軍 （1902～1955年）	大正12年（1923年）進入北京高等師範學校補習班，受中國大陸五四新文學運動的影響，次年開始發表一系列文章，介紹中國新文學運動的情況，抨擊臺灣舊文壇，揭開臺灣新文學運動
	林呈祿 （1886～1968年）	「啟發會」幹事，大正9年（1920年）擔任《臺灣青年》雜誌社幹事，主張臺灣完全自治，二次大戰結束後，曾應邀到南京參加受降典禮，後來創辦東方出版社，此後閉門隱居

人物	陳逢源 （1893～1982年）	早年於總督府國語學校畢業，任職於三井會社。大正9年（1920年）辭職後，參與當時臺灣文化協會和臺灣議會設置請願運動，大正15年在《臺灣民報》上與許乃昌針對「中國改造論爭」筆戰，他反對激烈的社會革命，主張體制內的漸進改革，認為先達到臺灣自治後，再談其他問題
	蔡惠如 （1881～1929年）	與林獻堂一起發起組織「應聲會」、「啟發會」和「臺灣新民會」，並捐款創辦《臺灣青年》
	林獻堂 （1881～1956年）	少年留日時遇梁啟超，受其影響很大，曾推動「臺灣議會設置運動」。「臺灣文化協會」成立時，為首任總理，之後文協分裂，他與蔡培火、蔣渭水等另組臺灣民眾黨。昭和12年（1937年）因「祖國事件」赴日避難，光復後，歷任彰銀董事長、省政府委員等職
	蔣渭水 （1890～1931年）	在「文協」左傾後退出，另外組織「臺灣民眾黨」。一生主張階級調和，反對鬥爭，藉民族運動來包容各階級力量，可惜無法與農民形成共同戰線，其階級調和主張也未能發揮
	廖文毅 （1910～1986年）	雲林西螺人，從事「臺灣獨立」運動，結成臺灣民主獨立黨，1965年組成「臺灣共和國臨時政府」，自任「大統領」
	黃土水 （1895～1930年）	著名雕刻家。他對水牛的深刻觀察，表現在最後的大作《南國》（又稱《水牛群像》）。過世後，作品《甘露水》公開陳列於教育會館，遺作《南國》由夫人捐贈公會堂（今臺北中山堂）公開展示
	陳澄波 （1895～1947年）	嘉義市人，大正4年（1915年）前往日本東京美術學校圖畫師範科求學，大正16年，畫作《嘉義街外》入選第七屆帝展，此後連續四屆都入選。後組臺陽美術協會，228事件時死亡
	葉清耀 （1880～1942年）	昭和7年（1932年），獲得明治大學法學博士，成為臺灣第一位法學博士
	林茂生 （1887～1947年）	昭和2年（1927年）總督府提供公費讓他到美國進修，4年獲得哥倫比亞大學博士學位，成為臺灣第一位哲學博士。228事件爆發後，3月9日失蹤，從此下落不明

人物	呂赫若 （1914～1951年）	警備總部認為他是匪諜，與「鹿窟事牛」有關，民間則傳說他在鹿窟山上被毒蛇咬死。一生創作以反封建、控訴社會經濟結構和家庭組織的病態為主，著名的作品有《牛車》、《暴風的故事》、《臺灣女性》、《清秋》等
	楊逵 （1905～1985年）	本名楊貴，昭和10年（1935年）創辦臺灣新文學社，出版《臺灣新文學》雜誌，1961年出獄後，在臺中經營「東海花園」，以賣花度日，代表作有《送報伕》、《鵝媽媽要出嫁》等
	龍瑛宗 （1921～1999年）	本名劉榮宗，新竹北埔人。昭和13年（1938年）以處女作〈植有木瓜樹的小鎮〉獲《改造》雜誌小說首獎，躍登文壇。昭和17年與西川滿、張文環、濱田隼雄等人代表出席在東京召開的首屆「大東亞文學者大會」，為戰爭期間最活躍的作家之一
	張文環 （1909～1978年）	嘉義梅山人，昭和17年（1942年）出席在東京召開的首屆「大東亞文學者大會」，小說《夜猿》獲皇民奉公會第一屆臺灣文學獎，著名的作品有《藝旦之家》、《夜猿》、《閹雞》等
	鍾理和 （1915～1960年）	臺灣屏東人，原籍廣東梅縣，筆名有江流、里禾等。作品多以美濃為背景，寫農民的田園生活，反應下層人民的生活，影響了1960年代以後的黃春明、王禎和、王拓等作家。1976年後，張良澤將其作品編輯成《鍾理和全集》
	賴和 （1894～1943年）	在「新舊文學論戰」中，是主張新文學的健將，發表臺灣文學史上第一篇白話散文〈無題〉，又發表白話小說《鬥鬧熱》，後擔任「臺灣文藝聯盟」委員長。作品採寫實主義的手法，洋溢著民族情感與人道主義，被譽為「臺灣文學之父」
	辜顯榮 （1866～1937年）	日軍登陸時，為臺北城士紳代表，隻身前往請日軍進城，取得食鹽專賣許可，獲利豐厚，其後在鹿港、臺中、虎尾購地，開墾農田，事業廣及糖業、金融、建築，曾擔任總督府評議員、日本帝國貴族議員

附錄五
日據時期臺灣總督大事年表（1895～1945）

前期武官總督時期主要大事

總督	大事紀	
	1895年（明治28年）	
樺山資紀	4月17日	中日馬關條約簽署。承認朝鮮獨立。割讓遼東半島、臺灣、澎湖列島
	5月10日	日本派海軍大將樺山資紀任臺灣總督
	5月25日	臺灣民眾擁巡撫唐景崧為總統，宣布臺灣民主國成立。29日日軍登陸臺灣北部，6月7日占領臺北。唐景崧逃往大陸
	6月17日	臺灣總督府舉行始政式。伊澤修二創立「國語傳習所」
	8月6日	日本陸軍部核定臺灣總督條例。實施軍政
	10月19日	臺灣民主國南部防衛負責人劉永福逃往廈門。日軍占領臺南
	10月28日	北白川宮能久親王於臺南病亡
	1896年（明治29年）	
	1月1日	芝山岩學堂6位學務官員被臺灣人殺害
	1月29日	日政府宣布平定臺灣。並宣布居住或來往臺灣島之外國人民、船舶，均適用現行條約
	1月30日	公布「臺灣鴉片令」
	3月31日	公布臺灣施行法令之有關法律。公布拓職務省官制。公布臺灣及內務省所管轄之北海道有關政務管理。撤銷臺灣軍政
	5月1日	大阪商船（會社）大阪、臺灣間航線營業開始。9月1日陸軍部下令日本郵船開關神戶—基隆航線
	5月18日	劉德杓在臺東舉兵抗日，6月14日雲林簡義、柯鐵虎舉兵抗日
桂太郎	1896年（明治29年）	
	6月2日	陸軍中將桂太郎就任臺灣總督
	6月17日	《臺灣新報》發行
	8月6日	總督府經憲兵隊、警察，告示戶口編制
	8月16日	總督府制定「臺灣地租規則」
	9月2日	恆春開設番童國語傳習所
	10月1日	總督府制定「犯罪即決例」，賦予警察署長及憲兵隊長執行拘留等輕犯罪之即決權
	10月4日	陸軍中將乃木希典就任總督

乃木希典		1897年（明治30年）
	1月21日	發布「臺灣阿片令」，實施鴉片專賣
	4月1日	公布「臺灣銀行法」
	5月8日	《臺灣日報》創刊
	5月27日	改制地方制度：6縣（臺北、新竹、臺中、嘉義、臺南、鳳山）、3廳（宜蘭、臺東、澎湖）
	6月28日	新高山命名
	10月1日	臺灣高等法院院長高野孟矩，對企圖壓抑告發收賄事的乃木總督表示反抗，12月16日免職
	10月21日	總督府公布官制，規定臺灣總督任用資格限於陸軍大將或中將
	10月25日	人類學家鳥居龍藏前往蘭嶼，從事人類學調查
兒玉源太郎		1898年（明治31年）
	2月26日	陸軍中將兒玉源太郎就任總督
	7月17日	總督府制定臺灣地籍規則，臺灣土地調查規則
	8月6日	暴風雨肆虐，臺北水患成災
	8月31日	總督府制定「保甲條例」將人民以保甲組織，課以連坐法，以利鎮壓抗日活動
	9月2日	土地調查局開辦
	10月8日	籌備中的臺灣鐵道會社，因募債未成功，向總督府申請延期登記。政府決定臺灣縱貫線鐵路由官方經營之方針
	11月5日	總督府制定「匪徒刑罰令」，規定首魁、教唆、參與謀議者，及指揮者處死刑
	11月10日	總督府決定將原來的民眾教育設施、書房、義塾等漸次改善到公學校之水準
		1899年（明治32年）
	1月	南部地區抗日首領陸續投降：1月30日—陳秋菊、3月17日—黃國鎮、3月23日—柯鐵、5月12日—林少貓
	3月22日	公布「臺灣事業公債法」
	3月31日	總督府公布師範學校官制，養成臺灣人教員
	4月1日	「總督府醫學校」創立
	4月26日	總督府制定「臺灣食鹽專賣規則」
	6月22日	總督府發布「臺灣樟腦專賣規則」
	7月5日	臺灣銀行設立。9月26日開業

	10月2日	「臺北師範學校」開校
	1900年（明治33年）	
	4月8日	《臺灣民報》創立
	7月1日	臺北及臺南兩地設置公共電話
	11月28日	臺南、打狗間鐵路通車
	12月10日	臺灣製糖會社設立
	1901 年（明治34年）	
	6月1日	成立「專賣局」
	10月26日	公布「臨時臺灣舊慣調查會規則」
	1902年（明治35年）	
	1月30日	日英同盟協約簽署
	3月12日	宣布應在臺灣施行之法令，法律第63號期限延長至1905年3月底
	6月14日	總督府制定「臺灣糖業獎勵規則」
兒玉源太郎	12月	自明治31～35年期間殺死抗日分子，共計11,950人，除山地外，全島已趨平定
	1904年（明治37年）	
	1月11日	派任陸軍中將黑瀨義內為第一任臺灣守備軍司令官
	1月12日	總督府制定「罰金及笞刑處分例」
	2月10日	日本向俄國宣戰，日俄戰爭開始
	7月1日	臺灣銀行發行兌換黃金之紙幣
	7月6日	兒玉總督兼任滿洲派遣軍參謀長職務出征滿洲，職務委任民政長官後藤新平代理
	1905年（明治38年）	
	3月6日	法律第63號再度延期
	5月12日	臺灣全省實施戒嚴令
	5月25日	俄軍波羅的海艦隊通過臺灣東部海面
	5月27日	日本海海戰，俄艦隊遭重創
	9月5日	日俄和約簽署
	10月1日	彰化銀行正式開業
	1906年（明治39年）	
	3月17日	臺灣地方嘉義發生大地震，死者1,100餘人，房屋全倒4,200餘戶
	4月10日	法律第63號再延期1年

		1906年（明治39年）
佐久間左馬太	4月11日	陸軍大將佐久間左馬太就任總督
	4月14日	警察本署設番務課
	9月3日	臺灣總督府公布即在關東都督府置顧問。都督府係依據內務大臣之奏請
	9月5日	日俄和約簽署
		1907年（明治40年）
	1月1日	「三一法」成效
	10月1日	鐵路鳳山線開通
	11月15日	北埔事件。北埔蔡清琳自稱聯合復興總裁，殺北埔支廳長、郵局局長等55人
		1908年（明治41年）
	4月20日	縱貫線三義川、葫蘆墩間開通，基隆、打狗（高雄）間鐵路全線開通
	10月1日	總督府制定「臺灣違警例」
		1909年（明治42年）
	3月25日	臺北自來水給水開始
	3月27日	總督府制定「高等女學校官制」
	7月11日	臺北地下道工程完成
	10月25日	改革地方行政，全島劃分為12廳，1910年起實施「五年理番計畫」
		1910年（明治43年）
	6月22日	公布「拓殖局官制」。該局直隸內閣總理大臣，統理臺灣、庫頁島、韓國，及除外交事務以外之關東州事項
	8月22日	日本併吞韓國，日韓條約簽署
	10月3日	帝國製糖會社設立。1940年併入大日本製糖會社
	10月6日	臺灣製糖等五會社成立臺灣糖業聯合會，以後變更為日本糖業聯合會
		1911年（明治44年）
	2月28日	阿里山鐵路通車
	8月26日	暴風襲擊臺灣南部，房屋全倒240餘戶，南北交通斷絕
		1912年（大正元年）
	2月25日	總督府禁止中國人及臺灣民眾團體稱為會社
	3月23日	林杞埔事件。劉乾等攻擊林杞埔派出所

佐久間左馬太	7月30日	明治天皇駕崩
		1913年（大正2年）
	11月20日	爆發「苗栗事件」，12月18日羅福星被捕
		1914年（大正3年）
	5月17日	佐久間總督親自領軍發動太魯閣番之役，至8月19日結束
		1915年（大正4年）
	2月3日	臺中中學校核准成立
安東貞美		1915年（大正4年）
	5月1日	安東貞美就任第六位總督
	8月3日	「噍吧哖事件」（又稱西來庵事件，今玉井鄉），被判死刑者866人
明石元二郎		1918年（大正7年）
	6月6日	陸軍中將明石元二郎就任總督
	8月2日	日本政府宣布出兵西伯利亞
	10月1日	中央山脈橫貫公路開通
	11月5日	流行性感冒蔓延，臺北市內各學校停課5日
		1919年（大正8年）
	1月4日	公布「臺灣教育令」，將專供臺灣民眾子弟之教育機關系統化
	3月15日	林熊徵等創立華南銀行
	3月31日	總督府高等商業學校（今臺北市徐州路臺大法學院）創立
	7月31日	臺灣電力會社設立
	8月19日	日本政府制定「臺灣軍司令部條例」，明石總督就任第一任臺灣軍司令官

中期文官總督時期主要大事

總督	大事紀	
田健治郎		1919年（大正8年）
	10月29日	任命田健治郎為臺灣總督，為第一任文官總督。以「內地延長主義」為政策
		1920年（大正9年）
	1月11日	留居東京之臺灣留學生成立新民會。次年1月30日以新民會為中心，提出設置由臺灣民眾公選之臺灣議會之請願
	6月16日	臺北公營當鋪開始營業

田健治郎	7月27日	地方制度大改革，全臺改為5州（臺北、新竹、臺中、臺南、高雄）、2廳（臺東、花蓮港）、3市（臺北、臺中、臺南）、47郡、157街庄（鄉鎮）
	8月1日	公布「臺灣所得稅令」
	1921年（大正10年）	
	1月30日	林獻堂提出「設置臺灣議會請願書」（第一次），此後每年都提出請願，達15次之多
	4月9日	文部省（教育部）宣布，朝鮮、臺灣、庫頁島及關東州之中學，高女所行之專門學校入學檢定考試，與日本國內所行者具相同效力
	4月28日	笞刑處分廢止
	10月17日	臺灣文化協會成立。林獻堂任總理
	11月12日	連橫完成《臺灣通史》
	12月11日	公布「臺灣正米市場規則」
	1922年（大正11年）	
	1月11日	「三一法」廢除，「法三號」生效
	2月6日	修訂公布「臺灣教育令」。與日本人共學為基本，除普通學校、公學校以外之所有與日本國內之各學校令準據
	4月23日	臺北高等學校（官立）首次入學典禮。為臺灣第一所高等教育機關（位於古亭町今師範大學址）
	5月5日	公布「酒類專賣令」
	11月3日	臺灣產業組合設立
	12月16日	杜聰明取得京都帝國大學醫學博士學位
內田嘉吉	1923年（大正12年）	
	4月16日	東宮太子（昭和天皇）抵臺視察12天
	9月6日	內田嘉吉就任臺灣總督。總督府設置東部地方震災救助事務部
	11月18日	辜顯榮組成公益會，請願設置議會的文化協會遭受嚴重打擊
	1924年（大正13年）	
	3月1日	逮捕違反「治警法」之臺灣議會設置期成同盟會蔣渭水、蔡培火等14人
	4月21日	張我軍發表〈致臺灣青年的一封信〉，抨擊舊文學

		1925年（大正14年）
伊澤多喜男	4月22日	公布「治安維持法」。5月8日公布治安維持法在朝鮮、臺灣及庫頁島施行。5月12日施行
	6月17日	舉行第30回始政紀念典禮，在臺北舉辦紀念展覽會
	9月1日	臺灣銀行股東常會，損失整理案解決
	9月17日	大藏部（財政部）下令朝鮮銀行及臺灣銀行降低資金貸款利率
		1926年（昭和元年）
	1月12日	公布收音機收聽規程，規定收音機登記費為一圓
	3月27日	臺灣東部鐵路開通
	6月14日	為「蓬萊米」命名
上山滿之進		1926年（昭和元年）
	7月16日	上山滿之進就任總督
	12月25日	大正天皇駕崩，改年號為「昭和」
		1927年（昭和2年）
	1月3日	臺灣文化協會會員大會，主導權移至左派。7月10日蔣渭水、林獻堂等人另成立臺灣民眾黨
	3月	金融恐慌開始
	3月26日	臺灣銀行通告鈴木商店，停止新貸款
	4月13日	內閣會議決定發布緊急敕令，由日本銀行緊急貸款援助臺銀危機。17日遭樞密院否決，若槻內閣總辭職
	4月18日	臺灣銀行除本行及臺灣境內之各行外，所有在外分行全部暫停營業
	5月9日	公布有關對臺灣金融機關之資金融通之法律。臺銀各行恢復營業
	5月19日	內閣會議，決定臺灣銀行之整理案
	8月1日	《臺灣民報》發行
		1928年（昭和3年）
	2月19日	臺灣工友總聯盟成立
	3月17日	設立臺北帝國大學
	4月15日	謝雪紅於上海成立「臺灣共產黨」
川村竹治		1928年（昭和3年）
	6月16日	川村竹治就任總督
	10月6日	共產黨書記長渡邊政之輔，在基隆被警方追捕自殺

石塚英藏	1929年（昭和4年）	
	7月30日	石塚英藏就任總督
	10月24日	紐約股票大跌，世界經濟恐慌開始
	1930年（昭和5年）	
	4月10日	嘉南大圳完工（跨越今臺南縣官田鄉及六甲鄉）
	10月27日	霧社事件日人134人被殺、215人受傷，誤殺臺胞2人
	1931年（昭和6年）	
	1月16日	臺灣總督石塚英藏因霧社事件引咎辭職。太田政弘就任總督
太田政弘	1931年（昭和6年）	
	2月18日	總督府對臺灣民眾黨下解散命令
	4月1日	總督府在高雄設置海洋觀測所，成為熱帶海洋研究所之先驅
	9月18日	918事件
	1932年（昭和7年）	
	3月1日	偽「滿洲國」建國宣言
南弘	1932年（昭和7年）	
	3月2日	南弘就任總督
	5月15日	515事件
	5月26日	南弘總督辭職轉任齊藤內閣遞信大臣
中川健藏	1932年（昭和7年）	
	5月27日	中川健藏就任總督
	11月28日	菊元百貨店成立，為臺灣第一家百貨公司
	1933年（昭和8年）	
	3月27日	日本脫離國際聯盟
	5月15日	臺北帝國大學刊行《新港文書》
	1935年（昭和10年）	
	4月1日	「臺灣自治律令」公布
	1936年（昭和11年）	
	2月26日	226兵變事件，東京戒嚴令
	6月3日	「臺灣拓殖株式會社法」公布，11月25日設立

後期武官總督時期主要大事

小林躋造		**1936年（昭和11年）**
	9月2日	小林躋造就任臺灣總督
	11月20日	州議員選舉（一部分官方指定）
	12月12日	西安事變。張學良監禁蔣中正，要求對日宣戰，促成國共和談
		1937年（昭和12年）
	7月7日	蘆溝橋事件，中國開始全面抗戰
	9月27日	臺灣人軍伕首度被調赴中國戰場
		1938年（昭和13年）
	4月1日	日本政府發布「國家總動員法」
	12月18日	全島實施燈火管制
	12月23日	內閣會議決定新南群島編入領土，12月28日置於臺灣總督府之管轄下
		1939年（昭和14年）
	5月19日	總督宣布皇民化、工業化、南進基地等三大政策
	9月3日	英、法對德宣戰，第二次世界大戰開始
		1940年（昭和15年）
	9月27日	日德義對三國同盟簽署
長谷川清		**1940年（昭和15年）**
	11月27日	長谷川清就任臺灣總督
	12月2日	總督府設立天然瓦斯研究所，係殖產局附屬研究所升格
		1941年（昭和16年）
	3月26日	修訂公布「臺灣教育令」。廢止小學校、公學校，一律改為國民學校
	4月19日	「皇民奉公會」成立，積極推動「皇民化運動」
	12月8日	日本向英美宣戰，太平洋戰爭起
		1942年（昭和17年）
	4月1日	第一批臺灣陸軍志願兵入伍
	5月8日	八田與一搭乘「大洋丸」遇難
	6月5日	中途島海戰，日本艦隊落敗
		1943年（昭和18年）
	4月1日	實施小學六年制義務教育
	9月23日	內閣會議決定自昭和20年（1945年）起在臺灣實施徵兵制

	1944年（昭和19年）	
長谷川清	4月1日	合併臺灣所有報紙，成立《臺灣新報》
	10月25日	神風特攻隊（自殺飛機）首次出擊
	12月30日	安藤利吉就任臺灣總督
安藤利吉	1945年（昭和20年）	
	4月	全臺實施徵兵制度
	5月	吳濁流撰成《亞細亞的孤兒》
	8月6日	美軍在廣島投擲原子彈
	8月9日	美軍在長崎投擲原子彈
	8月15日	日軍無條件投降
	9月2日	日本政府簽署投降文書，放棄臺灣
	10月25日	中日雙方在臺北公會堂（今中山堂）舉行臺灣受降典禮。臺灣行政長官公署正式運作，陳儀為第一任長官
	11月15日	臺北帝國大學接收完畢，改組為「國立臺灣大學」

西元	歷代紀元		大事
1171	宋乾道	7年	南宋泉州知州汪大猷在汛期置兵防守澎湖
1582	明萬曆	10年	羅明堅進入廣東傳教，萬曆28年利瑪竇入北京傳教
1604	萬曆	32年	明將（沈有容）脅之以兵，荷將韋麻郎退出澎湖
1622	天啟	2年	荷蘭復據澎湖，築城於風櫃尾
1624	天啟	4年	荷人撤兵澎湖，轉往大員（臺南平安）築熱蘭遮城
1626	天啟	6年	西班牙據雞籠（基隆）、滬尾（淡水）
1642	崇禎	15年	荷蘭人將西班牙人逐出臺灣北部
1644	崇禎	17年	滿人入關，建大清王朝
1652	永曆	6年	郭懷一在臺南一帶起事抗荷失敗
1661	永曆	15年	鄭成功率軍入臺灣，建東都，置承天府及天興、萬年二縣，包圍荷蘭人於大員
1662	永曆	16年	荷蘭人投降，退出臺灣，鄭成功去世，鄭經繼位
1683	清康熙	22年	清將施琅攻克臺灣，鄭氏政權滅亡
1684	康熙	23年	設福建省臺灣府，設府治於今臺南，轄臺灣縣、鳳山縣、諸羅縣
1689	康熙	28年	中俄訂尼布楚條約
1721	康熙	60年	臺灣朱一貴抗清事件
1723	雍正	元年	臺灣府築城，增設彰化縣、淡水廳
1726	雍正	4年	俄人在北京設教堂，遣留學生來華
1727	雍正	5年	中俄恰克圖條約，臺灣增設澎湖廳
1739	乾隆	4年	艋舺龍山寺落成
1757	乾隆	22年	通商口岸限廣州一口
1784	乾隆	49年	鹿港開港
1786	乾隆	51年	臺灣林爽文抗清事件發生，翌年諸羅縣改稱嘉義縣
1792	乾隆	57年	八里坌與福建五虎門通航
1793	乾隆	58年	英使馬戛爾尼來華談判商務
1796	嘉慶	元年	吳沙率漢人入墾蛤仔難（今宜蘭）
1805	嘉慶	10年	蔡牽攻臺
1809	嘉慶	14年	王得祿殲滅蔡牽於黑水溝

1812	嘉慶	17年	置噶瑪蘭廳
1816	嘉慶	21年	英使阿美士德來華
1823	道光	3年	臺灣淡水廳（竹塹，今新竹）鄭用錫進士及第，為臺灣籍第一位進士
1834	道光	14年	英國取消東印度公司鴉片專賣權，由英國外交部直接管理對華商務，繼續走私鴉片
1840	道光	20年	中、英鴉片戰爭開始，英軍一部犯臺
1842	道光	22年	中英訂立南京條約。魏源出版《海國圖志》
1843	道光	23年	中英五口通商章程、虎門條約簽訂
1844	道光	24年	中美望廈條約、中法黃埔條約，規定領事裁判權、協定關稅、片面最惠國待遇等，准許洋教在口岸傳布
1850	道光	30年	洪秀全率太平軍起事
1853	咸豐	3年	太平軍攻占南京，改稱天京，定為太平天國國都 頂（三邑人）下（同安人）郊拼，同安人敗撤大稻埕
1856	咸豐	6年	太平天國內訌。廣州亞羅船事件
1857	咸豐	7年	英法聯軍之役（修約戰爭）
1858	咸豐	8年	中英、中法、中美、中俄天津條約，中俄璦琿條約 臺灣（安平）、淡水開放通商
1859	咸豐	9年	外人開始管理上海海關（洋稅務司）
1860	咸豐	10年	第二次英法聯軍（換約戰爭），攻占北京，毀圓明園，中英、中法、中美、中俄訂北京條約，12月（1861年1月）成立總理各國通商事務衙門
1862	同治	元年	北京設同文館，曾國藩在安慶設軍械所。臺灣戴潮春抗清事件（林文察平）
1864	同治	3年	湘軍攻陷天京，太平天國亡
1865	同治	4年	江南製造局、金陵機器局成立
1866	同治	5年	福州船政局成立
1867	同治	6年	3月20日美船「羅發號」在臺灣南端觸礁，船員在瑯嶠（今恆春）遭番人殺害，史稱「羅發號事件」
1868	同治	7年	捻亂覆滅
1872	同治	11年	派遣幼童留美。陝甘回亂平定，上海《申報》創刊
1874	同治	13年	日本出兵琅嶠，「牡丹社事件」發生
1875	光緒	元年	船政大臣沈葆楨來臺，奏請「開山撫番」

1877	光緒	3年	派公使駐英、駐日，左宗棠平定新疆回亂。首批海軍學生赴歐洲留學
1879	光緒	5年	日本改琉球為沖繩縣，不再臣屬中國。臺灣增設新竹縣
1883	光緒	9年	中法越南戰爭，波及臺灣，戰爭延續至1885年臺北城完工
1885	光緒	11年	臺灣建省，劉銘傳首任巡撫
1886	光緒	12年	臺灣設機器局、電報總局、清賦局等，開始近代化建設
1887	光緒	13年	臺灣劃為三府一直隸州三廳十一縣，省會設於橋孜圖（今臺中）
1888	光緒	14年	北洋海軍成立。臺灣爆發施九緞事件
1891	光緒	17年	臺北至基隆間鐵路通車
1893	光緒	19年	毛澤東出生
1894	光緒	20年	中日甲午戰爭，孫中山上書李鴻章條陳救國大計。臺灣省會自今臺中移至臺北。興中會創立
1895	光緒	21年	馬關條約，割臺灣予日本，康有為「公車上書」。臺灣民主國抗日。興中會發動首次抗清起事失敗
1896	明治	29年	臺灣總督府結束軍政，公布「六三法」
1898	光緒	24年	戊戌變法京師大學堂（北京大學前身）開學
	明治	31年	臺灣總督兒玉源太郎公布「匪徒刑罰令」，處抗日分子以極刑，頒布〈保甲條例〉，實施〈土地調查〉，確認小租戶為土地所有權人
1899	明治	32年	總督府臺北醫學校成立，臺灣銀行成立（臺灣最大銀行）
1900	光緒	26年	義和團事件，八國聯軍攻占北京
	明治	33年	臺灣首座新式製糖會社在今高雄縣橋仔頭成立
1901	光緒	27年	辛丑和約，清廷下詔變法
	明治	34年	興建臺灣神社，1944年升格為臺灣神宮
1903	光緒	29年	清廷設商部。張之洞、張百熙奏定學章程，新式學制開始 日俄戰爭
	明治	36年	凍結大租權，使一田多主現象消失
1905	光緒	31年	清廷明令廢除科舉制度。同盟會在東京成立。清廷設學部（教育部前身）
1906	光緒	32年	清宣布預備立憲
1908	光緒	34年	光緒帝駕崩，慈禧詔令溥儀嗣位
	明治	41年	臺灣南北縱貫鐵路通車，典禮在臺中公園舉行，打狗（高雄）港開始闢建

1909	宣統	元年	各省諮議局開幕
	明治	42年	日本前首相伊藤博文於10月被朝鮮民族主義者安重根刺殺於中國哈爾濱火車站
1910	宣統	2年	北京資政院成立
	明治	43年	對泰雅族大嵙崁番社圍剿
1911	宣統	3年	廣州329黃花崗之役，同盟會中部總會成立於上海，川路風潮，武昌起事，孫中山當選臨時大總統
1912	民國	元年	孫中山就任臨時大總統，中華民國成立。袁世凱繼任臨時大總統，約法公布
	大正	元年	阿里山鐵路通車。梁啟超應林獻堂之邀訪臺
1913	民國	2年	宋教仁被刺案，二次革命失敗 4月8日，巴西是全世界第一個承認中華民國的國家
	大正	2年	羅福星籌畫抗日失敗被捕，翌年處死。臺北—圓山汽車客運通車。臺灣縱貫鐵路全線完工
1914	民國	3年	袁世凱解散國會與各省議會，中華革命黨在東京成立。第一次大戰爆發，日本出兵攻占青島
	大正	3年	淡水中學（長老教會）、圓山動物園營業、太魯閣事件。坂垣退助「同化會」
1915	民國	4年	日本對華提出21條要求。楊度發起籌安會，袁世凱稱帝 12月23日，北京政府教育部開始試辦注音字母傳習所
	大正	4年	林獻堂等捐資設臺中中學（今臺中一中）供臺人升學就讀 余清芳噍吧哖事件
1916	民國	5年	護國軍討袁，袁世凱死。蔡元培任北大校長。胡適倡文學革命
1917	民國	6年	張勳復辟，北京政府段祺瑞對德、奧宣戰，孫中山至廣州組護法軍政府。2月，孫山中發表《民權初步》
	大正	6年	南投大地震，毀500餘戶，傷亡百餘人
1918	民國	7年	軍政府改組，孫中山離粵，北京安福國會成立
1919	民國	8年	五四運動，《孫文學說》出版，中華革命黨改稱中國國民黨
	大正	8年	臺灣總督府新廈（今總統府）落成啟用，首任文官總督田健治郎就任。臺灣電力株式會社（臺電前身）成立，開發日月潭水力發電工程
1920	民國	9年	直皖戰爭，直系勝。粵軍回粵，孫中山返廣州
	大正	9年	連橫《臺灣通史》出版。臺灣實施州、市、郡、街庄制。屏東機場落成

1921	民國	10年	孫中山就任廣州非常政府大總統，中國共產黨成立於上海
	大正	10年	「臺灣議會設置請願運動」開始，「臺灣文化協會」及「總督府評議會」成立 5月5日，孫山中宣布以「青天白日滿地紅」為國旗
1922	民國	11年	湖南公布省憲法。第一次直奉戰爭。陳炯明砲轟孫中山總統府 10月18日，蔡元培辭北大校長
	大正	11年	杜聰明獲京都大學醫學博士，為第一位臺籍博士。「法三號」生效。日臺「共學制」總督府高校（今臺師大校址）
1923	民國	12年	曹錕賄選總統。蔣介石率團赴俄考察
	大正	12年	《臺灣民報》在東京創刊，為臺灣人之喉舌。東宮太子抵臺
1924	民國	13年	國民黨改組，聯俄容共，黃埔軍校成立。第二次直奉戰爭。馮玉祥發動「首都革命」。中央通訊社成立
	大正	13年	宜蘭線鐵路通車。治警事件
1925	民國	14年	孫中山北上主張召開國民會議，病逝北京。上海五卅慘案。省港大罷工。國民政府成立於廣州。西山會議派（反共）成立
	大正	14年	臺北橋竣工
1926	民國	15年	中山艦事件。國民革命軍北伐。張作霖在北京任安國軍總司令
	大正	15年	臺灣總督伊澤多喜男命名新種米為「蓬萊米」。臺東至花蓮鐵路開通
1927	民國	16年	革命外交（收回漢口、九江英租界）。清黨。國民政府定都南京，寧（南京）漢（武漢）分裂。蔣介石辭職（第一次下野）。共黨南昌八一暴動、廣州暴動。毛澤東建立井崗山基地 12月1日，蔣介石與宋美齡結婚，由蔡元培先生福證
	昭和	2年	臺灣民眾黨成立，文化協會分裂
1928	民國	17年	蔣介石復職，繼續北伐。濟南慘案。國民革命軍入北京，張學良東北易幟，全國統一。中央銀行在上海設立，宋子文任總裁
	昭和	3年	臺北帝國大學（今臺灣大學）創立
1929	民國	18年	編遣會議。公布中華民國教育宗旨。中東路事件

1930	民國	19年	關稅自主。左翼作家聯盟成立。中原戰爭。擴大會議派成立。開始剿共
	昭和	5年	嘉南大圳完工。霧社抗日事件
1931	民國	20年	訓政時期約法公布。第一次高考舉行。江西成立中華蘇維埃共和國。918事變。蔣介石辭職（第二次下野）
1932	民國	21年	128事變。蔣介石任軍事委員委員長。滿洲國成立。安內攘外政策。首屆兒童節
	昭和	7年	中山橋完工、菊元百貨店成立（在今日臺北市中正區衡陽路與博愛路口，店內安裝首部新式電梯），為臺灣第一家百貨公司
1933	民國	22年	長城戰爭。廢兩改元。塘沽協定。第五次圍剿共黨。閩變
	昭和	8年	施乾「愛愛寮」收容乞丐
1934	民國	23年	新生活運動，溥儀稱帝，共軍開始「長征」（西竄）
	昭和	9年	全島第一個文藝團體「臺灣文藝聯盟」成立。飛行員楊清溪在臺北墜機。陳進入選帝展，成為臺灣第一位殊榮女畫家
1935	民國	24年	國民政府任蔣介石為特級（五星）上將。河北事件。共黨八一宣言。法幣政策。銀本位改為外匯本位。冀察政務委員會成立。共黨瓦窯堡會議（確認抗日民族統一戰線）。溥儀訪問日本 11月13日，孫傳芳在天津遇刺身亡 12月23日，陳少白病逝北京，享年66歲
1936	民國	25年	中華民國憲法草案（五五憲草）。救國會（七君子）事件。西安事變。綏遠百靈廟事件。國小教師免稅
	昭和	11年	臺灣拓殖株式會社成立。臺灣恢復武官總督，小林躋造就任
1937	民國	26年	七七事變。共黨設立陝甘寧邊區政府，共軍改編國民政府宣布遷都重慶。南京大屠殺
	昭和	12年	推行「皇民化運動」、臺人軍伕首度赴中國戰場 大屯、新高阿里山、次高太魯閣被指定為國家公園
1938	民國	27年	國民參政會召開，蔣介石任國民黨總裁。武漢撤守，王兆銘出走。台兒莊大捷，殲滅日軍萬餘人
	昭和	13年	臺灣實施戰時經濟體制
1939	民國	28年	汪兆銘發表和平宣言。國防最高委員會成立
	昭和	14年	花蓮港竣工通航。宣布「皇民化」、「工業化」、「南進基地」

1940	民國	29年	汪兆銘在南京成立傀儡政府。國民政府通電全國，尊稱孫中山為國父。達賴14世在拉薩舉行坐床大典
	昭和	15年	配合「皇紀2600年」，總督府鼓勵臺灣人改日本姓名。「瑞芳事件」李建興謀反被捕
1941	民國	30年	新四軍事件。美空軍志願隊成立。日軍偷襲珍珠港。國民政府對德、義、日宣戰
	昭和	16年	臺灣總督府推動皇民化與國語家庭運動。「國民學校」、「工業臺灣」政策
1942	民國	31年	蔣介石任盟軍中國戰區最高統帥，簽署聯合國宣言。共黨在延安發動「整風運動」。英美宣布廢除在華不平等條約 8月24日，宋美齡應美國羅斯福總統之邀訪美，爭取美援，以為抗日
	昭和	17年	「臺灣志願兵」入伍，「高砂義勇隊」（原住民）派往菲律賓作戰，「大洋丸」遭擊沉，八田與一遇難
1943	民國	32年	中美、中英平等新約簽字。開羅會議
	昭和	18年	臺灣實施六年制義務教育
1944	民國	33年	日軍發動一號作戰。共黨提出組織聯合政府主張。10萬知識青年從軍
	昭和	19年	美軍開始密集轟炸臺灣。安藤利吉上任
1945	民國	34年	中共七全大會召開，確定毛澤東領導地位。波茨坦宣言。中蘇友好同盟條約。日本無條件投降，臺灣光復，設臺灣省行政長官公署，陳儀任長官。馬歇爾調處國共問題
	昭和	20年	全島徵兵制。吳濁流《亞細亞孤兒》。臺北公會堂受降。帝大改稱「國立臺灣大學」。「臺灣省參議會」林獻堂率團赴南京
1946	民國	35年	政治協商會議在重慶召開。制憲國民大會開幕。5月5日，國府在南京舉行還都大典。政府實施徵兵制。臺灣省參議會成立。吳振輝、郭啟章引進「吳郭魚」，即南洋鯽魚
1947	民國	36年	公布中華民國憲法。馬歇爾調處失敗離華。228事件。臺灣省政府成立。國共內戰轉劇。第一屆國民大會代表選舉（魏道明）。宣布動員戡亂
1948	民國	37年	第一屆國大會議，選蔣介石、李宗仁為行憲第一任正、副總統。立法院開幕。發行金元券。徐蚌（淮海）會戰 3月26日，中研院第一屆院士會議選出吳大猷、陳省身、胡適等81位院士

1948	民國	37年	4月18日，國民大會通過「動員勘亂時期臨時條款」 11月13日，陳布雷自殺
1949	民國	38年	1月27日，「太平輪」與「建元輪」互撞，7百餘人死亡 《自由中國》創刊。3月12日《中央日報》創刊。師範學校「四六事件」。陳誠任省主席。樂信瓦旦（林瑞昌）當選唯一原住民省參議員 蔣介石宣布引退（第三次下野）。國軍在大陸敗退，中華人民共和國成立。臺灣實施戒嚴，「懲治叛亂」「肅清匪諜」條例通過。中華民國中央政府遷臺北，改革幣制（舊臺幣4萬元兌新臺幣1元）。375減租 10月，古寧頭大捷 12月，憲兵楊榮華在臺北火車站值勤時奮勇救人不幸殉職，得年19歲，其紀念銅牌至今仍在火車站內
1950	民國	39年	蔣介石總統復職，陳誠任行政院長，臺灣開始實施地方自治（縣市長）選舉。國民黨改造委員會成立。韓戰爆發。愛國獎券開始發售。大陸開始土地改革 7月26日，國軍由營長史恆豐率領大二擔守軍，殲滅進犯之共軍3百餘人並俘虜252人
1951	民國	40年	制訂375減租條例，臺灣省臨時省議會成立。美軍顧問團。國軍工兵營開築梅山太平鄉至雲林古坑草嶺公路遇潰堤，70餘人葬身洪流，紀念碑在今梅山公園
1952	民國	41年	中、日和平條約在臺北簽字。訂9月28日為教師節。李友邦槍決。「四健會」組織成立。「中國青年反共救國團」成立
1953	民國	42年	實施耕者有其田政策。行政院經濟安定委員會成立，開始實施第一期4年經建計畫。中共開始實施第一期5年計畫
1954	民國	43年	韓戰結束，萬餘名反共義士抵臺。國民大會選蔣介石、陳誠為第二任正、副總統。中共第一屆全國人代會揭幕，通過中華人民共和國憲法。臺灣與美國簽訂共同防禦條約。內政部核定九族原住民。大專聯考
1955	民國	44年	國軍自大陳島撤兵。孫立人案。石門水庫開始興建。軍人免稅
1956	民國	45年	1月3日，中共空軍范天虹駕米格機投奔自由不成，切脈自殺 鍾理和《笙山農場》
1957	民國	46年	楊振寧、李政道獲諾貝爾獎。臺灣省政府疏遷中興新村。劉自然遭槍殺，中美關係惡化。蓬萊米之父磯永吉退休返日

1958	民國	47年	中共開始實施「大躍進」、「人民公社」。警備總部正式成立 金門823砲戰，中共在兩小時內落彈5萬7千餘發，吉星文、趙家驤副司令陣亡
1959	民國	48年	臺灣省臨時議會改稱臺灣省議會。八七水災 11月7日，臺中清泉崗基地啟用 劉少奇任中共主席。彭德懷事件
1960	民國	49年	蔣介石、陳誠當選第三任正副總統。中部橫貫公路通車。楊傳廣獲奧運十項運動銀牌。雷震籌組「中國民主黨」被捕。動員戡亂時期臨時條款。美援首批F104星式戰鬥機抵臺。中共米格15投誠，於南澳機毀人亡
1961	民國	50年	4月22日，中華商場整建完成
1962	民國	51年	首屆金馬獎舉行。臺灣電視公司開播。香港爆發5月難民潮。公布12月25日為行憲紀念日。國軍自製T2型火箭。2月24日胡適病逝
1963	民國	52年	陳誠因病辭行政院長，嚴家淦繼任。花蓮港開放為國際港 4月24日，電影《梁山伯與祝英台》在臺首映
1964	民國	53年	1月21日，裝甲兵副司令趙志華擬兵諫未果 臺灣第一條高速公路麥克阿瑟公路通車（臺北到基隆），石門水庫完工。毛澤東倡導反蘇俄，中共第一次核子試爆。彭明敏被捕
1965	民國	54年	美國終止對華經濟援助。陳誠病逝。曾文水庫開工。日本臺獨首領廖文毅返臺。11月3日，彭明敏獲特赦
1966	民國	55年	國民大會修正動員戡亂時期臨時條款。蔣介石、嚴家淦當選第四任正、副總統。中共發動文化大革命。加工出口區在高雄成立
1967	民國	56年	臺北市改制為院轄市。中華文化復興運動委員會成立。國家安全局成立
1968	民國	57年	實施九年國民教育。紅葉少棒隊擊敗日本隊，帶動少棒熱潮。中共批劉少奇。許世賢當選嘉義市長
1969	民國	58年	增額中央民意代表選舉。金龍少棒隊獲世界冠軍
1970	民國	59年	「雲州大儒俠」布袋戲在臺視播出，風靡一時 4月24日，蔣經國訪美遇刺

1971	民國	60年	保釣運動。中華民國退出聯合國。林彪事件。澎湖跨海大橋通車 4月26日，宋子文病逝美國
1972	民國	61年	蔣介石、嚴家淦連任第五任正、副總統，蔣經國任行政院長。美總統尼克森訪大陸，中共與美國發表上海聯合公報。臺灣與日本斷交。臺大哲學系事件
1973	民國	62年	推動十大建設。中共與美國互設聯絡辦事處。曾文水庫完工。考試院長孫科於9月13日病逝，享壽83歲
1974	民國	63年	青棒、青少棒、少棒首度獲得三冠王。大陸批林批孔運動
1975	民國	64年	蔣介石逝世，嚴家淦繼任總統。蔣經國任國民黨主席，9月17日接受「合眾國際社」專訪時，指出臺灣已具備製造核武的能力
1976	民國	65年	丁肇中獲諾貝爾物理獎。臺中港啟用。大陸唐山大地震。毛澤東病死，打倒四人幫，文化大革命結束。海防部隊上士唐立法行經新竹救幼童於軌道不幸身亡，其銅像至今仍在中華路與經國路口
1977	民國	66年	取消鹽稅。核一廠開始發電。經濟設計委員會改組為經濟建設委員會。鄉土文學論戰。中壢事件。臺獨王幸男炸傷臺灣省主席謝東閔
1978	民國	67年	蔣經國、謝東閔當選第六任正、副總統，孫運璿任行政院長。南北高速公路全線通車。中共召開11屆三中全會，「撥亂反正」
1979	民國	68年	中共與美國建交。美國國會通過臺灣關係法。高雄市改制院轄市。中正機場啟用。美麗島事件。中共全國人大「告臺灣同胞書」。大陸實行「改革開放」，開放觀光。橋頭抗議事件。康寧祥《八十年代》
1980	民國	69年	北迴鐵路竣工。中正紀念堂落成。制訂選舉罷免法。大陸審判四人幫。成立經濟特區。鄧小平任中央軍委主席。新竹科學園區
1981	民國	70年	國家賠償法公布實施。行政院長孫運璿提出三民主義統一中國口號。中共全國人大主席葉劍英提出和平統一9條方針。行政院文化建設委員會成立
1982	民國	71年	東沙、南沙群島納入高雄市行政區，嘉義、新竹改制為省轄市。「三不政策」
1984	民國	73年	蔣經國、李登輝當選第七任正、副總統。鄧小平發表「一國兩制」談話。「江南案」。瑞芳煤礦災變，死亡103人

1986	民國	75年	臺北舊火車站拆除，進行鐵路地下化。中央圖書館新館落成。李遠哲獲諾貝爾化學獎。民主進步黨成立。鹿港「反杜邦」
1987	民國	76年	臺灣地區解除戒嚴。開放大陸探親。解除外匯管制。《自立晚報》記者首開採訪大陸先例
1988	民國	77年	報禁解除。蔣經國去世。李登輝繼任總統。520遊行（抗議農產品進口）。宜蘭縣長陳定南首度要求戲院停播國歌
1989	民國	78年	黨禁解除。大陸八九民運（天安門事件），趙紫陽下臺，由江澤民繼任總書記。鄭南榕自焚
1990	民國	79年	李登輝、李元簇當選第八任正、副總統。海峽交流基金會成立。臺灣加入APEC。「野百合三月學運」，要求廢除萬年國會（法統）。國學大師錢穆含冤搬離素書樓，8月30日溘然長逝
1991	民國	80年	制訂國家統一綱領。海基會成立。宣告終止動員戡亂時期。廢刑法100條
1992	民國	81年	第一屆中央民意代表開始退職。南迴鐵路通車。李登輝指責《聯合報》附和中共，引發「退報運動」
1993	民國	82年	辜汪會談在新加坡舉行
1994	民國	83年	省縣自治法及直轄市自治法通過，首次舉行省長、直轄市長選舉，宋楚瑜當選省長，陳水扁、吳敦義分別當選臺北、高雄市長。考試院取消國家考試「國父遺教」與「三民主義」兩科
1995	民國	84年	實施全民健保。李登輝訪問美國康乃爾大學，中共抗議
1996	民國	85年	第一屆總統直選，李登輝、連戰當選正、副總統。中共對臺飛彈演習
1997	民國	86年	國民大會修憲，通過自民國87年12月20日起精簡臺灣省政府組織，凍結省長及省議員選舉。臺灣縣市長選舉，民進黨執政縣市過半數。鄧小平去世。香港回歸中國
1998	民國	87年	受東南亞金融風暴波及，經濟不景氣。第二任直轄市長選舉，馬英九（國民黨）、謝長廷（民進黨）分別在臺北市、高雄市勝選。實施週休二日
1999	民國	88年	李登輝提「兩國論」，汪道涵中止訪臺。921地震
2000	民國	89年	陳水扁（民進黨）當選第十屆總統。親民黨成立。立法院三讀通過「兩岸人民關係條例」放寬大陸人民來臺洽商、觀光且可擔任教職、學術研究

2001	民國	90年	1月2日，兩岸分隔52年，金門、馬祖以小三通模式，首度直航對岸 5月31日，有「臺灣科技之父」，總統府資政李國鼎病逝，享壽92歲
2002	民國	91年	陳水扁提「一邊一國」，呂秀蓮祕訪印尼 大陸胡錦濤接任總書記，溫家寶接任國務院總理
2003	民國	92年	SARS流行。立院通過「公投法」。「連宋合」、「水蓮配」組合完成
2004	民國	93年	第十一屆總統選舉：投票前發生319槍擊事件，陳水扁、呂秀蓮以微弱多數當選。連戰、宋楚瑜提出當選無效之訴及選舉無效之訴，法院進行全國性驗票 蔣方良逝 跆拳道選手陳詩欣在雅典奧運獲中華臺北第一面金牌 第六屆立委選舉：民進黨89席、國民黨79席、親民黨34席、台聯12席、新黨1席、無黨聯盟6席、無黨籍4席 游錫堃內閣總辭，謝長廷接任行政院長
2005	民國	94年	兩岸春節包機直航，分隔56年後，中國大陸民航包機首次合法降落臺灣 中華人民共和國通過反分裂國家法，臺灣的民進黨政府舉行326護臺灣大遊行抗議 連戰與宋楚瑜相繼訪問中國大陸進行和平之旅、搭橋之旅 任務型國大代表選舉，國民大會開議後廢除，立法委員席次減半，公民投票案入憲 馬英九當選中國國民黨主席 縣市首長選舉：國民黨14席，民進黨6席，新黨1席，無黨籍1席
2006	民國	95年	謝長廷內閣總辭，蘇貞昌接任行政院長 2月15日，孫運璿病逝 婉拒中國大陸所贈大貓熊 國統綱領廢除 台開案，立法院表決罷免總統案未成 雪山隧道通車 施明德領導「百萬人民反貪腐倒扁」運動

2006	民國	95年	國務機要費案起訴吳淑珍貪汙，總統陳水扁宣布一審有罪就下臺
			臺灣籍導演李安獲奧斯卡金像獎最佳導演
			第十屆直轄市長暨市議員選舉：郝龍斌當選臺北市市長；陳菊當選高雄市市長；宋楚瑜宣布退出政壇
			臺灣高速鐵路試營運
2007	民國	96年	特別費案起訴馬英九貪汙，馬辭去中國國民黨主席
			吳伯雄當選中國國民黨主席
			拒絕北京奧運聖火經臺北赴香港路線
			地方制度法修改，臺北縣成為準直轄市
			民進黨及國民黨分別提名謝長廷、馬英九角逐總統選舉
			行政院長蘇貞昌請辭，由海基會董事長、前行政院院長張俊雄回鍋接任閣揆
			中國國民黨17全代會通過提名馬英九、蕭萬長搭檔角逐參選2008年正副總統選舉
			立法院三讀通過「國民年金法」；但參加軍公教及勞保者排除
2008	民國	97年	馬英九、蕭萬長當選中華民國第12任總統、副總統選舉
			5月18日，蔡英文擊敗辜寬敏，當選民進黨主席
			副總統蕭萬長以兩岸共同市場基金會董事長名義出席博鰲亞洲論壇（Boao Forum for Asis, BFA），與中國國家主席胡錦濤會見，是繼兩岸分裂後，領導人首度會見
			馬英九宣布由東吳大學校長劉兆玄出任行政院長，國民黨副主席江丙坤出任海基會董事長
			8月21日，經濟部前部長、中鋼創辦人趙耀東辭世，享壽93歲
			海峽交流基金會董事長江丙坤與海峽兩岸關係協會會長陳雲林就兩岸空運直航、海運直航、通郵、食品安全等四大議題展開協商並簽署協議
			總統馬英九接見中國海協會會長陳雲林，年底江陳會談四項協議生效，臺海兩岸正式展開直接通航、通郵，達成全面大三通
			前總統陳水扁因涉及國務機要費案，以貪汙洗錢等罪嫌遭羈押起訴

2008	民國	97年	10月28日，孔子77代嫡孫孔德成病逝 11月9日，「野草莓」學運
2009	民國	98年	1月11日，菸害防制法新制實施，公開場所全面禁菸 海基會董事長江丙坤與中國大陸海協會會長陳雲林舉行南京會談，雙方就兩岸空中定期航班、金融合作、共同打擊犯罪及司法互助達成三項協議 H1N1新型流感疫情蔓延全世界，行政院成立中央流行疫情指揮中心 衛生署長葉金川率領中華臺北代表團，以觀察員身分參加在瑞士日內瓦召開的第62屆世界衛生大會（WHA, World Health Assembly），是中華民國睽違38年後首次參加聯合國外圍組織的活動 中度颱風莫拉克襲臺，強烈豪雨引發土石流為南部山區帶來嚴重災情，吳敦義接替劉兆玄出任閣揆 11月16日，兩岸簽署金融監理合作備忘錄 12月22日，第4次江陳會談在臺中舉行，雙方達成兩岸標準檢測及認證、兩岸農產品檢疫檢驗合作、兩岸漁船勞務合作等三項協議
2010	民國	99年	2月，美國宣布對臺64億美元軍售，其中愛國者三型反彈道飛彈引發北京強烈抗議，質疑美國結合日本、南韓、臺灣，形成反彈道飛彈攔截網 3月，國防部證實國軍正在發展射程1,200公里的地對地中程飛彈及射程800公里的巡弋飛彈 4月，「兩岸經濟合作架構協議」（ECFA）第二次協商落幕，臺灣獲得陸方承諾：不要求我方進一步開放農產品進口、不討論陸勞，以及不影響臺灣弱勢傳統產業 4月6日，上海市長韓正抵臺 5月17日，第63屆世界衛生組織大會揭幕，前衛生署長葉金川與署長楊志良參加 6月29日，兩岸於重慶正式簽訂ECFA 8月19日，立法院三讀通過「陸生三法修正案」，開放陸生來臺就讀大專院校 9月2日，大陸文化部長蔡武訪臺，是繼1998年國家科技部部長朱麗蘭之後，又一位部長級官員訪臺

2010	民國	99年	9月16日，兩岸首度舉行海難聯合搜救演練，建立兩岸搜救部門聯繫機制
			10月21日，陸客團在蘇花公路遭遇土石流，共20餘人罹難
			10月27日，臺灣警政署長王卓鈞在北京會晤大陸公安部長孟建柱。9月大陸公安副部長陳智敏訪臺
			12月2日，前行政院長李煥病逝，享壽94歲。陳水扁因龍潭弊案判刑11年確定，移北監執行
2011	民國	100年	1月，連接金門本島與小金門的金門大橋正式動工，造價約75億新臺幣，2016年6月完工後將成為世界最長跨徑脊背橋
			2月，陸軍司令部通信資訊處處長羅賢哲少將涉嫌洩漏極機密資料予中共遭羈押，為政府遷臺後最高層級的共諜案
			2月，職業高爾夫選手曾雅妮摘下澳洲ANZ女子高球名人賽冠軍LPGA積分排名躍升至世界第一，成為臺灣首位奪得世界第一的職業高爾夫選手
			2月，前第一夫人吳淑珍因案被判刑17年半定讞，正式發監服刑，但評估身體狀況不適合入監，責付返家
			3月，中華民國政府與臺灣人民對東日本大震災展開援助
			4月，俗稱「奢侈稅」的《特種貨物及勞務稅條例》在立法院三讀通過
			4月，臺北國際花卉博覽會閉幕，結束為期171天的展期
			4月27日，阿里山小火車遭斷樹擊中，陸客5人死亡，百餘人受傷
			5月，市面上16家飲料品牌被驗出塑化劑，造成大規模食品汙染
			6月，陸客自由行正式啟動，中國大陸先行開放北京、上海、廈門等3個城市居民赴臺觀光，實際核准來臺人數則由臺灣方面視市場供需調整
			6月30日，前總統李登輝，及臺綜院創辦人劉泰英因國安祕帳遭起訴，涉嫌侵占779萬餘美元，依貪汙治罪條例侵占公有財物罪將兩人起訴
			8月，臺大醫院在處理器官移植時誤收愛滋病患者遺體，並將該患者器官移植至臺大醫院與成大醫院5名病患，這是臺灣首次發生器官移植可能導致病患感染愛滋病的事件
			9月22日，臺日簽訂「投資協議」，是臺灣與大陸簽署「ECFA」之後，與外國所簽的第一個投資協議

2011	民國	100年	11月，國際大學運動總會於比利時布魯塞爾宣布2017年夏季世界大學生運動會在臺北市舉行
2012	民國	101年	1月，興建長達11年的臺北捷運新莊線第一階段通車
			1月，第十三任總統與第八屆立委大選結果揭曉，總統、副總統由馬英九搭擋吳敦義以79萬餘票擊敗蔡英文連任成功
			1月，有「帽子歌后」之稱的資深藝人鳳飛飛，肺癌病逝於香港，享壽60歲
			2月25日，享譽文壇的文學家陳之藩病逝香港，享壽87歲，著名作品〈失根的蘭花〉、《旅美小簡》、《劍河倒影》都膾炙人口
			3月，農委會防檢局證實在彰化與臺南兩處養雞場檢出H5N2高病原禽流感病毒，並撲殺5萬7,500餘隻病雞
			5月16日，旅日臺灣知名實業家邱永漢病逝，享壽88歲。早年主張臺獨，1972年蔣經國邀其訪臺並脫離臺獨，有「賺錢之神」封號，並曾獲「真木賞」
			7月2日，前行政院祕書長林益世涉及貪汙索賄案，應訊坦承收受及索取賄賂，晚間遭臺北地方法院裁定收押禁見
			7月7日，馬祖博弈公投結果出爐，以57.23％的比率獲得通過，成為唯一通過之關於是否開放博弈事業之地方公民投票
			7月，立法院臨時會三讀通過《所得稅法》與《所得基本稅額條例》部分條文修正案，正式從翌年起復徵證所稅
			7月，於倫敦舉行的2012年夏季奧林匹克運動會舉重女子53公斤級項目，來自雲林縣的許淑淨奪下銀牌，為中華臺北奧運代表團本屆奧運第一面獎牌
			9月7日，「連胡會」在海參崴登場，連戰表示胡錦濤稱將「認真研究讓臺灣以適當方式參與」國際民航組織（ICAO）
			9月7日，為宣示臺灣對釣魚臺列嶼的主權，總統馬英九首度登上距釣魚臺約140公里的彭佳嶼，除了宣慰島上官兵，並與駐紮於東沙與南沙的海巡署部隊視訊連線
			9月24日，以宜蘭南方澳漁民為主的百艘臺灣漁船啟程前往釣魚臺列嶼海域，隔日抵達以宣示漁權，隨行護衛的12艘海巡署艦艇與日本海上保安廳的艦艇以互噴水柱對峙。期間臺灣船隻距離釣魚臺本島最近僅2.1浬
			10月22日，哲學巨擘勞思光病逝，享壽90歲

2012	民國	101年	11月，內政部審查通過桃園縣改制直轄市計畫案，將於2014年12月25日升格為桃園市
2013	民國	102年	1月，為表達對馬英九政府施政失當的不滿，民進黨在臺北舉行「人民火大、一路嗆馬」遊行，約有20萬人上街參與
			2月，江宜樺與毛治國接任行政院院長、副院長，江宜樺內閣正式上路
			3月，由「綠盟」等150個民間團體共同發起反核遊行。在四大城市臺北、臺中、高雄、臺東串連反核，估計約有22萬人參加
			4月，臺灣與日本於臺北賓館簽署《臺日漁業協議》，就兩國重疊專屬經濟海域的漁業作業安排達成共識，共享漁業資源
			5月，屏東琉球籍漁船「廣大興28號」在巴林坦海峽遭菲律賓公務船攻擊，造成1人死亡
			5月，衛生署食品藥物管理局指出部分食品上游業者非法在澱粉中添加順丁烯二酸，引發食品安全問題事件
			5月，世界桌球錦標賽男子雙打決賽，莊智淵、陳建安擊敗中國組合馬琳、郝帥，奪得臺灣史上首面世界桌球錦標賽金牌
			7月，2013年溫布頓網球錦標賽女子雙打決賽，謝淑薇與中國搭檔彭帥以直落二擊敗澳洲搭檔，贏得臺灣史上首座大滿貫金杯
			7月，陸軍下士洪仲丘悔過期間遭凌虐致死，國防部暫停士官兵禁閉悔過懲罰，國防部長高華柱去職
			7月，著名經濟學家、前監察院長王作榮病逝，享壽95歲。病逝前接受馬總統頒贈「一等卿雲勳章」
			8月，高雄市長陳菊出訪中國大陸，邀請天津、深圳、廈門、福州等沿海城市參與亞太城市高峰會
			8月14日，民進黨入黨複審小組以多數決通過前總統陳水扁再入黨申請案
			8月15日，軍事審判法修法生效，軍事監獄的254名受刑人移送全臺11處司法監獄，為史上最大規模的軍囚移監行動

國家圖書館出版品預行編目(CIP)資料

臺灣政治發展史（1895年迄今）／李功勤著.
-- 初版. -- 臺北市：幼獅，2013.09
面； 公分. --（生活閱讀）
ISBN 978-957-574-925-5（平裝）

1. 臺灣政治 2. 政治發展 3. 臺灣史

733.28 102015690

◎生活閱讀

臺灣政治發展史 [1895年迄今]

作　　者＝李功勤
出 版 者＝幼獅文化事業股份有限公司
發 行 人＝李鍾桂
總 經 理＝王華金
總 編 輯＝劉淑華
主　　編＝林泊瑜
執行編輯＝朱燕翔
美術編輯＝馬皓筠
總 公 司＝10045台北市重慶南路1段66-1號3樓
電　　話＝(02)2311-2832
傳　　真＝(02)2311-5368
郵政劃撥＝00033368

門市：幼獅文化廣場
● 松江展示中心：10422台北市松江路219號
　　電話：(02)2502-5858轉734　　傳真：(02)2503-6601
● 苗栗育達店：36143苗栗縣造橋鄉談文村學府路168號（育達商業科技大學內）
　　電話：(037)652-191　　傳真：(037)652-251

印　　刷＝祥新印刷股份有限公司　　幼獅樂讀網
定　　價＝320元　　　　　　　　　http://www.youth.com.tw
港　　幣＝107元　　　　　　　　　e-mail:customer@youth.com.tw
初　　版＝2013.09
書　　號＝960145

行政院新聞局核准登記證局版臺業字第○一四三號

基本資料

姓名：..先生／小姐

婚姻狀況：□已婚 □未婚　職業：□學生 □公教 □上班族 □家管 □其他

出生：民國................年................月................日

電話：（公）..................（宅）..................（手機）..................

e-mail：..

聯絡地址：..

1.您所購買的書名：**臺灣政治發展史 [1895年迄今]**

2.您通常以何種方式購書？：□1.書店買書　□2.網路購書　□3.傳真訂購　□4.郵局劃撥
　　　（可複選）　　□5.幼獅門市　□6.團體訂購　□7.其他

3.您是否曾買過幼獅其他出版品：□是，□1.圖書 □2.幼獅文藝 □3.幼獅少年
　　　　　　　　　　　　　　　□否

4.您從何處得知本書訊息：□1.師長介紹　□2.朋友介紹　□3.幼獅少年雜誌
　　　（可複選）　　□4.幼獅文藝雜誌 □5.報章雜誌書評介紹................報
　　　　　　　　　　□6.DM傳單、海報 □7.書店 □8.廣播(　　　　　　)
　　　　　　　　　　□9.電子報、edm □10.其他................

5.您喜歡本書的原因：□1.作者 □2.書名 □3.內容 □4.封面設計 □5.其他

6.您不喜歡本書的原因：□1.作者 □2.書名 □3.內容 □4.封面設計 □5.其他

7.您希望得知的出版訊息：□1.青少年讀物 □2.兒童讀物 □3.親子叢書
　　　　　　　　　　　　□4.教師充電系列 □5.其他

8.您覺得本書的價格：□1.偏高 □2.合理 □3.偏低

9.讀完本書後您覺得：□1.很有收穫 □2.有收穫 □3.收穫不多 □4.沒收穫

10.敬請推薦親友，共同加入我們的閱讀計畫，我們將適時寄送相關書訊，以豐富書香與心
　　靈的空間：

(1)姓名................e-mail................電話................

(2)姓名................e-mail................電話................

(3)姓名................e-mail................電話................

11.您對本書或本公司的建議：
....

10045　台北市重慶南路一段66-1號3樓

幼獅文化事業公司 收

客服專線：02-23112832 分機208　傳真：02-23115368

e-mail：customer@youth.com.tw

幼獅樂讀網http：//www.youth.com.tw